기록관리 전문가가 들려주는 생생한 현장 이야기

공공기록관리 실무가이드

기록관리 전문가가 들려주는 생생한 현장 이야기

공공기록관리 실무가이드

2011년 9월 5일 초판 인쇄
2011년 9월 10일 초판 발행

지은이 | 김계수
펴낸이 | 이찬규
교정교열 | 정난진
펴낸곳 | 북코리아
등록번호 | 제03 - 01240호
주소 | 462 - 807 경기도 성남시 중원구 상대원동 146 - 8
우림2차 A동 1007호
전화 | 02 - 704 - 7840
팩스 | 02 - 704 - 7848
이메일 | sunhaksa@korea.com
홈페이지 | www.bookorea.co.kr
ISBN | 978 - 89 - 6324 - 140 - 1 (93020)

값 14,500원

* 이 도서의 국립중앙도서관 출판시도서목록(CIP)은 e-CIP홈페이지(http://www.nl.go.kr/ecip)와
국가자료공동목록시스템(http://www.nl.go.kr/kolisnet)에서 이용하실 수 있습니다.
(CIP제어번호: CIP2011003693)

한국기록전문가협회 총서 1

기록관리 전문가가 들려주는 생생한 현장 이야기

공공기록관리 실무가이드

김계수 지음

북코리아

발간사

기록전문가협회 총서를 내며

현대적인 기록관리에 관심을 갖고 그 이론과 실무를 본격적으로 배우기 시작한 지는 10여 년에 불과하지만, 그 동안 한국의 기록관리는 매우 빠른 속도로 발전하였다. 그것은 한편으로 외국의 선진적인 학문 성과를 흡수하고 그것을 바탕으로 연구 결과를 축적하는 과정이었고, 다른 한편으로는 현장에서 기록관리를 실천하는 과정이었다. 학문 연구도 쉽지 않았지만, 기록관리 실천의 과정은 그야말로 불모지에 나무를 심는 것 같은 어려움이었다.

여러 가지 어려움을 극복하고 기록관리는 견실한 토대를 마련하는 데 어느 정도 성공했다고 평가할 수 있다. 미래를 내다보는 혜안과 실천력을 겸비한 능력 있는 선구자들과 처음 접하는 미지의 세계로 나아가는 데 주저하지 않은 용기 있는 역군들이 협심한 결과라고 하겠다. 기록관리의 의미를 민주주의의 실질적 정착, 투명사회의 건설, 책임성 등과 연결시킨 시대 의식을 만난 행운도 기록관리 발전에 중요한 기여를 하였다. 또한 예전부터 기록의 중요성을 깊이 인지하고 철저하게 기록을 관리하고 활용하였던 역사적 경험과 높은 문화의식도 단기간에 기록관리를 발전시키는 데 밑거름이 되었음을 인정하여야 할 것이다.

그러나 아직도 해결해야 할 과제가 산적해 있고, 발전할 여지도 무궁하다. 학문적 차원의 새로운 모색은 학계의 몫으로 삼는다 하여도 현장에서 직면하는 수많은 문제들에 대하여는 기록관리에 종사하는 전문가들이 해답을 찾아야 할 것이다. 해답을 찾으려고 노력한 한 사람 한 사람의 경험과 하나하나의 사례는 성공 여부를 떠나 매우 중요하다. 동일하거나 유사한 문제를 놓고 고민하고 있을 현장의 전문가들에게 그러한 경험과 사례를 수집하고 제공할 필요가 있다. 한국기록전문가협회가 총서를 기획한 이유가 여기에 있다.

한국기록전문가협회는 기록관리에 관계하는 사람들의 귀중한 경험과 사례를 모아 계속하여 발간하고자 한다. 학문 연구의 성과와는 일정하게 차별성을 가질 이 총서가 전문가들이 현장에서 기록관리를 할 때 큰 도움이 되길 바란다. 또한 연구실에서 생산된 지식이 현장에서 어떻게 사용되는지 보여줌으로써 학문 연구에도 도움이 되길 기대한다.

2011년 8월

한국기록전문가협회장 안 병 우

이야기를 시작하며

최근 기록관리 분야에 뜻하지 않은 논란이 불거졌다. 기록관리 전문요원의 전문성 시비가 그것이다. 이 논란은 기록관리법을 제정하던 1999년에 처음 불거졌다가 일단락되었고, 중앙행정기관에 기록관리 전문요원 배치를 앞두던 2005년에 다시 한 번 논란이 되었다. 이때의 논란은 행정기록을 관리하는 데 굳이 고학력자인 석사학위 소지자로 할 필요가 있느냐는 전문 인력 수급문제에 관한 것이었다.

그리고 또다시 기록관리 전문요원의 전문성이 뜨거운 쟁점으로 급부상한 것은 지난 2009년 말인데, 아이러니하게도 2009년은 기록관리 분야에 새로운 변화의 바람이 일기 시작한 해이다. 기록관리법 제정 이후 여러 해 동안 미루어 왔던 지방자치단체에서 기록관리 전문요원을 배치하기 시작했기 때문이다. 그런데 지방자치단체에 기록관리 전문요원을 배치하고 2, 3개월도 채 지나지 않아 전문성 문제가 불거진 것이다. 심지어는 기록관리법에서 규정한 기록관리 전문요원의 자격 요건을 폐지해야 한다는 주장까지 제기되는 상황이다.

기록관리 전문요원은 왜 이렇게도 자주 그 전문성에 대한 검증을 요구받는 것일까? 신설 직렬에 대한 거부감 때문인가. 아니면 과거처럼 기록관리 업무를 단순히 문서나 정리하는 수준으로 인식하여 과소평가하기 때문인가. 이 시점에서 기록관리 전문요원의 전문성 논란이 왜 자꾸 불거지는지 그 이유를 차분하게 생각해 볼 필요가 있다.

사실 기록관리법은 제정되었지만 기록관리 환경은 제도의 변화 속도를 따라가지 못했다. 기록관리에 대한 기관과 공무원들의 인식은 과거에 머무른 채 상당 기간 표류했고, 열악한 환경에 놓인 기록물을 체계적으로 정리하고 인프라를 갖추기 위해서는 그만큼의 시간이 필요했다. 그렇기 때문에 기록관리 전문요원들이 그들의 전문성을 발휘하는 데 필요한 최소한의 시간적 여유와 배려가 있어야 했다. 차근차근 각종 현황을 파악하여 문제점을 발견하고, 그 개선방안을 연구해서 적용시키기 위해서는 개인의 전문성뿐만 아니라 기관 내부 구성원들의 협조가 대단히 중요하기 때문이다. 따라서 기록관리 전문요원 제도를 제대로 시행해본 다음에 전문성을 평가해도 늦지 않다는 얘기다.

2009년 말부터 진행되고 있는 기록관리 분야 행정내부규제 개선의 주요 쟁점을 보면, 학력 제한 철폐를 위해 기록관리 전문요원의 자격요건을 폐지(완화)하고, 기록물을 평가하는 데 소모되는 행정력 낭비를 줄인다는 명분을 내세워 기록물 폐기를 합리화하려는 데 있는 것 같다.

특히 기록관리 전문요원의 자격요건을 지적하는 사람들은 레코드 매니저(Records Manager)나 아키비스트(Archivist)가 기록관리 실무 영역에서 그들의 전문성을 보여주지 못한다고 주장한다. 기록관리 전문요원은 대학원에서 기록관리학 석사학위를 취득한 고학력자일지는 몰라도 행정이나 기록관리 실무경험이 전무하고, 전문가로서의 자질과 역량이 턱없이 부족하다는 것이다.

반대로, 기록관리학 석사학위는 없지만 행정 실무경험이 풍부하고, 일정 기간 기록관리 업무를 담당한 공무원이나 단기 교육과정을 이수한 공무원에게 기록관리 전문요원 자격을 부여할 수 있어야 한다고 주장하고 있다.

겉으로는 기록관리 전문요원의 전문성을 문제 삼는 듯 보이지만, 그 이면에는 현재 기록관리 업무를 수행하는 낮은 직급의 공무원에게 신분상승의 기회를 주려는 듯한 인상을 지울 수 없다. 물론 현업에서 기록관리 업무를 담당해온 공무원들이 그들의 실무 경력을 살릴 수 있도록 전문요원 자격을 부여할 수 있어야 한다. 다만 전문적 식견을 요하는 기록관리 업무에 대한 연구 과정을 회피하거나 우회하고도 쉽게 자격을 획득할 수 있도록 가능성을 열어주는 것에는 단호히 반대할 수밖에 없다.

기록관리 전문요원이 연구 직렬로 탄생한 데에는 기록관리 업무가 부단한 연구를 필요로 한다는 광범위한 인식이 있었기에 가능했고, 석사학위는 지속적인 연구를 위한 최소한의 안전장치일 뿐인 것이다. 번듯한 기록관리 학사과정도 없는 우리의 현실에서 차별적이라며 학력조건을 철폐하거나 완화한다는 것은 기록관리법의 제정 취지를 이해하지 못하거나 거부하는 데서 오는 무책임한 행동이다. 사실 현재 대학원 과정조차도 필자가 보기에는 미흡한 구석이 있기 때문에 이 안전장치를 풀기 위해서는 적어도 그에 준하는 교육과정을 먼저 구축해야 할 것이다.

이러한 논란의 정점에 서 있는 기록관리 전문요원은 무엇을 해야 할까. 우선 기록관리 일선 현장에 있는 각급 기관의 기록관리 전문요원과 네트워크를 형성하여 다양한 경험을 공유하고, 연구에 정진함으로써 스스로의 전문성을 높여가는 일이 중요하다. 결국 스스로 기록관리 영역을 개척하고 고난과 역경을 헤쳐나갈 수 있는 자생력을 길러야 한다. 이러한 상념 끝에 기록관리 실무현장에서의 필자의 짧은 경험을 공유하는 것도 하나의 의미 있는 행동일 수 있겠다고 생각했다. 그래서 문화재청의 기록연구자로 근무를 시작한 2005년부터 현재까지 기록관리 실무 현장에서 맞닥뜨려야 했던 짧은 경험들을 글로 써보자 마음먹었다.

이 글은 기록관리 실무 현장에서 직면했던 여러 가지 문제점을 몸으로 거칠게 고민해야 했던 한 개인의 경험담을 풀어놓은 것이다. 직접 기록관리 실무 현장에서 부대끼고, 고민하고, 번민하면서 경험을 축적하고, 그 경험들을 온전히 자기만의 노하우로 만들어 가길 바라는 마음을 담고자 애썼다. 이 글을 통해 기록관리의 미래를 함께 설계하고, 초석을 놓고, 골조를 세워 수백 년 후에도 튼실하게 자리매김할 우리나라 기록관리 미래를 함께 만들어 갔으면 하는 바람이다.

2011년 8월

쟁기봉 아래에서 김 계 수

CONTENTS

CONTENTS

TABLE CONTENTS

FIGURE CONTENTS

FIGURE CONTENTS

1

기록관리, 희망을 말하다

문화재청 기록연구사가 되다	희망의 싹이 움트다	튼실한 나무가 되다
고요한 나무에 바람이 일다	새로운 희망을 말하다
변화를 두려워하지 마라	변화, 그 중심에 서라	변화를 선도하라
변화를 위한 과제를 발굴하라	발굴과제는 반드시 실천에 옮겨라

1. 문화재청 기록연구사가 되다

문화재청과 직간접적으로 인연을 맺기 시작한 것은 원광대학교 박물관에서 연구원으로 근무하던 때부터였다. 박물관에서는 주로 소장유물의 상설전시와 기획전시, 문화유적 답사와 청소년 문화학교, 역사문화강좌와 같은 사회교육 프로그램을 운영하였고, 문화유적에 대한 지표 · 발굴조사와 학술조사에 관한 업무도 함께 담당하였다.

문화유적 조사에 대한 첫 경험은 1997년 사적 제69호인 부안 유천리 청자가마터 유적의 시굴조사와 발굴조사에 참여한 것이었다. 이후 남원 실상사 백장암 시굴조사와 발굴조사, 부안군 문화유적 분포지도, 익산 미륵산성 건물터 발굴조사, 정읍시 문화유적 분포지도, 정읍 고부읍성 지표조사, 무주 · 진안 · 장수지역 민간신앙 학술조사 등에 참여하게 되었다. 이렇듯 여러 지역에서 이루어진 문화유적 조사 업무는 문화재에 대한 이해의 폭을 넓혀주었고, 더불어 기록관리학에 관심을 갖게 되는 계기를 마련해 주었다.

문화유적 조사를 시작하거나 조사를 마치고 보고서를 작성하기 위해서는 해당 문화유적과 관련된 고문서, 고지도, 고전적, 각종 조사보고서, 논문, 학술지와 같은 문헌기록을 찾아 고증하는 과정을 거치게 된다. 그리고 행정기관에서 생산한 문서, 도면, 사진, 필름과 같은 기록 역시 해당 문화재의 연혁이나 보수 · 복원 · 정비 과정의 이력을 증빙하는 기록으로 활용해야 하기 때문에 문화유적 조사를 위해 반드시 찾아봐야 할 기록들이다.

이처럼 문화유적 조사에 필요한 기록들을 찾아가다 보면 맨 먼저 문화재 보존관리 총괄 기관인 문화재청에 문의를 하거나 정보공개청구를 하게 된다. 그런데 관련 기록을 찾을 수 없다는 회신을 받고 나면 막막해지기 일쑤이다. 국가기록원, 국립중앙도서관, 국립중앙박물관, 규장각, 장서각, 국사편찬위원회 등 관련 기록을 소장하고 있을 만한 공신력 있는 기관을 직접 방문하거나 정보공개를 청구하여 관련 기록을 찾아 나서게 되는데, 이러한 과정을 거치다 보면 기록관리의 중요성을 온몸으로 절감하게 되는 것이다.

국가기관이 업무와 관련하여 생산한 기록을 관리하지 않는다면 국민이 필요로 하는 기록을 어디에서 제공받을 수 있겠는가. 답답함과 불만이 쌓일 수밖에 없을 것이다.

필자가 문화재청 기록연구사 시험에 응시한 것은 문화재에 대한 관심과 박물관에서의 문화유적 조사경험이 주요했지만, 문화재를 보존 관리하는 과정에서 생산된 기록을 체계적으로 관리하고 활용할 수 있는 환경을 만들어야겠다는 원대한 포부가 있었기 때문이다.

한편 관련 기록을 찾을 수 없다는 문화재청의 기록관리 수준을 끌어올려 중앙행정기관 중 기록관리를 대표하는 기관으로 성장시키겠다는 기록연구사로서의 목표와 목적의식을 가지고 있었다. 합격자 발표가 있은 후 거의 한 달 동안 문화재청 조직변천 연혁에서부터 각 처리과에서 분장하고 있는 업무, 문화재보호법을 비롯한 각종 행정 규칙 등을 홈페이지를 통해 찾아 분석하였고, 기록연구사로서 해야 할 일들을 메모하면서 업무를 설계하기도 하였다.

문화재청에 첫 출근을 하던 날 가장 먼저 들렀던 곳 역시 기록보존서고였다. 문화재 관련 기록이 어떤 모습으로 관리되고 있는지 궁금했다. 얼마나 많은 기록을 보유하고 있는지, 기록의 형태와 매체유형은 어떠한지, 기록의 보존 상태는 양호한지, 보존시설과 장비는 적절하게 갖추어져 있는지 등을 살펴보았다. 첫 소감은 막막함 그 자체였다. 보존서고 출입문 앞에 수북이 쌓여 있는 문서와 도면, 대전청사로 이전해 오면서 채 뜯지도 않은 종이상자, 서가 사이에 놓인 사무용 폐기자재들로 인해 그곳이 보존서고인지 창고인지 분간하기 힘들 정도였다. 어디서부터 어떻게 손을 대야 할지, 어떤 업무를 먼저 시작해야 할지 난감하기 그지없었다.

지금도 첫 출근하던 날을 생생하게 기억하고 있다. 설렘이나 행복함 같은 기억이 아니라 '어디서부터 어떻게 시작하지?'라는 생각으로 조바심치며 하루를 보냈던 기억이다. 새벽 한 시가 넘어서야 퇴근을 했고, 잠을 자는 둥 마는 둥 일어나 출근을 해야 했다. 스스로에게는 삼 년 안에 문화재청의 기록관리 수준을 정상궤도에 올려놓겠다는 약속도 했다. 이 약속을 지키기 위해 주말도 없이 노력했고 앞만 보고 달려온 시간들이었다.

필자가 입사할 당시 문화재청은 혁신 선도기관 중 하나였고, 기록관리 분야는 정보공개 분야와 더불어 공통혁신 과제로 추진되고 있었다. 문화재청을 비롯한 7개 혁신 선도기관은 국가기록원을 중심으로 다양한 혁신사례를 공유하는 정례회의를 가졌는데 기록관리 업무를 수행하는 데 큰 도움이 되었다. 여러 기관의 사례를 배우고 이를 벤치마킹하여 문화재청의 기록관리 혁신업무에 반영하기 위해 온갖 노력을 기울였지만, 한걸음 앞서가는 기관의 사례를 보면 부럽기도 했다. 이들 선도기관의 사례는 문화재청 기록관리 혁신의 자극이 되기에 충분했다.

이들 선도기관의 사례는 문화재청 기록관리 혁신 추진계획을 수립하는 단초가 되었고, 행정자료실과 보존서고를 기록관으로 통합하여 보존시설과 장비를 재정비하는 계기가 되었다. 특히, 문화재청은 기록관리 및 기록관 운영 규정과 기록물평가(폐기)심의회 운영 규정, 정보공개 운영 규정, 기록물 평가 · 폐기 업무, 비전자 기록물의 디지털화 업무, 관할 소속기관의 지도점검 업무, 기록관리 교육 및 매뉴얼 발간, 기록관 보존서고 서가 배치 업무, 보유 기록물 전수조사 및 목록작성 관리 업무, 기록관 보안 및 재난대비계획 수립 업무, 비공개 기록물의 공개재분류 업무, 처리과 기록물의 기록관 이관 및 기록관 기록물의 영구기록물관리기관 이관 업무, 국가기록원 강의 지원 등 대외협력 업무, 대전 · 충청 권역 기록관리혁신포럼과 기록관리협의회 구성 · 운영과 같은 기록관리 혁신사례를 중앙행정기관, 광역시도 지자체, 기초지방자치단체, 광역시도교육청, 국내 기록관리학 대학원 등에 널리 제공함으로써 기록관리 업무를 공유하고 있다.

문화재청의 기록관리 업무 수준이 한 단계 성장하는 과정에는 많은 시행착오도 있었다. 선도기관으로서 다른 기관이 시도하지 않은 과제를 먼저 수행한다는 것은 그만큼 업무 부담감이 클 수밖에 없다.

또 실패에 대한 두려움, 추진 과정에서의 피로감 등이 늘 상존하고 있기 때문에 시행착오를 거칠 때마다 좌절과 절망감에 포기하고 싶을 때도 많았다. 그럼에도 국가기록관리라는 대명제 아래 중앙행정기관이든, 지방자치단체든, 교육청이든, 공공기관이든 누군가는 앞장서야 한다는 일념으로 새로운 과제를 발굴하고 시도해 왔다.

2005년 기록물 평가 · 폐기 업무 처리절차 개선, 2006년 관할 소속기관 보존서고 인프라 정비, 2007년 기록관 운영 표준화 및 내실화 방안 연구, 2008년 기록관 재난대비계획 수립 방안 연구, 기록물관리 업무의 이해 발간, 2009년 간행물관리 업무처리 절차 개선, 2010년 문화유산 기록정보자원 관리체계 합리화 방안 연구, 문화재청 소속공무원을 위한 기록관리 실무 매뉴얼 발간, 2011년 문화유산 기록정보자원 선진화를 위한 업무협약 체결 등이 그것이다. 새로운 시도를 통해 새로운 사례를 만들어내고, 이들 사례를 공유함으로써 상생발전의 계기로 삼아야 한다고 생각했기 때문이다.

문화재청 기록연구사로서의 지난 6년은 늘 새로운 과제를 찾아 시도하고, 그 결과를 공유하려 애써온 시간들이었다. 문화재청의 기록관리 수준을 한 단계 끌어올리는 데 최선의 노력을 기울였던 시간이기도 했다. 그 과정은 어렵고 힘들었지만 하나하나 제자리를 찾아가는 모습을 볼 때마다 보람도 컸다. 지난 6년을 반추하고 정리하는 이 시간이 앞으로 또 다른 계획들을 시도하기 위한 토대가 되어 줄 것이라 믿는다.

2. 희망의 싹이 움트다

「공공기관의 기록물관리에 관한 법률」(이하 '기록관리법'이라 한다)*이 제정된 것은 1999년 1월 29일이다. 이 법은 다음 해인 2000년 1월 1일부터 시행되었는데 그로부터 어느덧 10년 세월이 지났다. 기록관리법이 제정된 배경은 국민의 정부와 맥이 닿아 있다. 김대중 전 대통령은 국민의 정부 100대 국정과제의 하나로 국가기록의 체계적 관리를 위한 기록관리법 제정 과제를 채택하였다. 이 과제는 이듬해 기록관리법 제정으로 실현되었고, 나아가 우리나라 기록관리 분야에 초석을 다지는 계기가 되었다. 이러한 평가의 이면에는 기록에 대한 필자의 이런저런 상념이 자리를 잡고 있다.

가령, IMF라는 국가적 비상사태를 자초한 정책 결정 과정과 결과를 담은 기록은 온전히 존재하고 있을 것인가. 존재한다면 어디에 있을까. 당시 언론에서는 IMF 사태에 대한 책임 공방을 연일 보도했지만 사건의 전말을 시원스럽게 밝히지 못했다. 경제정책을 입안하고

---

* 이 법률은 1999년 1월 29일 법률 제5709호로 제정되어 2000년 1월 1일 시행되었다. 제1장 총칙에서부터 제6장 벌칙까지 모두 6개의 장으로 구성되었고, 2006년 10월 4일 「공공기록물 관리에 관한 법률」로 전부 개정되었다.

결정하고 추진했던 전 과정의 기록을 확인할 길이 없었기 때문이다. 만약 그 전 과정이 오롯이 기록으로 작성되고 관리되었더라면 어떻게 되었을까.

이와 같은 후진적인 기록관리 현실에서 기록관리법을 제정한 것은 우리나라 기록관리 분야에 새로운 전기를 마련한 것이라고 할 수 있다. 기록관리법의 제정 목적은 크게 세 가지로 구분할 수 있는데, 첫째는 공공기관의 투명하고 책임 있는 행정을 구현하는 것이고, 둘째는 공공기록물을 안전하게 보존하는 것이며, 셋째는 공공기록물을 효율적으로 활용하는 것이다. 즉, 공공기관이 국가의 주요 정책과 업무수행 과정, 그 과정에서 생산된 결과를 빠짐없이 기록으로 남겨 투명하고 책임 있는 행정을 구현할 수 있어야 한다는 것이었다.

이러한 기록관리법의 제정은 신선한 충격이었다. 현대사에는 끊임없는 논란과 갈등을 야기했던 무수히 많은 사건이 있지만 진실을 규명해 주는 반듯한 기록이 존재한다는 말은 듣지 못했다. 국가정책의 최고 결정권자나 거기에 속한 구성원들, 정치집단이나 대기업들이 져야 할 책임을 다했다는 말도 듣지 못했다. 진실을 밝혀줄 기록이 없다거나, 기록이 있어도 공개할 수 없다는 이야기만 들어왔던 터라 기록관리법 제정이 더욱 충격적으로 다가왔던 것 같다.

국가정책의 최고 결정권자와 공공기관에 속한 구성원들은 자신들의 공적 행위의 전 과정을 기록해서 투명하게 공개해야 한다. 그러나 이 당연한 명제는 불행하게도 과거 수십 년 동안 묵살돼 왔고, 수많은 기록의 공백은 오히려 그러한 역사를 창백하게 증언하고 있다. 때로는 경제 발전의 논리에 묻히기도 했고, 때로는 정치적 득실에 따라 외

면당하기도 했다. 과거에 못했다면 이제부터라도 모든 공적 행위의 과정을 기록하여 말 그대로 투명하고 책임 있는 행정을 실현해야 할 것이다. 그럼으로써 국가의 정책 결정 과정을 국민이 들여다볼 수 있고, 보다 적극적으로 참여함으로써 한 단계 성숙한 민주주의를 구현할 수 있다. 그런 의미에서 1999년 제정된 기록관리법은 기록관리와 민주주의를 잇는 소중한 시발점이 되었다는 뜻 깊은 의미를 지닌다.

3. 튼실한 나무가 되다

우리나라 기록관리 분야의 성장과정을 가만히 들여다보면 한 알의 씨앗이 열매 맺기까지의 과정을 닮았다. 국가에 속한 각급 기관과 기업, 단체, 국민은 갖은 정성과 노력을 기울여 결실을 맺게 하는 농부에 견줄만하다. 대지는 기록관리 전문요원이 맞닥뜨린 기록관리 현장에, 씨앗은 국가기관이 업무와 관련하여 생산하는 기록에 견줄 수 있겠다. 이 기록을 잘 관리하고 보존하여 활용될 수 있도록 매개하는 것은 법령과 지침, 표준인데 이를 체계적으로 운용하는 역할은 기록관리 전문요원이 수행해야 한다. 기록이라는 씨앗이 잘 자랄 수 있도록 쉼 없이 보살피고 돌봐주어야 하는 존재, 그리고 그 씨앗이 풍성한 열매를 맺도록 수고를 아끼지 않아야 하는 존재가 바로 기록관리 전문요원인 것이다.

1999년 제정된 기록관리법은 기록관리 분야에 있어 상징적인 씨앗이라 할 수 있다. 이 씨앗은 2006년 새로운 논의를 거쳐 「공공기록물 관리에 관한 법률」(이하 '공공기록관리법'이라 한다)*로 성장하였다. 기록

* 공공기록관리법은 2006년 10월 4일 법률 제8025호로 공포되어 2007년 4월 5일 본격 시행되었다. 이 법은 2000년부터 시행된 기록관리법을 시행하면서 발생한 여러 문제점을

관리법이 전자정부 이전 시기에 생산된 기록을 체계적으로 관리하기 위한 규정이라면, 공공기록관리법은 전자정부 이후 급속하게 발전한 전자기록물의 체계적인 보존관리를 규정하였다는 점에서 또 다른 의미가 있다.

여기에 국가적으로 보존할 만한 가치가 있는 민간기록물까지 체계적으로 보존 · 관리하고 적극적으로 활용하도록 근거 규정을 마련한 것은 성장한 나무와 같다고 할 수 있겠다. 기록관리법이 공공기록관리법으로 성장할 수 있었던 것은 참여정부의 끊임없는 혁신이 있었기 때문에 가능했다. 국민의 정부가 기록관리 분야의 초석을 놓았다면 참여정부는 그 초석 위에 기둥을 세운 것이라 하겠다.

참여정부는 출범 초기 국정과제의 하나로 기록관리 혁신 카드를 선택했다. 노무현 전 대통령은 스스로가 기록대통령이고자 했고 퇴임할 때는 임기 동안 생산한 800만 건 이상의 기록물을 대통령기록관으로 이관하였다. 이관한 기록물의 양만 보더라도 역대 대통령이 생산한 기록을 모두 합한 것보다 수십 배 많은 기록이다.* 기록에 대

보완하고 2005년부터 범정부적으로 추진했던 기록관리 혁신의 제도적 기반을 마련하였다. 또한 전자기록 중심의 기록관리, 기록정보의 지식자원화, 적극적인 기록정보 서비스 제공 등 새로운 기록관리 변화에 부합하도록 개정한 내용을 담고 있다. 특히 기록물관리기관 체계 및 기능을 재정립하고, 업무과정에 기반한 전자기록관리체계를 보다 구체적으로 체계화하였으며, 국가의 중요 민간기록물의 수집관리 방안을 제도화하였다는 점에서 큰 의미가 있다.

* 국가기록원 대통령기록관(http://www.pa.go.kr)이 소장하고 있는 역대 대통령 관련 기록물의 전체 현황을 보면 864만 615건이다. 이 가운데 제1대 이승만 대통령부터 제15대 김영삼 대통령까지의 기록은 18만 4,552건(전체의 2.14%)이고, 제16대 김대중 대통령 기록은 20만 2,348건(전체의 2.34%)이며, 제17대 노무현 대통령 기록은 825만 3,715건(전체의 95.52%)으로 집계되어 있다. 국가가 소장하고 있는 대통령기록은 김대중 대통령과 노무현 대통령이 생산하여 대통령기록관으로 이관한 약 840만 건의 기록이 전부라 해도 과언이 아니다. 기록관리법의 초석을 놓고 그 위에 기둥을 세워 집을 짓기까지 너무나도

한 남다른 자부심과 강한 역사인식이 저변에 깔려 있었기 때문이라 생각한다.

〈표 1〉 대통령기록관 소장 역대 대통령 기록물 현황

(2010년 3월 기준)

구 분	문서류 (간행물 포함)	시청각	전자기록	행정박물	합 계 (건/권/점)
이승만	4,029	3,387	0	14	7,430
허정(권한대행)	172	13	0	0	185
윤보선	1,572	468	0	0	2,040
박정희	25,501	12,046	0	487	38,034
최규하	909	1,283	0	45	2,237
박충훈(권한대행)	66	3	0	1	70
전두환	16,221	26,181	0	676	43,078
노태우	8,476	12,667	0	401	21,544
김영삼	13,812	3,091	0	1,696	18,599
김대중	149,709	20,466	30,624	1,549	202,348
노무현	508,901	695,334	7,046,375	3,105	8,253,715
이명박(인수기관)	6,302	118	44,774	141	51,335
합계	735,670	775,057	7,121,773	8,115	8,640,615

* 노무현 전 대통령 기록물에는 일부 역대 대통령 기록물이 포함되어 있으며 검사, 검수 및 정리 기술 이후 통계 변경 가능

결국 이와 같은 결과를 만들 수 있었던 배경에는 참여정부가 중점적으로 추진했던 기록관리 혁신정책이 존재한다. 참여정부는 2004년

오랜 세월을 돌아서 왔기 때문이다. 역대 대통령의 기록이 하나도 빠짐없이 수집 · 이관되도록 아키비스트는 더더욱 분발해야 한다. 아직도 가야 할 기록관리의 길은 멀고 험난하게만 느껴지기 때문이다.

기록관리 혁신을 18대 공통혁신과제*의 하나로 선정하고, 과거 정부가 생산한 기록의 관리체계를 혁신하고자 했다. 또한, 국가기관이 업무와 관련하여 결과 중심의 기록만 생산·관리하던 방식을 바꾸어 입안단계부터 진행과정과 결과까지를 모두 기록으로 생산하고 보존·관리하도록 그 체계를 혁신하였다.

이듬해인 2005년에는 중·장기 전략인 기록관리 혁신로드맵을 마련하여 제시하였고, 2006년에는 기록관리 혁신로드맵을 단계적으로 실천하기 위해 기록관리 혁신 종합실천계획**을 수립하였다. 국가기록관리 혁신의 비전과 목표, 혁신방안을 담아 낸 이 로드맵은 과거 기록이 없는 나라, 기록관리 후진국이라는 오명을 벗고, 말 그대로 혁신(革新)할 수 있는 근간을 만들었다. 이 로드맵의 주요 구성내용은 첫째, 프로세스와 시스템 혁신, 둘째, 기록관리 기준 및 표준 제정, 셋째, 공공기록의 자원화, 넷째, 법·제도의 정비이다.

기록관리 영역을 4대 혁신분야로 나누어 큰 골격을 만들었고, 그 하위에는 아홉 개의 아젠다를 포진시켰다. 아젠다의 내용을 간략하

---

* 참여정부가 출범한 2003년의 혁신활동은 정부혁신위원회를 중심으로 정부혁신 로드맵을 수립하고 혁신활동을 시작하였다. 그러나 아래로부터의 자발적인 혁신을 촉발시키는 계기가 부족하였고 이를 체계적으로 관리할 수 있는 체계를 마련하는 데에도 미흡하였다. 이를 보완하기 위해 2004년부터는 상설화된 혁신추진 체계를 마련하고 아래로부터 자발적인 혁신과 참여를 활성화하고자 하였다. 이때 중앙행정기관과 지방자치단체 등이 추진해야 할 공통혁신 과제에 기록관리 과제와 정보공개 과제 등이 포함되었고, 기록관리 분야에서의 본격적인 혁신활동은 2005년부터라 할 수 있다. 2005년은 정부혁신지방분권위원회를 중심으로 중·장기 전략인 기록관리 혁신로드맵을 수립하였고, 이 로드맵에 따라 각 기관이 수행해야 할 혁신과제를 선정·추진하였기 때문이다.

** 2006년 2월 14일 참여정부가 마련한 기록관리 혁신 종합실천계획의 세부내용은 국가기록원(제도기획팀)에서 출간한 『기록관리 혁신매뉴얼』(2006), pp. 8-19의 '기록관리 혁신 종합실천계획 이해하기'를 참조하기 바란다.

게 소개하면, 공공업무 수행의 철저한 기록화, 기록관리 프로세스와 시스템의 재정비, 기록관리 법과 제도의 정비, 전문 인력의 확보 및 능력개발 등이다.

〈표 2〉 기록관리 혁신로드맵의 주요 구성내용

구분		주요내용
혁신분야	• 프로세스와 시스템 혁신	• 공공업무수행의 철저한 기록화 • 기록관리 프로세스와 시스템의 재정비
	• 기록관리 기준 및 표준의 제정	• 정보공개의 확대 • 비밀관리의 체계화 • 글로벌스탠다드에 부합하는 국가표준
	• 공공기록의 자원화	• 공공기록 편찬 및 서비스 확대
	• 법 · 제도의 정비	• 법 · 제도의 정비 • 전문 인력의 확보 및 능력 개발 • 거버넌스형 조직의 실현 및 기록관리 • 인프라 구축

정부혁신지방분권위원회가 중심이 되어 마련한 기록관리 혁신로드맵은 2005년 10월 4일 국무회의에 보고되었고, 대통령의 재가를 받아 전 부처에 시행되었다. 기록관리 전 분야의 큰 그림을 제시하였고, 구체적이고 실현 가능한 전략을 수립하여 아래로부터의 능동적 참여를 통한 체계적인 변화와 혁신을 추구한 것이다.

지난 2005년 중앙행정기관에 기록관리 전문요원이 임용 배치된 것도 따지고 보면, 참여정부에서 추진한 기록관리 4대 혁신의 전문인력 확보 및 능력개발 과제의 실천적 성과 중 하나라 할 수 있다. 국가기록관리 체계를 확립하기 위해 전문적 소양과 능력을 갖춘 인력을 전면 배치함으로써 각급 기관의 기록관리 업무를 혁신하고, 전문

〈표 3〉 기록관리 혁신 종합실천계획의 세부내용

정책목표	로드맵 아젠다	혁신과제
모든 공적 기록의 철저한 관리	• 공공업무 수행의 철저한 기록화	• 회의록 등 정책관련 기록물관리 체계 개선 • 시청각 등 특수 기록물관리 체계 개선 • 대통령기록 관리체계 확립 • 미이관 기록물의 관리체계 확립 • 폐지(한시)기관 기록물관리 체계 개선 • 기획 수집체계 강화 • 정부산하 공공기관의 기록관리 강화 • 공공성 있는 주요 민간 기록물관리 체계 확립
범정부 전자기록관리 체계 구축	• 기록관리 프로세스와 시스템 정비	• 업무와 기록 분류체계 통합 • 문서/과제관리카드 개발 · 확산 • 생산기관 전자기록관리시스템 구축 • 영구보존단계 전자기록관리시스템 구축 • 전자기록 영구보존체계 구축 • 비전자 기록물의 전자적 관리체계 확립
기록정보의 공개 · 활용 확대	• 정보공개 확대	• 정보공개제도 개선
	• 비밀관리의 체계화	• 비밀기록물관리 체계 확립
	• 공공기록 편찬 및 서비스 확대	• 디지털아카이브 구축 • 공공기록 편찬 및 기록정보 서비스 확대 • 기록정보의 통합 활용체계 구축
기록관리 체계 혁신 및 인프라 구축	• 글로벌스탠다드에 부합하는 국가 표준의 제정	• 기록관리 표준 제정 및 매뉴얼 개발
	• 거버넌스형 조직의 실현 및 기록관리 인프라 구축	• 기록관리체계 효율화 및 협력체계 구축 • 기록물 보존분담체계 개선 • 보존시설 · 장비 등 인프라 확충 • 기록관리 의식개혁 • 기록관리 국제협력 강화

화 · 체계화할 수 있는 인적 인프라를 구축했던 것이다.

참여정부는 기록관리 혁신로드맵을 완성하는 것으로 그치지 않고 2006년 2월 14일 로드맵에 기초한 기록관리 혁신 종합실천계획을 마련하였다. 종합실천계획에는 고객중심의 전자기록관리로 세계일류 기록국가 실현이라는 비전과 함께 4대 정책목표를 담았다. 기록관리 4대 정책목표는 모든 공적 기록의 철저한 관리, 범정부 전자기록관리 체계 구축, 기록정보의 공개 · 활용 확대, 기록관리 체계 혁신 및 인프라 구축이다. 이와 같은 정책목표를 달성하기 위해 26개의 혁신과제를 세부적으로 설정하였는데 그 세부내용은 앞의 〈표 3〉과 같다.

기록관리 분야의 혁신은 과거를 일신하여 현재와 새롭게 다가올 미래를 대비하기 위한 도전이었다고 할 수 있다. 참여정부의 기록관리 정책과 비전을 장황하게 설명한 것도 이 때문이다. 1세대 기록관리 전문요원은 이 혁신의 현장에 첫발을 내디뎠고 힘겨운 과정과 함께했던 것이다.

2005년 중앙행정기관에 처음 배치된 기록관리 전문요원은 자신이 속한 기관의 기록관리 현장에서 척박한 땅을 일구는 농부가 되어야 했다. 당시 문화재청은 기록관리 공통혁신과제 선도기관*으로 활동

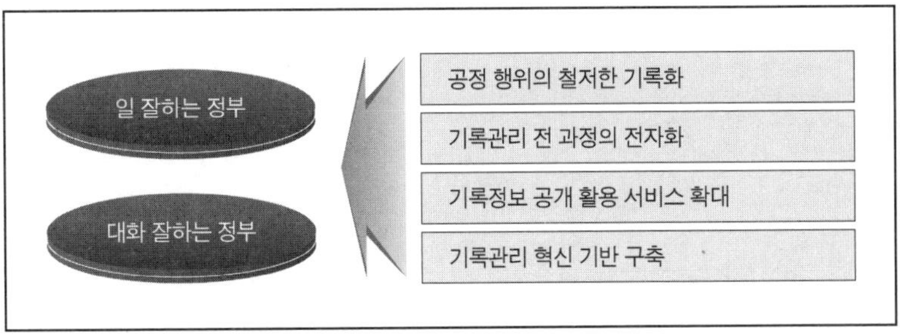

〈그림 1〉 2005년도 기록관리 공통혁신 추진목표

* 중앙행정기관 중 2005년도 기록관리 공통혁신과제 선도기관으로 활동했던 기관은 행정자치부, 국방부, 법무부, 과학기술부, 법제처, 국가보훈처, 문화재청의 7개 기관이다.

하고 있었고, 기록관리 혁신의 중심에 서 있었다. 이때 수행했던 혁신과제들은 기록관리 혁신로드맵과 기록관리 혁신 종합실천계획에서 제시한 공적 행위의 철저한 기록화, 기록관리 전 과정의 전자화, 기록정보 공개 · 활용 서비스 확대, 기록관리 혁신기반 구축 등 4대 정책목표와 맥락을 같이하는 과제였다.

지금 생각해 보면, 기록관리 혁신과제들을 실천하기 위해 매일같이 야근을 하고, 주말도 반납한 채 기록관리 업무에 매달려야 했지만, 기록을 관리하고 보존하고 연구하는 험난한 여정에 참여할 수 있었다는 점에서 보람과 자부심을 갖고 있다.

4. 고요한 나무에 바람이 일다

참여정부에 이어 지난 2008년 2월 이명박 정부가 출범하였다. 새 정부의 화두는 경제 살리기였다. 경제를 살리겠다는 공약으로 '서민을 따뜻하게 중산층을 두텁게'라는 기치도 내세웠다. 교육정책, 통일정책, 복지정책, 경제정책 등 크고 작은 정책들이 선진화라는 정책의 큰 틀 속에서 구상되었다.

그런데 기록관리 분야에서는 새 정부 출범 이후 커다란 논란에 휩싸였다. 이명박 정부 출범과 동시에 언론지상을 시끄럽게 했던 '대통령기록 유출 사건'이 그것이다. 노무현 전 대통령이 사저로 가져간 기록물 사본이 「대통령기록물 관리에 관한 법률」을 어기고 관련 기록을 유출한 것으로 언론에 보도되었기 때문이다. 기록물 유출인가, 아니면 정당한 열람권의 행사인가 하는 관점의 차이가 사회적인 이슈가 된 사건이다. 대통령기록은 그 특수성 때문에 어떤 경우라도 보호되어야 하는데, 특히 대통령기록으로 지정된 기록은 더더욱 그렇다. 이 사건에 대해서는 기록관리 학계에서도 많은 논의가 있었고, 시간이 더 지나고 난 후 보다 기록관리학적 관점에서 재논의되어야 할 것이다.

어찌됐든 이명박 정부는 새 정부의 국정철학에 맞게 국가기록관리 선진화 전략*을 수립하여, 지난 2009년 4월에 발표하였다. 국가기록관리 선진화 전략은 글로벌 경쟁력을 갖춘 선진 기록관리 실현을 통해 선진일류국가를 달성한다는 국가비전을 제시하고 있다. 그리고 선진 기록관리 실현을 위해 4대 목표를 설계하였는데, 그 내용은 다음과 같다.

첫 번째 목표는 내실 있는 기록관리로 신뢰받는 정부를 구현하는 것이고, 두 번째 목표는 국가기록관리 기반 강화로 선진 인프라를 확충하는 것이다. 세 번째 목표는 기록정보 자원화와 편리한 서비스로 지식정보사회를 선도하는 것이며, 네 번째 목표는 우리 기록문화의 글로벌 국가브랜드화로 국제적 위상을 제고하는 것이다.

이 선진화 전략은 2009년부터 2013년까지 단계적으로 추진하여 국가기록관리 선진화 목표를 달성한다는 것이 주요골자이다. 그렇다면 이명박 정부 출범 이후 수립된 국가기록관리 선진화 전략과 목표는 일선 기록관리 현장에 어떻게 반영되고 있을까. 국가기록관리 선진화 실현은 정책결정권자가 얼마나 강력한 의지를 가지고 있는가에 따라 그 시기를 앞당길 수 있을 것이다.

이명박 대통령은 지난 2008년 4월 23일 성남의 나라기록관 개관식 축하 메시지에서 "기록을 제대로 생산 · 관리하고 활용하는 것은 미래를 위한 귀중한 준비이다. 새로운 정부는 창의와 실용의 자세로 소홀했던 기록문화의 전통을 바로 세우고 나라기록의 엄정함과 소중

* 이명박 정부의 국가기록관리 선진화 전략의 자세한 내용은 2009년 6월 국가기록원에서 발간한 「국가기록관리 선진화 전략」을 참고하기 바란다.

함을 널리 알려야 한다."는 말로 기록관리 선진화 의지를 천명하였다.

미래에 대한 준비를 위해 모든 기록은 생산되어야 한다. 그렇게 생산된 기록은 잘 보존 · 관리되어 국민이 활용할 수 있도록 언제든 제공되어야 한다. 과거 정부가 소홀했던 기록관리 환경을 개선하고 인식을 바꾸어 기록문화의 전통을 바로 세워야 한다. 뿐만 아니라, 선진 기록관리를 통해서 세계기록문화유산에 빛나는 수많은 기록을 우리 스스로 만들어 가야 한다. 그래야만 나라기록의 엄정함과 소중함, 기록문화 전통의 우수성을 국제사회에 널리 알릴 수 있을 것이다.

이러한 사명은 대통령을 비롯한 각급 기관의 장, 관리자와 공무원, 나아가 기록관리 전문요원에 이르기까지 저마다의 소임을 다했을 때 가능하리라. 특히, 기록관리 전문요원은 오늘의 역사를 기록하는 심정으로 국가기록관리 선진화에 동참하고 묵묵히 제 갈 길을 가야 한다. 정권에 따라 해당 정책은 얼마든지 가변적일 수 있지만 그럼에도 바뀌지 말아야 할 것이 있다면, 기록을 온전히 생산 · 관리 · 보존할 수 있어야 한다. 기록관리 전문요원의 사명은 오늘을 기록하여 후대에 물려주는 것이라고 생각한다. 우리가 경험하고 학습한 것들을 온전히 기록으로 남겨 후대에 물려줌으로써 다가올 미래를 대비해야 한다.

기록관리 분야는 아직도 적지 않은 부분에서 취약한 요소들을 가지고 있다. 기록관리 전문요원은 이를 한 단계 한 단계 보완하여 국가기록관리 선진화를 위해 힘써야 한다. 그렇다면 국가기록관리 선진화 전략이 담고 있는 구체적인 실행계획에는 어떤 내용들이 포함돼 있는가. 지금 당장 실행에 옮기지는 못하더라도 다음 정부, 그 다음 정부에서 기록관리 전문요원들이 해야 할 숙제이기에 알아둘 필요가 있다. 다음의 〈표 4〉는 국가기록관리 선진화 전략의 첫 번째 정책목표를 표로 정리한 것이다.

〈표 4〉 국가기록관리 선진화 전략 – 정책목표(1)

정책목표 1. 내실 있는 기록관리로 신뢰받는 정부 구현	
과제명	세부과제명
1.1 주요 국정기록에 대한 생산단계부터의 철저한 관리	1.1.1 각급기관 처리과 기록관리 체계 확립 1.1.2 대통령기록의 체계적인 수집 · 관리 1.1.3 회의록 등 정책결정과정 기록의 관리체계 구축 1.1.4 시청각기록물의 전자적 관리체계 구축 1.1.5 행정정보 데이터세트 및 웹기록의 체계적인 관리
1.2 체계적 기록관리를 통한 업무의 효율성 제고	1.2.1 전자기록관리시스템 확산을 통한 그린 IT 실현 1.2.2 기록관리 표준 고도화 및 확산 1.2.3 기록물 분류 및 평가체계 확립 1.2.4 기록관리 업무 자동화를 통한 녹색 근무환경 조성
1.3 모든 기록에 대한 안전한 보존관리	1.3.1 정부산하 공공기관 기록관리체계 구축 1.3.2 구 전자문서의 관리체계 구축 1.3.3 전자기록 보존전략 및 재해복구체계 마련 1.3.4 신뢰받을 수 있는 전자기록관리체계 구축 1.3.5 필수기록물(Vital Records) 관리체계 구축 1.3.6 대통령기록물의 철저한 보존관리체계 확립

첫 번째 정책목표의 핵심은 내실 있는 기록관리로 신뢰받는 정부 구현이다. 신뢰받는 정부를 구현하기 위해 국정기록의 철저한 생산관리, 기록관리를 통한 업무의 효율성 제고, 생산된 기록의 안전한 보존관리를 큰 과제로 제시하고, 이를 실천하기 위한 15개 항목의 세부과제를 설계하였다. 신뢰받는 정부를 구현한다는 것은 매우 중요하면서도 달성하기 어렵고 힘든 과제임에는 분명하다.

결국 이 정부의 국가기록관리 선진화 전략이 성공적으로 자리매김하고, 이에 따른 정당하고 긍정적인 평가를 받기 위해서는 정부에 속한 최고의 정책결정권자부터 공무원 개인에 이르기까지 한 마음으로 정책을 실천에 옮길 때 가능할 것이다. 이와 같은 정책이 뿌리 내리기 위해서는 우호적이든 아니든 국민의 참여와 감시가 절대적으로 필요하다. 국민적 공감대가 형성되었을 때 정부가 입안한 정책의 신뢰성도 높아질 것이기 때문이다.

다음은 국가기록관리 선진화 전략의 두 번째 정책목표이다. 지방영구기록물관리기관의 설치와 기록관리 전문요원의 배치 지원 등 기록관리 기반 강화를 핵심 내용으로 하고 있다.

〈표 5〉 국가기록관리 선진화 전략 - 정책목표(2)

정책목표 2. 국가기록관리 기반강화로 선진 인프라 확충	
과제명	세부과제명
2.1 기록물 관리기관 구축을 통한 행정의 효율성 제고	2.1.1 지역특성에 맞는 지방기록물 관리기관 설치 지원 2.1.2 헌법기관 기록물 관리기관과의 협력체계 구축 2.1.3 중간 기록관리 시설 건립
2.2 기록관리 전문인 양성 · 배치	2.2.1 기록관리 전문인력 양성 및 전문성 강화 2.2.2 각급기관 기록물관리 전문요원 배치 지원
2.3 산 · 관 · 학 협력을 통한 기록관리 기반 강화	2.3.1 산 · 관 · 학 협력을 통한 친환경 기록관리 연구개발 2.3.2 쾌적한 녹색 공간 조성을 위한 민간아카이브 구축 지원 2.3.3 대통령기록 관련 기관과의 협력체계 확립

전문기관 설치와 전문 인력 양성과 같은 인프라 구축을 핵심내용으로 한 국가기록관리 기반강화에 초점을 맞추고 있다. 얼마나 실천하느냐가 관건이 되겠지만, 중앙정부와 지방정부의 균형 있는 기록

관리 발전을 위한 정책목표라는 점에서 공감하는 바가 크다. 그리고 기록관리 분야의 기반을 강화하기 위해 산·관·학 협력을 통한 연구개발 지원에 관한 목표를 설정한 것도 매우 고무적이라 생각한다. 기록관리 업무를 단순한 기능화가 아니라 연구개발을 통한 제도, 기준, 표준, 새로운 기술과 기법, 기능, 방법론 등이 폭넓게 적용되어야 하기 때문이다.

세 번째 정책목표는 과거 아날로그 기록물의 전자화를 통해 지식자원화하고, 디지털 환경에 맞는 다양한 정보서비스를 하겠다는 것이 핵심이다. 다시 말하면, 신뢰받는 정부를 구현하기 위해 국민은 국가가 하고 있는 일에 대해 알아야 할 필요가 있다. 국민의 알 권리는 충분히 보장되어야 하는데, 다양한 정보, 투명한 정보, 정확한 정보가 제공되었을 때 국민은 정부를 신뢰하게 된다.

국민과 정부의 원활한 소통은 실현될 수 있다. 바로 기록을 소통의 매개체로 활용할 수 있다. 국민에게 제공할 기록이 없고, 정부가 기록을 남기지 않는다면 신뢰받는 정부, 투명한 정부, 소통하는 정부를 실현할 수 없다. 국민은 철저하게 정부의 정책을 외면할 것이고, 정책에 대한 믿음은 붕괴되어 불신만 증폭될 것이다. 그렇기 때문에 기록을 매개로 한 국민과의 대화와 타협, 원활한 소통은 매우 중요하다. 이를 위해 기록정보를 자원화하고 편리한 서비스를 통해 지식정보사회를 선도하겠다는 정책목표를 제시한 것은 매우 잘한 일이다. 국민은 오랜 기간 동안 국가의 정책으로부터 소외되어 왔다. 정부가 무슨 일을 하는지, 어떤 일을 했는지 알고 싶어도 알 수 있는 것이 별로 없었다. 기록이 없어서가 아니라 그 기록이 국민에게 제공되지 않았기 때문이다.

국민의 지식수준이 상향되었고 그만큼 국가의 정책에 대한 관심과 참여율이 높아졌음은 주지의 사실이다. 또한 새로운 민주주의의 시대, 국민 참여의 시대를 스스로 만들어 왔다. 과거 역대 정부의 기록을 포함하여 현 정부에서 추진하고 있는 각종 정책 기록들이 국민에게 실시간으로 제공될 수 있도록 기록정보의 이용 가능성을 높여야 한다. 일반인이든 장애인이든, 사회적 강자이든 약자이든, 한 부모 가정이든 다문화가정이든, 대도시에서 생활하든 농촌벽지에서 생활하든 국민이라면 누구나 기록정보서비스를 받을 수 있어야 한다. 이를 실현하기 위해서라도 국가적 차원의 인력과 예산이 지원되어야 한다. 이와 같은 관점에서 국가기록관리 선진화 전략의 세 번째 정책목표는 반드시 실천해야 할 매우 중요한 과제인 것이다.

〈표 6〉 국가기록관리 선진화 전략 – 정책목표(3)

정책목표 3. 기록정보 자원화와 편리한 서비스로 지식정보사회 선도	
과제명	세부과제명
3.1 기록의 지식자원화를 통한 기록정보 이용 활성화	3.1.1 기록물 기술(記述) 강화를 통한 기록정보 지식자원화 추진 3.1.2 다양한 콘텐츠 개발로 기록정보 활용 분야 확대 3.1.3 디지털 기록의 통합 관리체계 구현
3.2 지역 · 기관의 경계를 뛰어넘는 통합서비스 기반 강화	3.2.1 대국민 서비스를 위한 기록물 공개제도 개선 3.2.2 각급기관 주요 기록물 통합을 통한 정보자원 그린화 3.2.3 기록정보 유통체계 구축을 통한 종이 없는 녹색행정 실현
3.3 기록정보 이용의 편리성 제고	3.3.1 고객 중심의 기록정보 서비스 체계 마련

끝으로 국가기록관리 선진화 전략의 네 번째 정책목표이다. 핵심

은 우리 기록문화의 글로벌 국가브랜드화로 국제적 위상을 제고하는 것이다. 문화산업은 굴뚝이 필요 없는 고부가가치 산업이다. 우리나라의 기록문화를 글로벌 시대의 국가브랜드로 만들겠다는 정책목표는 우리 조상이 문화유산으로 남겨준 기록과 문화를 계승 발전시켜, 글로벌 시대의 국가브랜드로 만들자는 것으로 이해된다. 우리나라에는 세계가 인정한 다수의 기록문화유산이 있다.

그렇다면 우리는 다음 세대에 어떤 기록, 어떤 문화를 물려줄 것인가. 21세기를 살아가는 우리는 세계기록문화유산에 버금가는 기록과 기록문화를 물려줄 수 있을 것인가. 이러한 관점에서 봤을 때, 국가기록관리 선진화 전략에 담고 있는 국가브랜드화와 같은 정책들은 국민적 공감대를 형성하면서 하나의 문화운동으로 승화시켜 전개해 나갈 필요가 있다.

〈표 7〉 국가기록관리 선진화 전략 – 정책목표(4)

정책목표 4. 우리 기록문화의 글로벌 국가브랜드화로 국제적 위상 제고	
과제명	세부과제명
4.1 우수한 기록문화의 세계적 전파	4.1.1 기록문화의 국가브랜드화 추진으로 녹색성장기반 조성 4.1.2 세계 각국에 우리 기록문화의 우수성 적극 홍보
4.2 국제사회와의 협력 체계 강화	4.2.1 외국과의 기록관리 분야 협력 내실화 4.2.2 기록관리 국제교류협력 강화
4.3 기록유산의 발굴 · 보존을 통한 문화국가로의 도약	4.3.1 해외 한인 기록유산의 종합 수집 · 활용 4.3.2 남북 기록관리 기관 간 교류협력 추진

다시 말해, 기록관리 선진화 전략에 담고 있는 정책과제들이 기록관리 현장에 정착되고 실현될 수 있도록 주관기관인 국가기록원은

제도를 개선하고, 새로운 실천 대안들을 발굴하는 등 끊임없이 노력해야 한다. 그러다 보면 그 과정에서 여러 가지 문제점이 나타날 것이고, 나타나는 여러 가지 문제점은 국가적 · 사회적 합의과정을 거쳐 다시 다듬어 나가야 한다. 무엇보다도 한번 수립한 정책의 큰 골격은 흔들림이 없어야 한다는 것을 강조하고 싶다.

5. 새로운 희망을 말하다

국가의 중요 정책은 일관성 있게 추진해야 하듯이 기록관리 정책 또한 일관성을 유지하면서 지속적으로 추진하는 것이 무엇보다 중요하다. 정부가 바뀌고 국정기조가 바뀐다고 해서 정책 근간이 흔들려서는 안 된다는 것이다. 조선시대의 역대 왕조는 실록으로 대표되는 기록을 보존 · 전승하여 오늘날 우리에게 세계기록문화유산에 빛나는 문화적 영예를 안겨 주었다. 기록을 안전하게 보존하고 잘 관리하여 후대에 전승하는 것은 이 시대를 살아가는 우리의 사명이기도 하다.

지난 10년을 되돌아보면 기록관리 제도에서부터 인프라에 이르기까지 빠르게 변화해 왔다. 기록관리 법령이 제정되었고, 기록관리 업무를 전문적으로 수행할 전문요원이 배치되었고, 기록관리 중요성에 대한 공무원의 인식도 나날이 진화하고 있음을 기록관리 현장 곳곳에서 확인할 수 있게 되었다.

정책적으로는 기록관리 혁신로드맵과 기록관리 혁신 종합실천계획이 마련되었고, 각종 기록관리 표준과 지침, 매뉴얼이 제정되었고, 전자기록관리를 위한 표준시스템도 개발되어 보급되었다. 이명박 정부는 출범 초기에 국가기록관리 선진화 전략을 마련하여 기록관리의 나아갈 방향을 제시하기도 하였다. 그러나 아무리 좋은 제도나 잘 짜여진 정책도 실천하지 않으면 한낱 구호에 불과하다는 것이다.

앞서 언급한 기록관리 혁신로드맵과 기록관리 혁신 종합실천계획, 그리고 국가기록관리 선진화 전략은 기록관리 분야의 지향점을 세부적으로 담아내고 있다. 기록관리를 위한 기본적인 설계도는 제시되어 있는 셈이다. 따라서 이 설계도를 기반으로 기초를 다지고 초석을 놓고 골조를 올려 집을 완성할 수 있는 실천이 뒤따라야 한다.

필자는 기록관리 정책을 실천하는 중심에 기록관리 전문요원이 있어야 한다고 생각한다. 실천적 대안을 찾아내어 기록관리 실무에 적용하고, 문제점은 다시 개선하는 일련의 과정에서 기록관리 전문요원은 그 책임과 역할을 담당해야 한다는 것이다. 자신이 속한 기관부터 기록관리 체계를 확립해 나가고, 나아가 기관과 기관 간의 경험과 노하우를 공유하여 상생할 수 있는 계기를 만들어내야 한다. 기관마다 기록의 종류가 다르고, 기록관리 환경도 다르기 때문에 다양한 사례를 벤치마킹함으로써 새로운 실천적 대안들을 모색해 나갈 수 있다.

한편, 기록관리 분야의 총괄 관리 · 감독 기관인 국가기록원은 메신저로서의 주도적 역할을 수행해야 한다. 국가기록원은 제도적 · 정책적 기능을 수행하는 것만이 아니라, 각급 기관이 자발적으로 기록관리 체계를 확립해 갈 수 있는 환경을 조성하는 데에도 힘을 쏟아야 한다. 이를테면, 지난 참여정부 때 국가기록원 주관으로 기록관리 혁신포럼을 구성하여 운영하였는데, 이때 국가기록원은 메신저로서의 역할을 충실히 수행하면서 기록관리 혁신포럼에 참여한 중앙행정기관과 지방자치단체와 교육청이 소기의 기록관리 혁신 성과를 거둘 수 있도록 지원한 바 있다.

이러한 경험을 되살려 국가기록관리 선진화 전략 추진을 위한 실천적 협의체를 구성하여 각급 기관이 당면한 과제들을 발굴 · 제시하고, 참여기관과 깊이 있는 논의를 통해 각 기관의 실정에 맞춘 발전적 대안을 찾을 수 있도록 역할을 담당해야 한다. 이때 국가기록원은 각급 기관의 자발적인 참여를 지원하되, 기록관리 정책을 일방적으로 전달하는 방식의 운영은 지양해야 한다. 기관별 특성과 성격을 감안하여 중앙행정기관과 지방자치단체, 교육청 등 공공기관을 권역별로 한데 묶어 협의체를 구성하여 각각의 기관이 축적한 경험과 노하우를 공유할 수 있도록 메신저의 역할을 담당해 주었으면 좋겠다.

또 하나는 국가기록관리 선진화 전략을 체계적으로 실천하고, 중앙행정기관, 지방자치단체, 교육청 등 공공기관과 민간기관 등을 아우를 수 있는 역할을 수행하기 위해 국가기록원 내에 대외협력조직을 갖출 필요가 있다. 대외협력조직은 실국 단위의 조직이 바람직한데, 우선은 과 단위의 조직으로 대외협력정책과나 대외협력지원과를 두는 방안이 좋을 듯하다. 이 조직은 국가기록관리 선진화 전략의 두 번째 정책목표인 국가기록관리 기반강화로 선진 인프라를 확충하는 역할을 수행하도록 하는 것이다. 세부 업무로는 기록물관리기관 구축을 통한 행정의 효율성 제고, 기록관리 전문 인력의 양성과 배치, 산 · 관 · 학 협력을 통한 기록관리 기반 강화 목표를 실천하는 것이다.

특히, 기록관리 전문 인력의 양성 · 배치의 경우 최근 행정규제 개선의 일환으로 추진하고 있는 기록관리 전문요원 자격요건 완화와 밀접한 관계를 갖는다. 또한 기록물 관리기관 구축을 통한 행정의 효율성 제고 영역에서 지역의 특성에 맞는 지방기록물 관리기관 설치 지원을 세부실천과제로 제시하였지만, 지방자치단체의 열악한 재정 여건을 감안한다면 현재로서는 실현 가능성이 매우 떨어져 보인다.

뿐만 아니라 산 · 관 · 학 협력을 통한 친환경 기록관리 연구개발 과제나 쾌적한 녹색 공간 조성을 위한 민간아카이브 구축 지원 과제를 실천하기 위해서도 국가기록원이 주도적으로 나서야 한다. 지방자치단체나 민간영역에 전적으로 맡겨둘 수 있는 과제가 아니라 국가기록원이 어떤 형태로든 참여하고 주도해야 하는데, 그러기 위해서는 국가기록원 내에 대외협력조직을 신설하여 정책개발과 기관 간 정책조정, 예산확보 및 지원, 전문인력 양성 지원에 이르기까지 메신저 및 컨트롤타워로서의 역할을 적극적으로 수행할 필요가 있다.

끝으로 국가기록관리 선진화 전략을 실현하기 위해서는 국가기록원이 주관하는 기록정보 자원화 사업의 활성화가 필요하다. 최근 급속도로 발전하고 있는 IT기반의 전자적 환경에 능동적으로 대응하기 위해 각급 기관이 보유하고 있는 각양각색의 원천 기록을 디지털화하고, 이를 기록콘텐츠로 개발하여 자원화해야 한다. 이는 국가기록관리 선진화 전략의 세 번째 정책목표인 기록정보 자원화와 편리한 서비스로 지식정보사회를 선도하기 위한 기반을 조성하는 것이기도 하다. 국가기록관리 선진화 전략이 마련된 이후 국가기록원 주도의 기록정보 자원화 사업 지원이 끊긴 상태이다.

국가기록원은 지난 2004년 자료관시스템 도입 당시부터 2007년까지 약 4년에 걸쳐 행정기록물 디지털화 사업을 지원했지만, 대부분의 기관이 보유하고 있는 비전자 기록물을 온전히 디지털화하지는 못했다. 기관에 배정된 사업 예산에 맞춰 국가기록원 이관 대상 기록물을 우선적으로 디지털화했기 때문이다. 지금도 각 기관에는 디지털화하지 못한 기록물이 산적해 있다. 각 기관이 디지털화 예산을 확보하지 못한 경우 이들 기록물은 비전자 기록물로 남게 되고, 결국은 국가기록관리 선진화 전략이 지향하는 정책목표를 실현할 수 없게 된다는 것이다.

따라서 국가기록원은 지난 2005년과 같은 규모의 기록정보 자원화 사업을 발굴하여 추진해야 한다. 단순히 행정문서만을 대상으로 한 디지털화가 아니라 법에서 정의한 도면, 사진, 필름, 아날로그 영상 등 시청각물, 행정박물과 같은 기록물 모두를 디지털화하여 기록콘텐츠를 자원화해야 한다. 이와 같은 역할을 국가기록원이 적극 수행할 수 있기를 기대해 본다.

6. 변화를 두려워하지 마라

기록관리 혁신에 관한 세부내용을 접한 것은 2005년 문화재청 기록연구사로 근무를 시작하면서이다. 이때 문화재청은 기록관리 혁신 선도기관 중 하나였는데, 혁신인사기획관실에서 혁신업무를 담당하고 있었다. 필자는 문화재청에 임용되자마자 중앙공무원교육원에서 주관하는 4주간의 신규 공무원 교육과정을 이수하고, 기관에 복귀한 후 전임자로부터 5만 8,000여 건의 보유 기록물 전수조사 목록, 자료관시스템 매뉴얼, 문화재청 혁신과제 추진계획, 중앙행정기관 기록물 DB 구축사업 등의 업무를 인수 받았다. 이 과정에서 문화재청이 수행해야 할 기록관리 혁신과제의 세부내용을 알게 된 것이다.

문제는 2005년 9월부터 12월까지 약 4개월 동안 기록관리 혁신과제를 수행하고, 그 결과를 정리해 제출해야 한다는 것이었다. 그러기 위해서는 일단 기록관리 혁신과제 수행을 위한 기본계획을 마련하는 것이 시급했다. 문화재청 전체의 혁신과제에 대한 추진계획은 있었지만, 별도의 기록관리 혁신 기본계획은 없었기 때문이다. 기본계획을 수립하려면 최소한 기록관리 혁신의 목표와 방향, 혁신과제의 내용, 기록관리 현황과 당면 과제 등을 파악하고 이해해야 하는데 시간이 너무 촉박했던 것이다. 또 기본계획에 어떤 내용을 담아야 할지 막연할 수밖에 없었다.

문화재청 기록관리 혁신 기본계획에 무엇을 담을 것인가. 당시 기록관리 혁신 선도기관으로 참여한 여러 기관의 사례를 벤치마킹하기 위해 자료를 수집하고, 국가기록원의 자문을 받아 기본계획을 수립하였다. 이때 작성한 기본계획에는 문화재청 기록관리와 기록관 운영에 관한 비전과 이를 실현하기 위한 전략과 목표를 설계하여 반영하였다. 문화재청의 비전 아래 기록관리의 비전을 배치하는 방식으로 기록관리를 통해 달성해야 할 전략과 목표를 제시하였다. 그리고 전략과 목표 달성을 위한 세부 실천계획은, 단기과제와 중장기과제로 나누어 설계하였는데, 단기과제와 중장기과제 수행을 위한 제도 개선과 예산 확보 계획을 기본계획 안에 포함시켰다.

〈그림 2〉 2005년도 문화재청 기록관리 혁신 추진계획 보고

문화재청의 비전은 '문화유산의 창조적 계승발전으로 세계일류 문화국가 실현'이다. 이에 따른 정책목표는 '성장하는 문화유산, 더 큰 대한민국'이고, 그 하위에 '문화유산 가치 확산으로 국가 품격 제고', '체계적 문화재 보존관리 실현', '문화재 정책품질 고도화' 등의 3대 전략과 10개의 세부실천 전략으로 설계되어 있다. 이를 감안하여 기록관리 기본계획을 수립할 때, 기록관의 비전을 문화재청의 비전과 호응할 수 있도록 설계하였다.

다음의 〈그림 3〉은 문화재청의 2010년도 문화재청 정책기본방향*을 그림으로 나타낸 것이다.

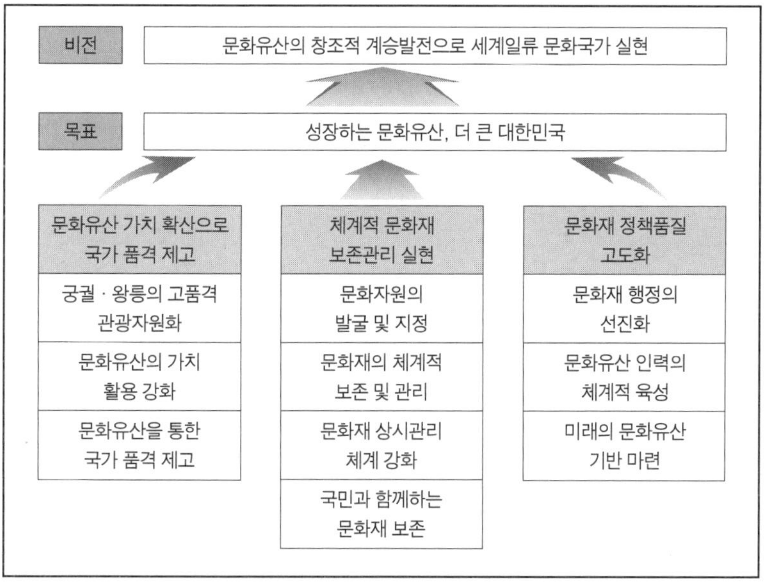

〈그림 3〉 2010년도 문화재청 정책기본방향

* 문화재청의 2010년도 정책기본방향에 관한 세부내용은 문화재청 홈페이지(http://www.cha.go.kr)의 연간업무계획 코너에서 확인할 수 있다.

이처럼 문화유산의 창조적 계승발전으로 세계일류 문화국가 실현이라는 문화재청의 정책 비전에 부합하도록 기록관의 비전을 설계함으로써, 문화재청의 기록관리가 체계적으로 작동할수록 문화재청의 기능이 향상될 수 있다는 논리적 근거를 마련할 수 있었다. 문화재청 기록관의 기록관리 기본계획에서는 문화유산 기록자원을 체계적으로 정비하여 고객 중심의 기록관리 문화를 선도하는 것을 운영목표로 밝히고 있고, 기록관의 비전과 목표를 달성하기 위해 4대 전략과 9가지 실천과제를 설계하였다.

먼저, 4대 전략으로는 문화유산 기록자원 관리체계의 효율화 및 전문성 강화, 기록관리 업무프로세스 효율화를 통한 업무능력 제고, 기록관리 네트워크 구축을 통한 기록관리 기반 확대, 대국민 서비스 체계 개선을 통한 문화재 행정정보 서비스 강화이다. 이들 4대 전략은 그 하위에 설계된 9가지 실천과제를 수행함으로써 기록관의 비전과 목표를 달성하고, 나아가 기관의 핵심 비전을 달성할 수 있도록 구조화하였다.

기록관리 기본계획의 큰 골격은 일관성을 유지해야 하지만, 기관의 정책비전이 바뀔 경우, 기본계획을 재설계하여 변화에 능동적으로 대처할 수 있어야 한다. 그리고 세부실천과제 중 목표를 달성한 과제는 기본계획에서 제외하고, 새로운 실천과제를 발굴하여 반영해야 한다.

이제 막 기관에 배치된 기록관리 전문요원이라면, 기록관리 실무에 매진하기 전에 차분하게 그해 기본계획부터 수립하라고 조언하고 싶다. 그리고 기록관리 전문요원이 되기 위해 공부하고 있는 학생이

비 전	문화유산의 창조적 계승발전으로 세계일류 문화국가 실현
목 표	문화유산 기록자원의 체계적 정비로 고객 중심의 기록관리 문화선도
전 략	• 문화유산 기록자원 관리체계의 효율화 및 전문성 강화 • 기록관리 업무프로세스의 효율화를 통한 업무능력 제고 • 기록관리 네트워크 구축을 통한 기록관리 기반 확대 • 대국민 서비스체계 개선을 통한 문화재 행정정보 서비스 강화
실천과제	• 문화유산 기록자원 관리체계 합리화 방안 연구 • 문화재 행정정보 DB 구축사업 추진 • 기록관 보존서고의 이전 · 재배치 추진 • 전자기록물의 체계적 정리 및 이관 추진 • 기록물 평가(보존기간 재책정, 폐기, 공개재분류) 효율화 • 맞춤형 기록관리 실무교육 프로그램 운영 • 기록관리 관 · 학 협력체계 구축 및 지원 강화 • 관할 소속기관의 기록관리 지도 · 점검 및 지원 강화 • 기록관리시스템의 이용 활성화

〈그림 4〉 2010년 문화재청 기록관리 기본계획

라면 기관에 배치되었을 때 어떤 비전과 목표, 전략과 실천과제를 설계하여 업무에 반영해 나갈 것인지 미리 설계도를 그려보라고 조언하고 싶다. 기록관리 현장에서 변화와 혁신의 중심 역할을 수행하고, 기록관리자의 사명과 책임을 다할 수 있도록 준비했으면 하는 바람이다.

7. 변화, 그 중심에 서라

기록관리 실무현장에서 부딪히는 어려움 중 하나는 습관처럼 굳어져 버린 오랜 관행이다. 기록을 생산하고도 등록하지 않는 관행, 업무가 끝난 기록이라고 해서 무단으로 폐기하는 관행, 기록을 사유물인 것처럼 인식하는 관행 등이 여전히 존재하고 있다. 이러한 관행은 정책결정권자의 관심만으로 해결할 수 없고, 기관의 공무원 몇 명이 의기투합한다고 개선될 일도 아니다. 기관에 속한 모든 공무원이 변화와 혁신에 동참했을 때에만 비로소 변화의 바람을 불어넣을 수 있는 것이다. 관행의 견고함을 깨고 변화와 혁신으로 이끈다는 것은 지난한 일이지만, 기록관리 전문요원은 그 변화와 혁신의 중심에 서려는 용기 있는 자세가 필요하다.

필자는 단지, 기록관리 전문요원이 기록관리 혁신을 추동해 나가는 중심 역할을 담당했으면 하고 바란다. 그러기 위해 기록관리 전문요원은 소속 기관의 기록관리 현실을 명확히 진단한 후 비전과 목표를 제시하고, 그것을 실현하는 과정에서 자연스럽게 기록관리의 중요성을 공감할 수 있는 계기들을 만들어 갔으면 한다.

앞에서 언급했듯이 참여정부에서 추진했던 기록관리 혁신과제는 기록에 대한 언론, 학계, 시민단체들의 관심과 노무현 전 대통령의 확고한 의지가 있었기 때문에 가능했다. 그러나 기록의 중요성에 대한 몰이해와 인력 및 제도의 미비 등은 기록관리의 변화와 혁신을 저해하는 한계로 작용해 왔다. 이러한 한계를 극복하기 위한 정책 중 하나가 정부 부처를 중심으로 한 기록관리 역량 강화와 기록관리 공통혁신과제였다.

노무현 전 대통령은 "기록관리 개선은 이후 정부혁신 과정에 있어 하나의 이정표(2004. 10. 27, 국무회의)"라고 하여 기록관리 혁신의 중요성을 강조하였고, "국가가 한 일은 그 기록이 완벽하게 남아 있어야 하며, 의사결정 전 과정이 정확하게 기록되어야 한다(2005. 2, 국무회의)."는 기록관리 혁신 방향을 제시하였다.

결국 결과뿐만 아니라 결과에 이르는 과정을 중요하게 여기는 기록관리의 본령을 노무현 전 대통령이 지적하고 있는 셈이다. 국가가 한 일은 그것이 잘한 일이든 못한 일이든 완벽하게 그 과정과 결과를 남겨야 한다는 것이고, 대통령의 치적과 치부 모두를 투명하게 공개해서 언제든 평가를 받겠다는 노 전 대통령의 역사인식을 드러내는 발언이라고 할 수 있다.

한편 이러한 혁신 방향이 의미하는 것은 등록되지 못해서 누락되는 문서들을 기록으로 확보하려는 의지를 천명하고 있다는 점이다. 중요한 정책을 결정하고 집행할 때 기관장의 결재를 득하는 방법 중 대면보고가 있는데, 기관장과 직접 대면하여 정책의 핵심 내용을 설명하고 결재를 받는 방법이다. 그러나 대면보고 문서는 결재 즉시 등록되어야 함에도 제대로 등록되지 않는 심각한 문제점을 가지고 있다.

이처럼 등록되지 못한 문서는, 그 문서를 만든 이들의 업무행위를 국민의 시선으로부터 감춰버리기 때문에 그들을 평가할 수 없게 만든다. 특히, 국민이 어떤 정책결정 과정의 기록을 요구했을 때 근거가 되는 기록을 공개할 수 없게 된다는 것이다.

참여정부의 기록관리 혁신과제 추진 이후의 기록관리 환경은 정부와 민간 할 것 없이 상당한 변화를 겪게 된다. 필자가 속한 문화재청 역시 6년 전과 비교했을 때 기록관리 환경의 많은 부분이 성숙되어 가고 있다. 무엇보다도 소속공무원의 인식이 달라졌다. 예컨대, 오프라인에서 접수한 기록을 어떻게 등록해야 하는지, 어떻게 분류하고 정리해야 하는지, 어떻게 편철해야 하는지, 또 이관은 언제, 어떻게 해야 하는지, 공개구분 기준은 무엇인지, 보존기간을 어떻게 책정해야 하는지, 폐기는 어떤 절차를 거쳐야 하는지 등 열거할 수 없을 만큼 많은 질문을 받고 있다.

앞서 예를 든 것처럼 대면보고를 통해 결재 받은 기록은 결재와 동시에 등록대장에 등록해야 한다. 이 절차는 공무원이라면 반드시 지켜야 하는 법령 사항이지만, 기록의 등록 절차나 시스템에 구현된 등록기능의 사용방법을 모른다면, 기록으로 등록하여 관리할 수 없게 된다. 이런 경우 대부분의 업무담당자는 대면보고 결재 문서의 상단에 구멍을 뚫어 파일에 편철해서 캐비닛이나 책상 서랍에 넣어 보관했을 것이다. 그러나 지금은 상황이 많이 달라져 기록을 생산하고 접수한 동시에 등록하고 있다. 기록관리 전문요원 한 사람이 노력한 결과라기보다는 기록관리 중요성에 대한 소속공무원들의 인식 변화와 적극적인 참여의 결과라고 생각하고 있다.

8. 변화를 선도하라

변화에는 어떤 계기가 필요하지만, 변화의 중심에서 변화를 선도한다는 것은 말처럼 쉬운 일이 아니다. 기록관리 실무 현장에는 정책적 갈등, 법률적 · 제도적 갈등, 예산운용상의 갈등, 평가에 관한 갈등, 업무 속에서 파생되는 인간적 갈등에 이르기까지 다양한 요인이 상존하고 있다.

그렇다면 기록관리 실무 과정에서 파생되는 다양한 갈등요인들을 어떻게 극복하고 변화를 선도할 것인가. 갈등을 풀어가는 방법은 다양하겠지만, 무엇보다 그것을 회피하기보다는 적극적으로 풀어가겠다는 마음자세가 중요하다고 생각한다. 어차피 피할 수 없는 갈등 상황이 많기 때문에 과감하게 변화를 선도하는 편이 오히려 문제를 수월하게 해결할 수 있기 때문이다.

필자는 문화재청의 기록관리 혁신 기본계획과 중장기 전략을 수립할 때 기록관리에 관한 직원들의 요구사항과 고충을 최대한 수렴하려고 노력했다. 업무 관련 기록을 찾을 때 발생하는 어려움, 기록관리를 위한 문화재청 직원들의 의견, 필요로 하는 서비스의 종류 등에 대해 귀를 기울였다. 이를 계기로 ONO(One Click, Non-Stop, One Call) 서비

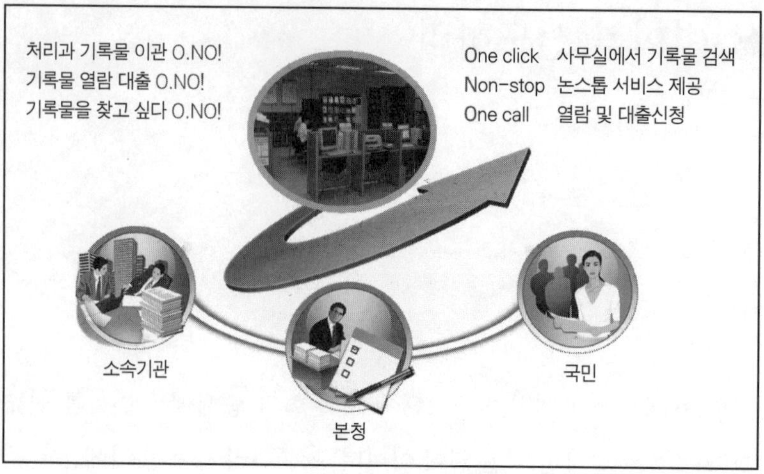

〈그림 5〉 문화재청 기록물 열람대출 서비스 모델

스 모델을 설계하였다.

ONO 서비스 모델을 설계하게 된 것은 직원들이 하나같이 기록을 찾으려 해도 찾을 수 없다는 것과 어떤 기록이 있는지조차 모르겠다는 불편함을 호소했기 때문이다. 예컨대 문화재를 복원하려면 과거에 작성된 문서나 도면, 사진기록을 참고해야 하는데 이들 기록을 찾을 수 없다는 것이다. 그래서 기록관 보존서고 기록물의 목록 정리계획을 마련하였다. 목록을 작성해야 보존서고에서 관리하고 있는 기록물을 정확히 파악할 수 있고, 또 그 목록에 기초해서 열람대출서비스가 가능하다고 생각했기 때문이다. 업무활용이나 국정감사, 민원과 정보공개의 경우 수시로 기록물을 활용해야 하기 때문에 가장 시급한 것은 목록을 작성하여 공유하는 것이었다.

이와 같이 기관 구성원의 요구를 면밀히 파악하고, 실천 가능한 사안들을 찾아 설계한다면 자연스럽게 세부실천계획을 마련할 수 있다.

또 세부실천계획을 엮어 추진 목표와 전략을 만든 다음 이를 다시 종합하여 비전을 설계하면 기본계획이 되는 것이다.

어떤 변화를 이끌고자 할 때 기관장이나 관리자의 의지를 바로 하부조직에 전달할 수 있는 톱다운(Top-Down) 방식을 선호하는 경향이 있다. 톱다운 방식의 의사전달체계가 효과적으로 운영되려면 구성원 모두가 공감하고 협력했을 때 극대화될 수 있는데, 일방적으로 전달되는 톱다운 방식의 의사결정이라면 오히려 역효과를 초래하거나 일회성으로 끝나버릴 가능성이 크다. 그렇기 때문에 거부감과 피로감이 들지 않도록 구성원 모두가 동참하고 협력할 수 있는 분위기를 조성해 가는 것이 무엇보다 중요하다.

보텀업(Bottom-Up)은 톱다운 방식과 대비되는 개념이다. 기관장과 관리자의 일방적인 지시와 하달 식 의사전달체계가 아니라 실무자들이 모여 아이디어를 만들어내고, 실천 방법들을 찾아 실무에 적용하면서 관리자와 기관장의 의지를 끌어내는 방식이다.

보텀업 방식은 변화에 대한 자발적인 참여를 모색할 수 있고, 다

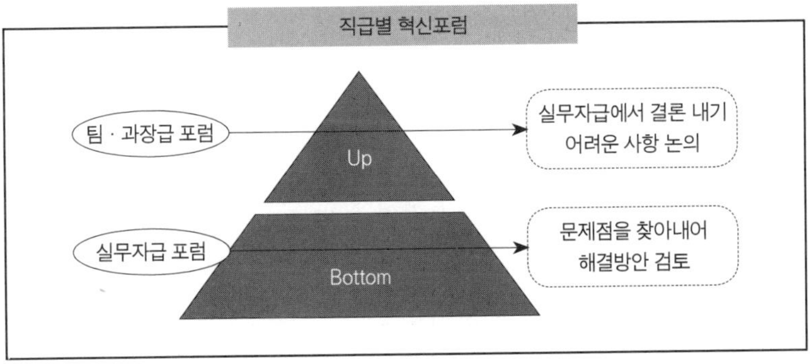

〈그림 6〉 보텀업 방식의 혁신포럼 추진체계도

양한 의견과 아이디어를 모을 수 있어 단기적으로 실천 가능한 것과 중·장기적으로 실천 가능한 것을 고려하면서 체계화할 수 있다는 장점이 있다.

어떤 분야이든 톱다운 방식과 보텀업 방식의 의사결정 과정과 실천과정은 적절하게 조화되어야 하겠지만, 기록관리 실무에서는 보텀업 방식이 더 효과적이라고 생각한다. 아래로부터의 변화를 이끌어 가면서 추진동력을 확보하고, 이러한 변화가 지속적으로 유지되었을 때 관리자의 의지를 확고하게 붙잡아 둘 수 있기 때문이다. 뿐만 아니라 동료 직원들에게 기록관리의 중요성에 대한 인식을 심어주고, 실무에 대한 이해가 자리를 잡게 되면 기관장이나 관리자가 바뀌더라도 흔들림 없는 기조를 유지할 수 있다.

이런 복합적인 이유 때문에 기록관리 실무에서의 변화는 톱다운 방식보다는 보텀업 방식의 접근방법이 효과적일 수 있고, 그러한 논리와 방법론을 적극적으로 발굴할 필요가 있다. 필요하다면 주변의 여러 기관에서 실험적으로 시도된 다양한 방법론들을 참고하고 벤치마킹하여 기관의 실정에 맞는 새로운 모델을 설계하는 노력도 요구된다.

기록관리 변화의 동력을 오래도록 유지하려면, 구성원 모두가 참여하는 추진체계를 만들어야 하는데, 중앙의 기관과 소속기관이 참여하는 추진체계를 만들어 명확한 비전과 목표를 제시해야 한다. 중앙의 기관에서 소속기관에 미션을 주는 경우도 있겠지만, 소속기관 스스로 문제점을 찾아 개선하려는 미션들을 발굴할 수 있도록 지원하는 데에도 초점을 맞추어야 한다. 조직의 상하 관계보다 수평적인 관계 속에서 혹시 발생할 수 있는 갈등요인을 사전에 차단할 수 있고, 변화에 따른 피로감이나 거부감을 완화할 수 있기 때문이다.

다음의 〈그림 7〉은 문화재청이 2005년도부터 2007년까지 유지했던 기록관리 혁신 추진체계이다.

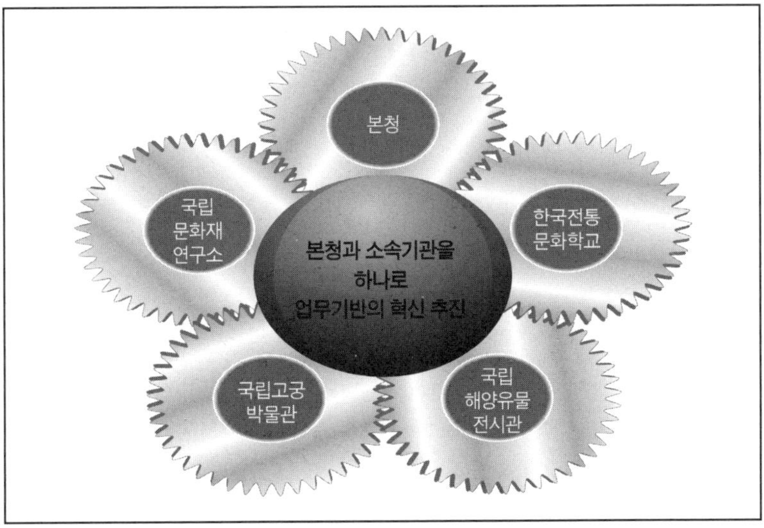

〈그림 7〉 2005~2007년도 문화재청 기록관리 혁신 추진체계도

문화재청의 업무는 문화유산 객체를 대상으로 이루어진다. 문화재 보존관리를 위한 제도 · 정책 · 기획 · 예산 · 인력운영 등의 정책기능과 각 문화재별 보존 · 관리 업무 기능이 복합적으로 작용하는 특징을 갖는다. 문화재를 보존 · 관리하는 과정에서 이루어지는 학술조사 · 연구 기능과 문화재 보존 · 관리에 필요한 전문 인력양성 기능이 있다. 여기에 다양한 유물과 유적을 관리하고 보존하는 기능이 상시적으로 가동되고 있다.

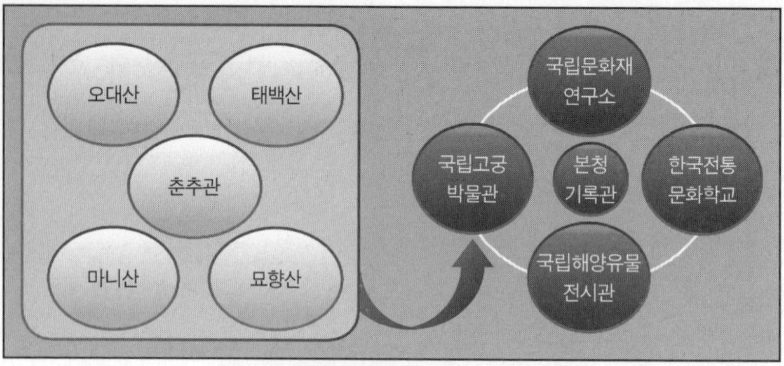

〈그림 8〉 문화재청 기록관리 5대 사고 재현 설계도

이러한 업무특성은 다양한 매체와 유형의 기록 생산으로 이어져 기록의 보존 · 관리에도 숙련된 솜씨와 기능이 요구된다. 기록의 다양성만큼이나 문화재 관련 기록 자체가 갖는 각각의 의미가 다르기 때문에 기록의 특성을 최대한 유지하면서 체계적으로 관리할 수 있는 환경을 만드는 것이 무엇보다 중요하다. 따라서 각각의 업무기능과 기록의 다양성을 감안하여 4대 권역에 거점을 설계하였다.

문화재 보존관리 정책의 핵심 기능을 수행하고 있는 중앙에 본청이 위치하고, 학술조사 연구기능을 수행하는 국립문화재연구소, 문화재 보존관리 전문 인력양성 기능을 수행하고 있는 한국전통문화학교, 해양문화유적의 조사연구 및 보존관리 기능을 수행하고 있는 국립해양유물전시관(현 국립해양문화재연구소), 그리고 궁 · 능 · 원 유적과 유물의 보존관리 기능을 수행하고 있는 국립고궁박물관이 그것이다.

위의 〈그림 8〉은 조선시대 5대 사고의 분산보존 체계를 현재의 문화재청 업무기능에 대입하여 추진체계 모형을 설계한 것인데, 미래의 문화재청 기록관리 발전 모델이 되어야 한다고 생각한다. 국립고궁박물관의 경우는 궁 · 능 · 원 유적의 보존관리 업무기능을 수행하고 있으면서 서울과 경기 권역을 거점으로 하고 있다. 대전광역시에 위치한 중앙의 본청과는 각종 시스템을 통해 온라인 네트워크가 구축되어 있어 물리적 제약을 받지 않는다. 이러한 업무환경을 감안한다면, 보다 다양한 기록정보의 대 국민 서비스가 가능할 것으로 기대하고 있다.

뿐만 아니라 기록보존 및 관리적 측면에서도 분산보존과 집중관리 체계를 운영할 수 있다. 현행 법령대로라면 서울지역과 경기지역에 위치한 소속기관의 생산기록물은 문화재청 기록관으로 이관해야 한다. 그런데 대전광역시에 위치한 문화재청 기록관으로 기록물을 이관하지 않고 인접한 지역에 위치한 국립고궁박물관으로 기록물을 이관한다면 이관에 따른 업무불편은 줄어드는 반면 이관 기록물의 활용성은 증가할 것이다. 기록물을 기록관으로 이관한 후에 업무와 관련해서 긴급하게 해당 기록물을 찾으려면, 해당 공무원은 대전광역시에 위치한 문화재청 기록관을 방문해야 하지만 국립고궁박물관에 해당 기록물을 이관하여 체계적으로 관리한다면, 어떤 긴급한 사안이 발생했을 때 대전까지 해당 공무원이 시간과 경비를 들여 왕래할 필요가 없게 된다. 그만큼 업무를 신속하게 처리할 수 있고, 업무의 효율성도 증가할 것으로 기대하고 있다.

문화재 행정기록물의 분산보존과 집중관리를 위한 모델로서 조선시대의 5대 사고 운영 체계를 재현한 것이지만 실현 불가능한 일이라고 생각하지는 않는다. 이와 같이 자신이 속한 기관의 환경과 업무 여건을 감안하여 구체적인 모델을 개발하는 것이 변화를 선도하는 첫걸음이라 생각한다. 문화재청의 이러한 사례가 널리 공유되고 확산되어 새로운 전기를 마련해 가는 기반이 되었으면 하는 바람을 가져보는 이유이기도 하다.

9. 변화를 위한 과제를 발굴하라

앞서 변화를 선도해야 한다고 강조하였다. 변화를 선도하기 위해서는 무엇보다도 변화의 밑바탕이 될 목표가 필요하고, 목표를 달성하기 위해 실천할 수 있는 다양한 과제를 발굴해야 한다. 우리가 주목해야 할 것은 기록관리 일선에서 발굴하는 과제는 실천 가능하고, 실현 가능하고, 지속 가능해야 한다는 것이다. 논리의 타당성과 합목적성을 갖추어야 하는데, 시급성도 함께 내포되어 있어야 한다.

또한 구성원이 변화의 핵심목표와 과제에 공감할 수 있어야 하고, 그러한 공감대 속에서 구성원 스스로가 변화의 주체로 동참할 수 있어야 한다. 위로부터 제시되는 변화과제가 있을 수 있고, 실무를 통해 경험적으로 발굴되는 과제도 있다. 법령이 정한 테두리 안에서 시급하게 다루어야 할 과제도 있고, 내부 구성원들의 요구에 의한 과제도 있다. 다양한 형태로 요구되는 과제들은 우선순위를 매겨두고 단계적으로 풀어가야 한다. 변화 과제를 발굴할 때는 중요성, 시급성, 파급성, 실천 가능성을 간과하지 않도록 주의해야 한다.

먼저 중요성이다. 실제로 기록관리 전문요원 입장에서 보면 해야 할 일이 너무 많다. 기록관리를 위한 인프라를 갖추어야 하고, 기록관리 인식이나 제도를 소속공무원에게 이해시켜야 한다. 기록관리 업무프로세스의 재설계를 통한 표준화, 기록물의 안전한 이관, 보존기간 경과 기록물의 평가 폐기 및 비공개 기록물의 공개재분류, 아날로그 기록물의 디지털화, 기록물에 대한 보안과 재난안전대책 등도 수립해야 한다. 뿐만 아니라 기록의 생산등록 기준을 마련하고, 합리적이고 일관성 있는 보존기준도 책정해야 한다. 기록관의 정수점검과 상태점검을 실시해야 하고, 직원들을 상대로 상시적인 기록관리 교육도 진행하고, 각종 매뉴얼과 업무지침을 만들어 배포해야 한다. 이와 같은 다양한 업무를 수행하고 추진하기 위해서는 전문적인 인력과 예산이 뒷받침되어야 한다.

그럼에도 기관 내에서 기록관리 업무는 대개 우선순위에서 밀려나 있다. 정책적으로 추진되거나 국민과 밀접하게 연관된 업무들은 최우선순위에 놓여 있다. 기록관리 업무와 같이 지원업무에 해당하는 과제들은 천천히 해도 된다는 인식이 자리를 잡고 있다. 이러한 인식을 변화시키고 기록관리 업무의 중요성에 대한 공감대를 형성하기 위해서라도 기록관리 전문요원의 관점이 아니라 조직과 조직 구성원들의 관점, 그리고 국민의 관점에서 무엇이 가장 중요한가를 따져보고 실천 가능한 과제들을 발굴해야 한다.

가령 2005년 문화재청에 입사할 당시 필자는 기록관 보유 기록물과 각급 기관 처리과 보유 기록물의 전수조사, 그리고 아날로그 행정기록물의 디지털화 과제를 중요한 과제로 선정한 바 있다.* 문화재청이 보유하고 있는 기록물을 파악하는 것이 무엇보다 선행되어야 할 과제라고 인식했기 때문인데, 보유 기록물의 정확한 목록을 만들어 직원들에게 제공해야만 업무참고뿐만 아니라 민원이나 정보공개 요청이 들어왔을 때 보다 적극적으로 대응할 수 있다. 그리고 기록물의 이관에서부터 평가 · 폐기, 보존기간 재책정, 공개재분류와 같은 기본적인 기록관리 업무를 수행할 때 기초 자료로 활용할 수 있을 거라고 판단했다.

두 번째로 시급성이다. 앞서 나열한 여러 가지 현안 과제들을 놓고 일의 순서와 시급성을 따져보아야 한다. 기록관리 분야에서 각각의 업무는 유기적인 관계 속에서 진행된다. 따로 분리해서 생각할 수 없는 업무 속성을 가지고 있다.

가령 기록물을 이관하려면 어떤 기록물이 생산되었는지 파악하여 목록을 작성해야 한다. 목록을 작성할 때는 공개재분류의 기초 정보가 되는 공개 여부와 보존기간이 합리적으로 책정되었는지를 판단해야 한다. 아울러 기록물의 상태를 파악하여 보존처리 및 디지털화 필요성 여부를 판단해야 한다. 그리고 상태에 따른 보존환경 기준도 마련해야 한다.

---

* 중앙행정기관을 비롯한 공공기관이 보유 기록물에 대한 전수조사를 실시한 것은 지난 2004년의 일이다. 기록물관리의 총괄 기관인 국가기록원에서 전수조사 지침을 마련 · 시행하였고, 각급 기관은 이 지침에 따라 전수조사를 실시하였다. 전수조사 결과의 신뢰 여부는 섣부르게 판단할 수 없으나 필자의 경험에 비추어 보면 "신뢰할 수 없다"이다. 문화재청은 2005년 8월부터 2008년 6월까지 보유 기록물에 대한 전수조사를 재실시하였고, 그 결과 2004년 전수조사 당시 5만 8,000여 권이던 보유 기록물이 2008년 6월 기준으로 13만여 권인 것으로 확인되었다. 이때의 전수조사 결과는 문화재청 홈페이지(www.cha.go.kr) 정보광장 - 정보공개 - 정보목록 - 보유문서목록에서 검색하여 해당 파일을 다운로드 받을 수 있다.

이와 같은 과정을 보면 기록물 이관은 독립된 프로세스가 아니라 다른 기록관리 업무프로세스와 동시다발적으로 이루어짐을 알 수 있다. 따라서 변화과제를 발굴할 때는 중요성 못지않게 시급성도 함께 고려해야 한다. 기관의 입장에서 볼 때 시급하지 않은 업무는 하나도 없을 것이다. 하지만 기록관리 업무는 그 시기를 놓쳐버리면 악순환이 계속된다는 점을 간과해서는 안 된다. 업무는 계속 진행되고 새로운 기록은 끊임없이 생산되기 마련이다. 과거의 기록이 체계적으로 정리되지 않은 상태에서 새로운 기록이 생산되어 축적된다면 리스크의 범위는 그만큼 커질 수밖에 없다.

뿐만 아니라 구체적인 기준과 원칙 없이 새로운 기록을 생산한다면 이는 또 다른 부실을 키우게 된다. 과거의 기록을 체계적으로 정리하는 것은 예산이 뒷받침되면 자연스럽게 해소될 개연성이 크지만 새롭게 생산되는 기록을 체계적으로 관리하기 위해서는 생산기준을 마련하는 것이 시급한 과제가 될 수밖에 없다. 즉, 과거의 기록물을 정리해 가면서 새로 생산되는 기록물의 관리체계를 모색하는 것이 동시에 이루어져야 한다는 것이다.

한 예로, 중앙부처에서는 지난 2006년부터 기록관리기준표를 마련하는 과제를 수행한 바 있다. 정부기능분류체계(BRM)를 바탕으로 정책분야, 정책영역, 대기능, 중기능, 소기능, 단위과제로 구성된 6레벨의 분류체계를 만들고, 각각의 단위과제마다 일관성 있고 합리적인 보존기간을 책정하려는 시도였다. 기록관에서는 단위과제에 따른 보존기간이 적정하고, 보존기간 책정사유가 합리적인지 등을 판단하여 검토하는 것이 주된 역할이었는데, 이 과제를 수행하면서 가장 어렵고 힘들었던 것은 조직의 변천과정과 각 부서에 분장된 업무를 파악하고 이해하는 것이었다. 각 부서의 업무와 그 구체적인 업무 내용 그리고 업무에 대한 법률적 근거를 이해하고, 해당 업무 과정에서 생산되는 기록의 유형과 이들의 가치를 어떠한 기준으로 판단해야 하는지 막연했기 때문이다.

문화재청만 하더라도 1,500여 개가 넘는 단위과제들을 사용하고 있는데, 각각의 단위과제마다 업무의 성격이 다르고, 보존기간이 다르게 책정되어 있다. 과거가 아니라 현재와 미래의 기록관리 기준이 되는 기록관리기준표를 마련하는 것은 매우 신중하게 접근해야 했다. 문화재청은 기록관리기준표를 고시하기까지 약 9개월이 소요되었다. 각각의 단위과제를 비교 검토하고, 업무 담당자가 책정한 보존기간의 적정성 여부를 판단하여 보존기간 책정사유를 기술하고, 각각의 부서에 의견조회를 거치는 데 그만큼의 시간이 필요했다. 의견조회 결과로 제시된 내용을 다시 검토하고, 수정 보완하여 최종 안을 마련하기까지 다시 6개월 정도가 걸렸고, 이렇게 마련된 최종 안을 국가기록원에 보내 검토와 협의를 거치는 데 또 2개월이 소요되었다. 국가기록원의 검토 결과를 받아 다시 내부 논의과정을 거쳐 최종 고시안을 마련하고 기관장의 결재를 받아 홈페이지에 고시하는 데에도 1개월이 걸렸다.

이와 같이 문화재청은 지난한 과정을 거쳐 기록관리기준표를 고시*하였고, 현재 운영 중인 업무관리시스템(온-나라시스템)에서 생산되

* 문화재청은 2008년 2월과 2009년 12월, 2010년 12월에 각각 기록관리기준표를 고시하였다. 이때 고시된 기록관리기준표는 문화재청 홈페이지(www.cha.go.kr)의 새소식 · 공지

는 기록물의 보존기간을 책정할 수 있는 환경과 미래의 기록관리 기준을 마련한 셈이다. 만약 기록관리기준 마련이 늦어졌다면 기록물생산시스템과 기록관리시스템에 기록관리기준표를 탑재하지 못했을 것이고, 기록관리기준표의 공백이 길어지는 만큼 일정한 기준 없이 기록이 생산되었을 것이다.

그렇기 때문에 과제를 발굴하고 선정할 때는 중요성과 더불어 시급성을 판단해야 한다. 무엇을 할 것인가도 중요하지만 언제 할 것인가도 매우 중요하다고 하겠다.

세 번째는 파급성이다. 파급성은 변화 과제를 발굴할 때 중요한 고려사항 중 하나이다. 과제 수행 결과가 범정부적으로 활용될 수도 있고, 자신이 속한 기관에서만 활용될 수도 있기 때문이다. 즉, 기관이 발굴한 과제의 수행 결과를 다른 기관에도 적용할 수 있느냐, 벤치마킹 사례로 활용할 수 있느냐, 공동 발전의 동기부여가 될 수 있느냐의 관점인 것이다.

가장 먼저 고려되어야 할 것은 기관 내부의 파급성이어야 한다. 조직과 조직구성원이 변화의 주체로 동참하고 성장할 수 있어야 나아가 범정부적인 파급효과도 가져올 수 있을 것이기 때문이다. 특히, 기록관리 분야에서는 거의 모든 공공기관의 수준이나 환경이 비슷하기 때문에 새로운 과제를 발굴하여 시도한다는 것이 쉽지 않지만 그 파급효과를 기대할 수 있다.

문화재청은 지난 2007년과 2008년에 세 가지 과제를 발굴하여 수

사항이나 2011년 고시바로가기의 검색창에서 문화재청 기록관리기준표로 검색하면 해당 파일을 다운로드 받을 수 있다.

행하였다. 첫째는 대전과 충청지역에 소재한 중앙행정기관을 대상으로 '대전 · 충청 권역 기록관리 혁신포럼'을 구성한 것이고, 둘째는 '기록관 운영 표준화 및 내실화 연구' 과제를 발굴하여 수행한 것이며, 셋째는 2008년 '기록관 재난대비계획 수립 방안 연구' 과제를 발굴하여 수행한 것이다.

대전 · 충청 권역 기록관리 혁신포럼을 구성하게 된 것은 기록관리 업무를 수행하는 과정에서 발생하는 여러 문제점을 공유하고, 이에 대한 개선 방안을 마련하여 공동으로 실무 현장에 적용해 보자는 시도였다. 각급 중앙행정기관의 기록관리 현실이 비슷한 상태였고, 기록연구사 또한 1명씩 배치되어 있었기 때문에 8개 기관의 기록연구사가 머리를 맞대고 공동의 발전 방안을 만들어 보자는 취지로 시작하게 된 것이다.

그러나 대전 · 충청 권역에 소재한 기관의 기록연구사가 참여하는 포럼을 구성하고 운영하기까지의 과정은 순탄치 않았다. 각 기관의 조직문화와 처해 있는 상황이 달랐고, 업무의 양이나 관리자의 인식도 서로 달랐다. 포럼을 주관하고 이끌어 갈 기관을 선정하는 것이 문제가 되기도 하였다. 기록연구사의 입장이 모두 달랐고, 특정 과제를 공동으로 연구해서 그 성과를 공유하더라도 기록관리 환경의 차이를 어떻게 극복할 것인가라는 원초적인 문제는 여전히 남아 있었다.

어찌됐든 지난한 설득과정을 거쳐 대전 · 충청 권역 기록관리 혁신포럼을 꾸리게 되었고, 이 포럼을 통해 기록관 운영 표준화 및 내실화 방안 연구 과제를 선정하여 본격적인 활동을 시작하였다. 2007년 개정 시행된 공공기록관리법을 모두 분석하고, 기록관리 업무를 기

〈그림 9〉 2007년도 기록관리 공통혁신포럼 중간성과 보고회

능별로 분류하고, 업무프로세스를 재설계하고, 이에 따른 전문인력 확보 방안과 인프라 구축 방안, 그리고 예산확보 방안 등을 마련하게 되었다. 과제의 성과를 공유하고 확산하기 위해 중앙행정기관을 대상으로 한 차례 성과공유대회를 개최하였고, 중앙행정기관, 지방자치단체, 광역시도교육청 등에 확산하기 위해 또 한 차례의 성과공유대회를 개최하기도 하였다.

뿐만 아니라 2008년에는 기록관 재난대비계획 수립 방안 연구 과제를 선정하여 활동하였다. 이때까지만 해도 기록관 단위의 재난대비계획을 수립한 기관이 없었다. 국가기록원 역시 기록관의 재난대비계획 수립을 위한 가이드라인을 마련하지 못한 상태였다. 문화재청이 주도적인 역할을 자처하고 나선 것은 기록관 단위에 공통으로 적용 가능한 재난대비계획을 마련하여 하나의 가이드라인을 제시해

보려는 것이었다. 이렇게 마련한 기록관 재난대비계획은 중앙행정기관, 지방자치단체, 광역시도교육청, 기록관리학 대학원 등 60여 개 기관과 공유할 수 있었다.

기록관리 분야에서 변화과제를 발굴하고 선정할 때 자신이 속한 기관만이 아니라 다른 기관이 함께 발전하고 성장할 수 있는 과제를 발굴하려고 노력해야 한다. 우리 기관의 성공사례가 범정부적인 성공사례가 되도록 하기 위해서는 파급성을 꼼꼼히 따져볼 수 있어야 하겠다.

끝으로 실현 가능성이다. 아무리 중요하고, 시급하고, 파급성이 큰 과제라 할지라도 실현 가능성이 없는 과제라면 일회성으로 끝나기 십상이다. 기관 내부에서 이루어지는 기록관리 정책이나 중요 기록물의 보존환경을 구축하는 일은 일회성으로 끝나는 과제일 수 없다. 기록관리 실무에서도 마찬가지다. 이들 업무는 일회성으로 끝날 사안이 아니며, 긴 안목과 장기간의 시간을 필요로 하는 업무들이 대부분이라는 것은 아무리 강조해도 지나치지 않다. 그렇기 때문에 기록관리 업무를 수행하는 담당자와 기관은 실현 가능성을 염두에 두고 있어야 한다. 그리고 이때 실현 가능성이란 단기적 · 중기적 · 장기적 관점에서 이해될 필요가 있다. 단기적 과제의 성취를 유의미하게 지속시키고 확장하기 위해서는 중 · 장기적 계획 속에 단기적 과제가 유기적으로 배치될 수 있어야 하기 때문이다.

한 예로, 국가기록원이 주관한 디지털화 사업을 보자. 국가기록원은 2004년부터 2007년까지 4년 동안 중앙행정기관을 대상으로 디지털화 사업을 추진한 바 있다. 국가기록원이 2004년 중앙행정기관을 대상으로 보유 기록물 전수조사를 실시하였고, 그 결과로 취합한 목록과 통계를 기초로 사업 대상 기관과 기록물을 선정하였다.

그런데 문제는 사업 범위와 대상을 보존기간별 행정문서로 한정한 것이었다. 보존기간이 10년과 20년으로 책정된 행정문서는 색인 DB만 구축하고, 보존기간이 준영구 · 영구인 행정문서는 원문 이미지 DB까지 구축하는 것이었다. 주어진 예산에 사업 물량을 맞추다 보니 어떤 것은 색인 DB만 구축할 수 있었고, 어떤 것은 원문 이미지 DB만 구축할 수 있는 상황에 놓인 것이다.

그리고 사업의 범위가 행정문서로 한정되었기 때문에 행정문서와 집합적으로 관리해야 할 도면, 사진, 필름, 간행물 등의 기록물은 디지털화하지 못했다. 그 결과 행정문서는 기록관리시스템에서 전자적으로 관리할 수 있게 됐지만 디지털화하지 못한 도면과 시청각물, 간행물은 여전히 오프라인에서 물리적으로 관리해야 했다. 행정문서와 붙임 기록으로 생산 · 접수된 도면, 시청각물, 간행물 등을 집합적 질서를 유지한 채 지적 · 물리적으로 통제할 수 있도록 매핑하는 문제가 당면과제로 부상하게 된 것이다.

이 과제를 풀기 위해서는 디지털화 작업을 위해 예산을 확보하는 것이 무엇보다 시급했다. 문화재청의 일반예산에 신규 과제로 예산을 반영해 줄 것을 요구했지만 기획재정부(당시 기획예산처)에서 마련한 예산편성지침이 정한 사업 대상이 아니라는 이유로 반영되지 못했다. 그래서 문화재청은 문화재 행정기록물 DB 구축사업 계획서를 작성하여 한국정보화진흥원(전 한국전산원)이 주관하는 행정 DB 구축사업에 도전하게 되었다. 2006년과 2009년에는 예산 확보에 실패하였으

〈그림 10〉 문화재청 행정기록물 디지털화 데이터베이스 구축 사례 발표

나 2007년 재도전하여 14억 원, 2008년 13억 원, 2010년 16억 원의 예산을 확보하여 하나의 질서 속에서 관리해야 하는 문서, 대장, 카드, 도면, 사진 · 필름 등 시청각물의 디지털화 작업을 이어갈 수 있었다.

이처럼 디지털화 과제는 유사한 작업을 일정 기간을 두고 반복하는 성격을 지니고 있기 때문에 내용적으로는 1년 이내의 단기적 과제로 볼 수 있지만, 디지털화된 기록정보를 적극적으로 활용하기 위해서는 디지털화 지침부터 장기적인 활용방안까지 구상할 수 있어야 한다. 또 그랬을 때 예산을 확보하기 위한 합리적인 논리를 개발하여 제시할 수 있게 되며 그럼으로써 단기적 · 중기적 · 장기적 차원에서 발굴 과제의 실현 가능성을 제고할 수 있을 것이다.

이러한 맥락에서 문화재청이 지난 2010년에 실시한 문화유산 기록정보자원 관리체계 합리화 방안 연구 용역은 앞으로 생산될 기록의 체계적 보존관리와 활용 방안을 마련하기 위한 장기적 노력의 일환이라 할 수 있다. 이 연구 용역을 통해 문화유산과 문화유산 객체로부터 파생된 다양한 유형의 기록을 어떻게 체계적으로 관리 · 보존하고, 효율적으로 서비스할 것인지에 대한 단기 및 중 · 장기 전략을 수립하여 향후 나아갈 방향을 대 · 내외적으로 제시할 수 있게 되었다. 현재 연구 용역 결과로 제시된 단기 전략과제를 구체화하기 위해 올해는 2억 원의 예산을 확보하여 문화유산 기록정보자원 관리체계 구축을 위한 ISP사업을 추진 중에 있다. 이러한 과정을 하나씩 밟아 나가다 보면 어느 시점에 문화유산을 매개로 생산되는 다양한 기록정보자원을 합리적으로 관리하고 서비스하는 체계가 실현될 것으로 기대하고 있다.

지금까지 과제를 발굴할 때 주목해야 할 조건으로 중요성, 시급성, 파급성, 실천 가능성에 대해 알아보았다. 기록관리 실무 현장에서 시급히 다루어야 할 과제를 발굴할 때는 앞서 소개한 여러 요소를 충분히 점검해 봐야 한다는 것을 기억했으면 한다.

10. 발굴과제는 반드시 실천에 옮겨라

기록을 생산하고 체계적으로 분류 · 정리하여 이관하고 보존 관리하는 일련의 기록관리 프로세스는 분명 귀찮은 업무 중 하나임이 분명하다. 기록관리 실무를 수행하다 보면, 종종 "당장 급한 것도 아닌데, 나중에 하지 뭐!"라고 안일하게 생각하는 경우도 있다. 그러나 공무원은 자신이 한 정책 결정과정이나 추진과정 그리고 결과 등 업무 행위를 기록으로 평가 받는다. 정기적인 국정감사나 감사원 감사, 기관 내부의 자체 감사, 민원이나 정보공개 같은 업무가 진행되는 과정을 가만히 들여다보면 입안단계부터 결과까지 생산된 기록이 필수적으로 요구된다.

그런데 가끔 전임자가 추진한 업무 결과를 가지고 현재 그 업무를 맡고 있는 담당자가 해당 사안에 대해 감사를 받을 때가 있다. 감사과정에서 관련 내용을 기록으로 증빙해야 하는데, 전임자가 기록을 제대로 생산하지도 등록하지도 않았다면 현재의 업무 담당자는 증빙할 방법이 없다. 증빙할 기록이 없다는 것은 정책결정과정이나 추진과정과 그 결과에 대한 공적 행위가 투명하고 합리적으로 진행됐는지 여부를 확인할 수 없다는 것을 의미한다. 기록의 의미를 과소평가

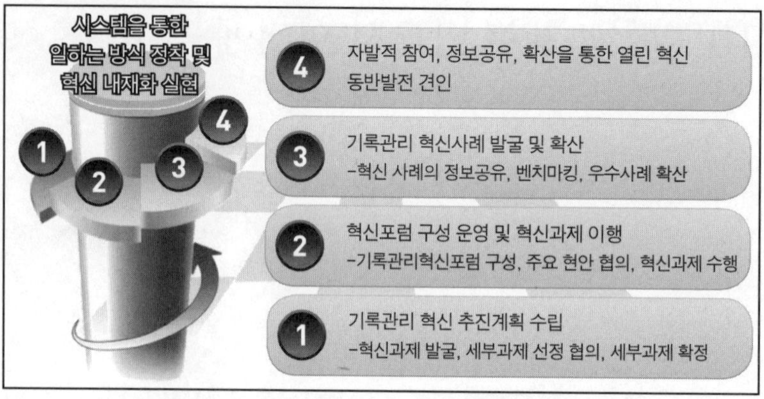

〈그림 11〉 단계별 문화재청 기록관리 혁신 추진 모델

한 채 기록관리 업무를 귀찮게만 여긴다면 이와 같은 일은 반복될 수 밖에 없다.

따라서 이러한 상황을 방지하기 위해서 기록관리 전문요원은 기관에서 발생하는 제 문제에 대한 개선과제를 발굴하고, 발굴한 과제를 실천할 수 있어야 한다. 예컨대, 소속 직원을 대상으로 한 실무교육 등을 과제로 발굴하여 추진할 수 있을 것이다.

공공기록관리법에서 규정하고 있는 업무기능은 매우 다양하다. 세부적인 부분까지 따져본다면 훨씬 더 많은 프로세스를 거치게 된다. 기록관리 전문요원 한 사람이 1년 동안 수십 가지 업무기능을 소화해 낸다는 것은 거의 불가능하다. 기록의 생산등록, 분류, 정리, 수집, 이관, 평가, 폐기, 공개재분류 등 기록관리 사이클을 정상적으로 순환시키기 위해서는 최소 몇 년의 시간이 필요하다. 관할하고 있는 소속기관까지 기록관리 전문요원 한 사람이 감당해야 하기 때문에 그 업무는 배가될 수도 있다.

기록관리 업무는 기실 모든 프로세스들이 유기적으로 연관되어 있다. 한 예로, 기록물 생산현황 보고 프로세스를 살펴보자. 기록물 생산현황을 파악하기 위해서는 기록물의 유형에 따라 14가지 서식이 동원된다. 문서(대장 포함)의 생산현황은 전자문서와 비전자문서로, 다시 보존기간, 생산연도, 생산기관으로 구분해서 파악해야 한다. 카드, 도면, 시청각물, 간행물, 비밀기록물, 행정박물, 보존매체 수록 기록물도 마찬가지다. 기록물의 생산현황 보고를 위해 필요한 14종의 법정 서식을 원칙대로 업무에 적용할 것인가, 아니면 하나의 서식으로 통합 · 표준화시켜 사용할 것인가를 두고 고민한 결과 목록작성 서식의 통합 표준화라는 과제를 발굴할 수 있었다.

기록물을 생산해서 이관하기 위해서는 기본적으로 생산 기록물의 목록을 작성해야 한다. 목록을 작성할 때는 법령에서 정한 서식을 적용하게 되는데, 문서, 대장, 카드, 도면, 시청각물, 간행물, 조사연구

〈그림 12〉 기록관리 표준화 관련 유관기관 담당자 토론회

검토서, 회의록, 행정박물, 비밀기록물 등 기록 유형에 따라 각각의 목록을 작성해야 한다. 기록 유형이 다르기 때문에 작성해야 할 목록 또한 각기 다르다. 기록생산자인 공무원이 목록 하나를 작성하는 것도 그리 녹록치 않다는 것이다. 필자는 이러한 불편을 해소하기 위해 목록작성 서식의 표준화라는 새로운 과제를 발굴하여 실행에 옮겼다.

먼저 공공기록관리법이 정한 14종의 서식을 분석했다. 문서, 대장, 카드, 도면, 시청각물, 행정박물의 목록 작성 시 공통으로 적용 가능한 항목에는 무엇이 있는지를 찾아 매핑해 보았다. 필수 항목을 하나하나 체크하고, 선택적으로 적용 가능한 항목을 가려냈다. 그리고 기록생산자 또는 기록생산기관에서 특별히 관리해야 할 속성정보들은 어떤 것들이 있는지 찾아보았다. 그 결과 문화재청의 고유 업무는 문화재를 중심으로 이루어지기 때문에 해당 문화재와 기록을 연결 짓는 속성정보를 특별 관리해야 한다는 것을 깨달았다.

2006년 9월, 문화재청은 14종의 법정 서식을 7종으로 통합하여 일선 기록관리 현장에 배포하였지만 여전히 불편하고 어렵다는 기록관리 담당자들의 의견이 있어서, 2007년 6월 다시 하나의 서식으로 표준화하였다. 표준화된 서식에 맞춰 문서, 대장, 카드, 도면, 시청각물, 행정박물, 간행물 등 각양각색의 기록 생산정보를 관리하도록 하였다. 그리고 문화재청이 통합 표준화한 목록작성 서식과 방법을 문화재청 기록물관리 및 기록관 운영 규정에 반영하였다.

기본적으로 공공기록관리법이 정한 서식은 최소한의 기록 생산정보를 기재하도록 하고 있다. 예를 들면, 해당 기록물을 생산한 기관명, 생산연도, 종료연도, 보존기간, 기록물철 제목, 수량, 공개구분 정도

〈표 8〉 문화재청 보유 기록물 목록작성 표준화 서식

구분				기록물철(건) 정보 1					
소구분		형태	분류번호	생산연도	종료연도	보존기간	재분류 보존기간	기록물철(건) 제목	공개구분
소속기관	경북궁관리소	문서		1998	1998	10	10	대통령, 국무총리 장관 지시	공개
소속기관	경북궁관리소	문서		1998	1998	10	10	수목관계 철(식물)	공개

기록물철(건) 정보 2							관리정보				DB 구축정보	
권호	권/점	건수	매수	기타정보 1	기타정보 2	기타정보 3	서가번호	보존상자번호	관리번호	운반상자번호	메타데이터 DB 완료	원문이미지 DB
	1	12	165	정책			1 - 4	1234	54	11	2006	2006
	1	7	84	실태	조사	경기	3 - 2	1754	89	12	2005	2006

이다. 도면이나 시청각물, 행정박물과 같은 기록 유형에 따라 작성해야 할 생산정보는 늘어나기도 한다. 그러나 기관의 고유한 상황이 반영된 세부적인 정보를 관리해야 한다는 요구가 제기되어 왔다. 기록의 생산정보부터 관리정보, 평가정보, 위치정보, 사업관리정보, 이관정보, 그리고 문화재 속성 정보까지 한눈에 볼 수 있어야 한다는 것이었다.

그래서 지난 2008년 11월에 목록관리프로그램인 알찬(RCHAN)시스템을 개발하기에 이르렀다. 오프라인 관리방식을 전자적 관리방식으로 전환하고, 본청과 소속기관이 갖는 소통의 한계를 극복하려고 한 것이다. 이 알찬시스템이 정상적으로 운영되기 시작하면 보다 수월하게 목록을 작성하고, 본청과 소속기관의 기록 생산정보가 표준화되고 일관성을 유지할 수 있을 것으로 본다.

2

기록관리, 실무를 말하다

사소한 기록은 없다	기록관리기준표의 운영	생산(접수) 기록물의 등록관리
온-오프라인에서의 기록물 정리	보유 기록물의 전수조사
온-오프라인에서의 기록물 이관	기록물의 평가제도
기록물평가심의회 구성하기	기록물 평가 실무 설계하기
문화재청 기록물 평가 사례	비공개 기록물의 공개재분류
관할 기관의 기록관리 지도점검	기록관 보안대책 수립하기
기록관 재난대비계획 수립하기	아날로그 기록의 디지털화 실무
아날로그 기록의 디지털화 사례

1. 사소한 기록은 없다

국가가 한 일을 기록한 기록물의 가치를 측정할 때 그 경중을 다툴 수 있을까. 어떤 기록은 중요하고 어떤 기록은 중요하지 않다고 딱 부러지게 말하는 것은 상당히 어려운 일이다. 기록은 기록 그 자체로서 유일성을 가지고 있으며, 기록이 담고 있는 내용의 가치는 시간의 흐름 속에서 가변적이기 때문이다. 실제로 공공부문의 기록관리는 이러한 기록의 가치 변화를 인정하는 토대 위에서 운영된다. 기록은 그 가치의 변화에 따라 단계적인 생애주기를 갖는다.

기록물의 생애주기는 생산-현용-준현용-비현용의 4단계 사이클로 이루어진다. 생산과 현용단계는 기록물의 생산목적에 따라 업무에 수시로 활용되는 단계이고, 준현용단계는 기록관 보존서고로 이관된 기록물이 가끔 활용되는 단계라고 할 수 있다. 비현용 단계는 영구 기록물관리기관으로 이관된 장기보존 기록물을 영구 보존하는 단계이다.

기록물의 생애주기에서 가장 기초가 되는 단계는 생산단계인데, 기록물을 생산하지 않으면 그 기록의 삶을 의미하는 생애주기에서 탄생의 순간이 삭제되기 때문이다. 따라서 기록의 생산통제 또는 생

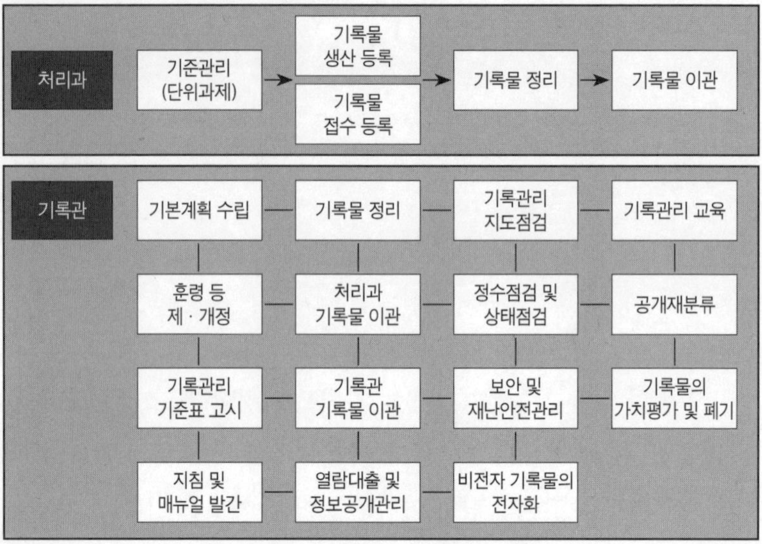

〈그림 13〉 기록관리 업무프로세스 맵

산제어는 대단히 중요하다. 공적 업무행위의 전 과정을 기록으로 생산하게 하고, 생산한 기록은 반드시 등록하여 보존관리하도록 통제하는 행위로부터 자신의 업무를 국민에게 투명하게 공개하고 설명해야 하는 것에서부터 공공기관의 기록관리는 시작된다고 할 수 있다.

실례로 필자는 2006년에 보존기간이 경과한 기록에 대한 폐기 평가를 위해 전문요원 심사의견을 작성한 적이 있다. 문화재 주변정비 기록이었는데 생산연도는 1995년이었고, 생산 당시의 보존기간이 3년인 문서였다. 이 기록은 문화재청 소속기관인 궁 · 능 · 유적관리소에서 생산한 것인데, 문화재 주변을 정비하기 위해 필요한 현황과 문화재 주변 정비에 따른 예산 집행 결과를 정리한 것이었다. 기록에는 왕릉의 어도와 신도에 깔려 있는 전돌이 파손되어 이를 교체하는 작업과정과 전돌의 수량, 예산, 일일 작업 현황 등을 상세하게 담고 있었으며, 변경 전의 모습과 변경 후의 모습을 담은 사진 기록도 함께 첨부되어 있었다.

기록을 자세히 읽어나가다가 새로운 사실 하나를 발견하게 되었는데, 기록에 등장하는 전돌의 재질이 콘크리트라는 것과 전통방식의 전돌과 비슷한 느낌이 나도록 페인팅 됐다는 것이다. 콘크리트 전돌의 사용은 전통방식의 전돌보다 가격이 저렴하여 예산 절감을 가져왔고, 공사도 수월하게 진행되어 작업 기간을 단축할 수 있었다. 당시 문화재 보존관리를 위한 예산이 넉넉하지 못했던 점을 감안하면 충분히 있을 수 있는 일이라고 생각했다.

이 기록을 생산한 해당 기관에서는 보존기간이 경과했기 때문에 폐기해도 무방하다는 의견을 보내왔다. 그러나 필자는 전문요원 심사서에 3년인 보존기간을 준영구로 재책정해야 한다는 의견을 기술하였다. 문화재를 보호하고 관리하고 보존하는 과정은 장기적으로 보존되어야 할 기록이라고 판단했기 때문이다. 당시의 문화재 관리 예산, 콘크리트 전돌의 사용 이유, 그리고 전돌의 교체 작업 과정에 대한 사진기록은 모두 중요한 기록이다. 문화재를 대상으로 직접 정비한 기록이 아닌 단순히 문화재 주변을 정비한 내용에 불과하다고 볼 수도 있겠지만, 이 기록이 미래에 갖게 될 역사적 가치를 가늠해 봤을 때 처리과의 판단을 수정할 필요가 있다고 생각했다. 만약 보존기간 3년 책정 문서라 해서 또 업무가 종료되었다고 해서 이 기록이 폐기되었다면 당시 상황을 알 수 있는 방법은 없게 된다.

이 사례를 예시로 든 것은 보존기간이 경과한 기록이라도 엄격히

〈그림 14〉 2006년도 문화재청 기록물폐기심의회의

재평가할 수 있어야 하고, 보존가치의 소멸을 판단할 때는 늘 신중해야 한다고 생각하기 때문이다. 즉, 공적 행위를 수행한 결과로 생산된 국가의 기록은, 특히 상당량이 전자적으로 생산 · 관리되는 요즘 환경에서는 그 어떤 기록이라도 사소하게 여겨져서는 안 된다는 점을 강조하고 싶어서다.

2. 기록관리기준표의 운영

기관이 수행하는 업무는 정부기능분류체계(BRM)*로 관리되고 있다. 정부기능분류체계는 정부의 기능을 정책분야, 정책영역, 대기능, 중기능, 소기능, 단위과제의 6레벨로 구성하고 있다. 단위과제는 처리과 공통단위과제와 기관 공통단위과제, 고유업무 단위과제로 그 유형이 구분되며, 보존기간은 7종으로 1년, 3년, 5년, 10년, 30년, 준영구, 영구로 나누어 관리하고 있다. 보존기간 20년이 30년으로 바뀐 것을 제외하면 예전 그대로이다.

기록관리기준표**는 정부기능분류체계에 근거하여 기관의 단위

* 정부기능분류체계(또는 정부기능연계모형)인 BRM(Business Reference Model)은 정부의 업무 기능을 체계적으로 구분하여 정리한 모델이다. BRM에서 정의된 각각의 영역 안에는 각 부처 간 업무 흐름, 서비스 종류와 각 부처 · 기관의 기능들을 확인할 수 있도록 설계되었다. 정부기능분류체계(BRM)는 전사적 아키텍처(EA)의 참조 모델(RM) 중 하나이다.

** 기록관리기준표는 「공공기록물 관리에 관한 법률」 제19조 및 같은 법 시행령 제25조부터 제31조에 따라 공공기관이 생산한 기록물의 체계적 관리와 업무처리를 위해 단위과제별로 기준을 제시한 표이다. 기록관리기준표는 단위과제별로 업무설명, 보존기간 및 보존기간 책정사유, 공개 여부 및 접근권한 등 기록관리에 필요한 필수항목을 포함하고 있다. 기록관리기준표의 작성 고시는 각 기관별로 시행하며, 단위과제별 보존기간은 관할 영구기록물관리기관과 협의를 거쳐 확정한다. 한국기록학회, 『기록학 용어 사전』, 역사비평사, 2008. p. 52 참조

〈표 9〉 정부기능분류체계(BRM)의 구성

구분	분류체계	세부설명
1레벨	정책분야	• 대국민 서비스, 정부 내 활동 등 정부의 업무영역을 고려하여 구분 • 분류기준은 정부의 예산배분체계, 국가 간 행정서비스의 통계자료 비교를 위한 국제기준 등이 고려됨
2레벨	정책영역	• 정책분야를 각 부처별로 수행하는 기능과 체계가 연결될 수 있도록 각 부처의 업무영역별로 세분화하여 분류
3레벨	대기능	• 각 부처의 국/실 수준에서 담당하는 기능
4레벨	중기능	• 각 부처의 팀/과 수준에서 담당하는 기능
5레벨	소기능	• 중기능을 수행하기 위하여 담당자가 수행하는 기능으로 법률, 직제 등 법적인 근거 및 기록물분류기준표를 통해 정해진 기능
6레벨	단위과제	• 업무 간 유사성, 독자성을 고려하여 담당자가 소기능을 영역별 · 절차별로 세분화한 업무 영역 • 수행의 원인, 시기가 다른 업무라 할지라도 업무의 처리절차가 동일 또는 유사한 경우에는 하나의 단위과제로 보아야 함 • 성격이 서로 다른 업무라 할지라도 동일한 최종 산출물을 획득하기 위한 경우라고 판단될 때도 하나의 단위과제로 보아야 함
과제관리/ 문서관리카드		• 단위과제를 수행하는 전 과정을 기록으로 생산관리하기 위해서 과제관리카드 또는 문서관리카드를 생성하여야 함

과제 보존기간을 체계적으로 관리하기 위한 분류기준으로서 주요 구성 항목은 단위과제 업무설명, 보존기간, 보존기간 책정사유, 업무유형 등이 있다. 각급 기관이 업무와 관련하여 생산한 기록은 단위과제를 중심으로 관리되며, 기록의 생산 등록뿐만이 아니라 단위과제의 보존기간에 따라 해당 기록을 관리하게 된다. 이는 기록의 보존기간이 단위과제 단위로 부여돼 있기 때문이다.

따라서 공공기관 기록관리의 핵심 기준인 기록관리기준표를 체계적으로 정비하고 관리하는 일은 매우 중요하다. 그런데 기록관리기준표와 밀접하게 관련된 이 정부기능분류체계는 해당 기관의 조직업

〈표 10〉 정부기능분류체계(BRM)와 기록관리기준표의 구성 항목

정부기능분류체계(BRM)							기록관리기준(항목)					
조직분류	기능분류(단위과제)											
처리 과명	1 레벨 정책 분야	2 레벨 정책 영역	3 레벨 대기능	4 레벨 중기능	5 레벨 소기능	6 레벨 단위 과제	업무 설명	보존 기간	보존 기간 책정 사유	비치 기록 여부	비치 종결 시점	기능 분류

무 부서에서 담당하고 있고, 기록관리기준표는 기록관리부서에서 담당하고 있다. 기록관리기준표를 체계적으로 운영하기 위해서는 무엇보다 정부기능분류체계 업무를 담당하는 부서와의 긴밀한 협업이 필요한 셈이다. 단위과제를 신설할 때부터 단위과제 업무설명이나 보존기간 책정, 보존기간 책정 사유를 명확히 기재하는 것이 중요하기 때문이다.

먼저, 단위과제의 신설과정을 살펴보자. 단위과제를 신설하려면 단위과제 신설 신청서를 작성하여 업무 담당자가 자기 부서의 정부기능분류체계 담당자에게 제출한다. 부서의 정부기능분류체계 담당자는 정부기능분류시스템에 단위과제를 신설하여 등록하고, 기관 정부기능분류체계 담당자에게 승인을 요청한다. 기관 정부기능분류체계 담당자는 단위과제 신설에 필요한 등록내용에 이상이 없으면 중앙 정부기능분류체계 기관에 승인 요청을 하고, 중앙 정부기능분류체계 기관의 담당자는 신설 요청된 단위과제의 내용을 확인한 후 비로소 최종 승인을 하게 된다.

이렇게 승인된 단위과제는 정부기능분류시스템에 등록된다. 단위

과제가 신설되면 업무 담당자는 신설된 단위과제에 과제관리카드를 등록하는데, 과제관리카드를 등록하고 나면 업무와 관련해 생산된 기록을 해당 단위과제의 과제관리카드에 등록할 수 있다. 이로써 업무담당자는 새로 신설된 단위과제를 기반으로 관련 업무를 진행할 수 있게 된다.

지금까지는 정부기능분류시스템에서의 단위과제 신설 과정을 설명한 것인데, 이것은 정부기능분류체계 담당자와 각 처리과의 업무담당자가 해야 할 업무이다. 정부기능분류시스템에 신설된 단위과제 정보가 기록관리시스템으로 전송되면 그때부터 기록관리 전문요원의 역할은 시작된다. 기록관리시스템에 접수된 단위과제의 업무설명, 보존기간, 보존기간 책정 사유 등을 따져 업무설명이 구체적이지 못한 것은 보완하여 기술하고, 보존기간이 낮게 책정된 것은 상향 조정한 후 보존기간 책정 사유를 기술한다. 이때 보존기간이 영구인 단위과제를 준영구나 30년으로 하향 조정할 수는 없다. 이와 같이 기록관리 전문요원은 각각의 단위과제에 관한 업무설명과 보존기간, 보

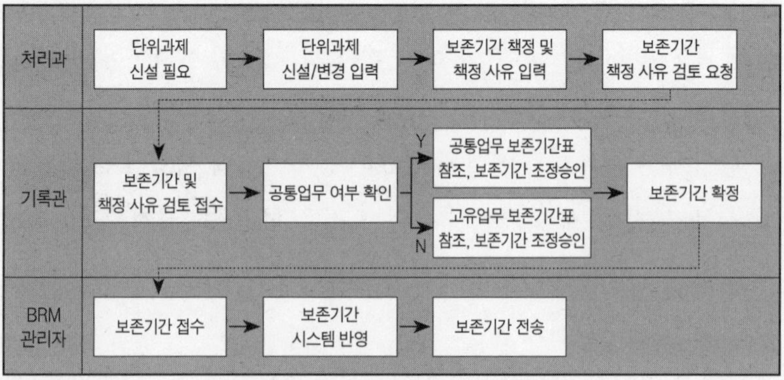

〈그림 15〉 단위과제의 신설 및 변경 절차

존기간 책정 사유를 검토하여 조정하거나 보완하여 기술해야 하는데 이렇게 작성되는 것이 바로 기록관리기준표이다.

기록관리기준표는 해당 처리과의 의견조회 과정을 거치게 된다. 기록관리 전문요원의 의견에 동의하는 경우 그대로 반영하고, 동의하지 않는 경우에는 해당 부서와 의견을 조정해서 보완한다. 이렇게 처리과 의견조회까지 마무리했다면 기록관리시스템에서 파일을 생성하여 중앙기록물관리시스템(CAMS)으로 전송한다. 이는 중앙기록물관리기관과의 최종 검토를 위한 것이다. 중앙기록물관리기관은 해당 기관으로부터 접수한 기록관리기준표를 검토한 다음 최종 의견을 송부한다. 중앙기록물관리기관의 검토 의견이 반영된 최종 기록관리기준표는 그대로 기록관리시스템에 반영하고, 다시 정부기능분류시스템으로 전송한다. 정부기능분류시스템에는 기록관리시스템으로부터 전송된 기록관리기준표가 반영되고 신설된 단위과제의 보존기간도 확정된다.

각각의 시스템에 기록관리기준표(단위과제)가 반영되었다면 이제부터는 기록관리기준표의 고시를 위한 업무를 진행해야 한다. 기록관

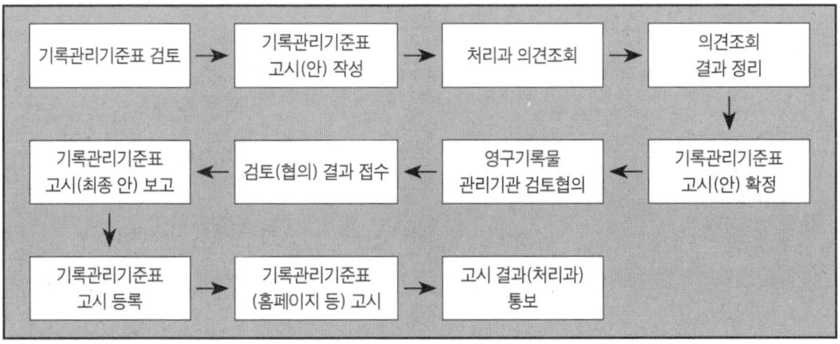

〈그림 16〉 기록관리기준표 고시 절차

리기준표는 기록관리시스템에서 엑셀파일로 다운로드 받을 수 있는데, 이렇게 내려 받은 기록관리기준표를 최종적으로 정리한 다음 고시절차를 밟게 된다.

먼저 고시(안)을 마련하고, 처리과의 의견조회를 거친다. 의견조회 결과를 고시(안)에 반영하고 나서 법무담당부서의 검토를 받으면 최종적으로 고시(안)이 확정된다. 최종 고시(안)은 기관장 내부결재를 받은 후 관보 또는 정보통신망에 업로드 함으로써 기록관리기준표가 고시된다.

문화재청은 2008년 2월에 기록관리기준표를 홈페이지에 고시했다. 이때는 기록관리시스템이 도입되었지만 정부기능분류시스템과의 연계가 미진하고, 또 기록관리시스템도 안정화를 위해 패치작업을 정기적으로 진행하던 상황이었기 때문에 오프라인에서 작업을 진행했다. 정부기능분류시스템 담당자로부터 정부기능분류체계 상의

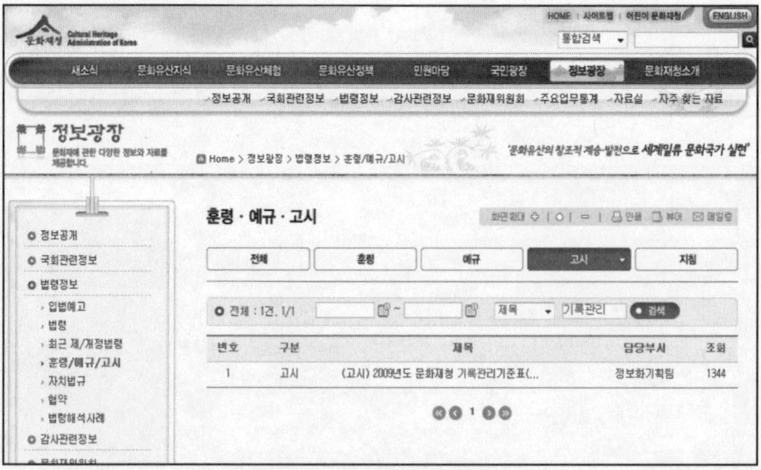

〈그림 17〉 문화재청 기록관리기준표 고시 화면

단위과제 등록 목록을 받아 각각의 단위과제에 대한 업무설명과 보존기간, 보존기간 책정 사유를 기술하는 작업을 진행해야 했다. 초창기 기능분류체계는 제대로 정비된 것이 아니었고 기관이나 부서마다 단위과제가 제각각인 경우가 많았다. 단위과제 업무설명이 누락된 경우도 있었고, 보존기간이나 보존기간 책정 사유가 빠져 있는 경우도 많았다. 이것들을 하나하나 검토하고 보완하여 약 1,500여 건의 기록관리기준표를 마련하는 데 6개월 정도가 소요되었다. 이렇게 마련한 기록관리기준표는 처리과의 의견조회를 거쳐 중앙기록물관리기관의 최종 검토를 위해 국가기록원으로 송부했는데, 검토기간만 3개월 정도가 소요되었다. 기록관리기준표를 작성하고 검토하는 데 대략 9개월이 소요된 것이다. 여기에 고시(안)을 만들고 의견조회를

고 시

문화재청 고시 제2009-108호

「공공기록물 관리에 관한 법률」 제19조의 규정에 따라 중앙기록물관리기관장과의 협의를 거쳐 2009년도 문화재청 기록관리기준표를 확정하고, 같은 법 시행령 제25조제5항의 규정에 의거 다음과 같이 고시합니다.

2009. 12. 03.

문 화 재 청 장

〈그림 18〉 2009년도 문화재청 기록관리기준표 고시문서

거쳐 홈페이지에 최종 고시를 하기까지의 기간을 합친다면 거의 1년간을 꼬박 기록관리기준표 작성에 공을 들인 것이다.

기록관리기준표를 마련할 때는 다음과 같은 사항을 주의해야 한다. 먼저, 각각의 기관에 분장된 업무를 명확하게 파악해 둘 필요가 있다. 대개 직제시행규칙을 보면 각각의 부서가 담당해야 하는 업무가 분장되어 있는데, 분장된 업무들을 분명하게 숙지해 놓는 것이 중요하다. 업무분장 내용을 파악함으로써 해당 부서의 중점 추진 업무를 이해할 수 있고, 이는 단위과제 업무설명을 검토하고 보완하는 데 요긴하다. 그리고 이들 업무가 해당 부서의 고유한 업무인지, 일상적인 업무인지, 업무의 중요도가 비교적 높은 것인지 낮은 것인지를 판단하는 기준이 된다. 어떤 단위과제가 해당 부서의 고유한 업무를 포함하고, 중요도가 높은 업무라면 마땅히 보존기간을 준영구나 영구로 책정해야 한다. 한편 고유한 업무일지라도 단순하게 반복되는 업무이거나 중요도가 낮다면 보존기간을 30년이나 10년으로 책정할 수 있다. 이처럼 각각의 부서에 분장된 업무내용을 주의 깊게 파악해 두면 단위과제 업무설명이나 보존기간을 책정할 때 참고할만한 판단기준이 된다.

다음은 절차상의 문제이다. 법에서는 정부기능분류시스템에서 단위과제 리스트를 내려 받은 다음, 처리과 담당자가 기록관리기준표상의 단위과제 업무설명과 보존기간, 보존기간 책정 사유를 작성하여 제출하도록 되어 있다. 단위과제는 해당 처리과의 담당자가 가장 잘 알기 때문이다. 즉, 처리과에서 기록관리기준표를 작성하여 기록관리 전담부서에 제출하면, 기록관리 전문요원은 처리과에서 제출한 기록관리기준표를 취합하여 관련 내용을 검토하고, 검토의견을 반영한 후 처리과에 재검토를 요청하는 절차를 거치면 되는 것이다. 이와 같은 과정을 거쳐 처리과의 의견과 전문요원의 의견이 합의점에 도달하면 기록관리기준표(안)이 마련되고, 이렇게 마련된 기록관리기준표는 앞서 언급한 대로 중앙기록물관리기관의 최종 검토를 거쳐 고시된다.

그런데 기록관리 실무에서 부딪치게 되는 어려움은 기록관리기준표를 처리과에서 작성하도록 했을 때 관련 자료를 취합하는 데 엄청난 시간이 소요되고, 단기간에 취합하다 보면 기록관리기준표의 내용이 소홀해진다는 데 있다. 해당 처리과로부터 자료를 취합하더라도 이를 정리하고 전문요원 검토의견을 작성하는 데 다시 한 번 기나긴 시간이 걸리고, 재차 처리과 의견조회 과정을 반복해야 하기 때문에 그만큼의 시간을 또 쓰게 된다. 이처럼 기록관리기준표를 고시하는 과정에서 지나치게 불필요한 시간과 노력이 낭비되고, 결국 기록관리 전문요원은 녹초가 되고 만다.

기록관리기준표의 작성 과정, 자료취합 과정, 의견조회 과정, 검토과정에서 소요되는 시간을 단축하고, 업무의 효율성을 향상시키기 위해서 새로운 시도들을 해봄직하다. 예를 들면, 정부기능분류시스템에서 단위과제 리스트를 내려 받은 다음 단위과제 업무설명과 보존기간, 보존기간 책정 사유를 기록관리 전문요원이 먼저 작성하는 것이다. 단위과제 업무설명은 직제 시행규칙을 참고하고, 보존기간은 업무의 중요도와 기존에 운영했던 기록물분류기준표의 단위업무 보존기간, 그리고 공공기록관리법에서 제시한 보존기간 책정 기준으로부터 도움을 얻을 수 있다.

이와 같이 기록관리 전문요원이 먼저 기록관리기준표의 초안을 작성하고 처리과 의견조회를 거치면 자료취합 과정에서 소요되는 기간을 상당 부분 단축시킬 수 있을 것이다. 기록관리 전문요원이 작성한 의견에 동의하는 경우 '동의'라고 기재하게 하고, 동의하지 않는 경우 비동의 사유를 기재하여 제출하도록 하는 것이다. 실제로 대부분의 처리과에서 전문요원의 의견에 동의하였다. 동의하지 않는 처리과의 경우에도 대부분이 보존기간을 조정해 달라는 의견이었다. 처리과 의견조회 기간이 단축되었고, 필자는 그만큼 기록관리기준표를 한 번 더 검토할 수 있었다.

기록관리기준표를 고시하면서 기록관리 전문요원의 역할이 얼마나 중요한 것인지를 느낄 수 있었다. 기록관리 전문요원이 먼저 기록관리기준표를 작성하여 처리과에 의견을 묻는 형식을 취함으로써 주도적으로 기록관리기준표를 설계할 수 있다는 것이다. 기록관리기준표를 운영하는 처리과에서도 전문요원이 작성한 검토의견을 쉽게 무시할 수는 없었을 것이라는 얘기다. 처리과의 합리적인 의견은 최대한 수용해서 반영하고, 또 몰랐던 부분은 담당자와 전화 통화를 해서 내용을 정확히 파악한 다음 그대로 반영해 주었기 때문에 전문요원이 자의적이고 독단적인 판단 아래 기록관리기준표를 만든 것이 아니라는 것을 처리과의 담당자들도 이해하게 된다.

기록관리기준표는 기록관리에 있어 주춧돌과도 같다. 기초가 튼실해야 튼튼한 기둥을 세워 집을 지을 수 있다. 생산되는 기록의 질서를 잡아 주는 설계도와 같은 것으로서 기록을 생산하여 등록하기 위한 기초이기 때문이다. 기록관리기준표가 체계적이지 못하면 이후 이루어지는 기록관리 업무는 고난의 연속일 수밖에 없으므로 꼼꼼한 검토와 세심한 주의가 필요하다.

3. 생산(접수) 기록물의 등록관리

기록은 국가의 역사적 · 문화적 · 학술적 자산이라는 데 동의하지 않을 사람은 없을 것이다. 또한 기록은 지식과 정보의 원천이다. 미래의 국가 경쟁력이며, 훗날 역사를 기술하는 데 없어서는 안 될 사초이다. 이러한 요소들이 기록을 생산하고 등록해서 관리해야 하는 중요한 이유들이라 할 것이다.

기록은 등록이라는 절차를 거쳐야만 비로소 기록으로서의 생명력을 부여받는다. 등록은 기록이 생산된 당시의 그것과 동일하다는 것을 확인하고 보장하는 절차라고 할 수 있다. 기관에서 생산한 기록물의 등록번호는 생산주체와 고유한 일련번호, 생산일자와 시간, 결재자 정보 등을 고스란히 기록한다. 등록된 기록은 수신자 정보, 문서제목, 본문 내용, 붙임 파일 정보, 기안자 정보, 검토자 정보, 결재자 정보, 생산기관 직인, 등록번호, 등록일자, 생산기관의 주소, 기안자의 전화번호, 팩스번호, 홈페이지 주소정보, 접수등록번호, 접수일자 정보 등을 모두 포함하고 있다. 이와 같이 기록의 생산 및 접수정보가 모두 기록되는 것은 기록관리 4대 원칙인 진본성, 신뢰성, 무결성 및 이용 가능성을 보장하기 위한 최소한의 요소들이다.

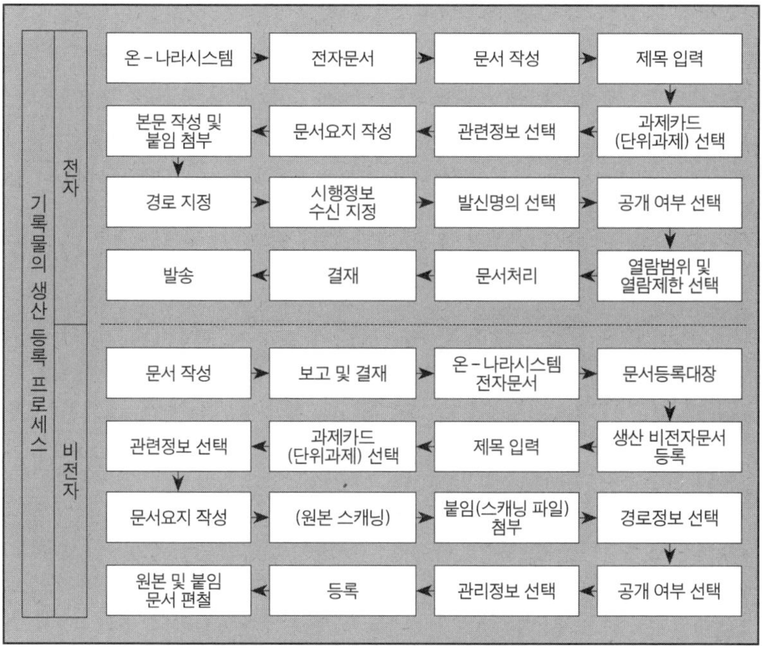

〈그림 19〉 처리과 생산 기록물의 등록 절차

기록을 생산하고도 등록하지 않는다면 기록으로서의 행정적·법적·증빙적·재정적 효력은 발생하지 않는다. 국가의 업무 행위로부터 생산된 기록은 반드시 등록을 해야만 효력이 발생한다. 현재 각급 기관에는 기록물을 생산하고 등록하는 시스템이 존재하는데, 중앙행정기관에는 온-나라시스템이 도입되어 있다. 온-나라시스템을 통해 기록물을 생산하고 전자등록대장에 등록을 하게 된다. 등록된 기록물은 보존관리의 대상이 되지만 등록하지 않은 기록물은 보존관리 대상에서 누락되어 통제되지 못한 채 어느 순간 파기되어도 그 흔적조차 알 수 없게 된다. 즉, 어떤 정책을 입안한 사람과 그 정책의 결정

과정에 참여한 사람을 확인할 수 없고, 그 정책이 실행되는 과정과 그 결과 역시 알 수 없게 되는 것이다.

특히 우리가 주목해야 하는 기록은 온-나라시스템이라는 전자기록생산시스템에서 생산·등록되는 기록이 아니라, 오프라인에서 생산·접수되어 정상적인 등록절차를 거치지 않아 사각지대에 방치된 수많은 기록이다. 전자기록생산시스템인 온-나라시스템에는 생산문서 등록기능과 접수문서 등록기능이 있어서 오프라인에서 생산된 아날로그 기록물도 전자적으로 관리할 수 있다. 이 기능을 제대로 사용하지 않는다면 앞서 우려한 일들은 현실이 될 것이다. 대부분의 업무담당자는 생산문서 등록기능이나 접수문서 등록기능을 통해 기록물을 등록한다.

그런데 문제는 대면보고 후 결재를 받고도 바쁘다거나 급하게 처

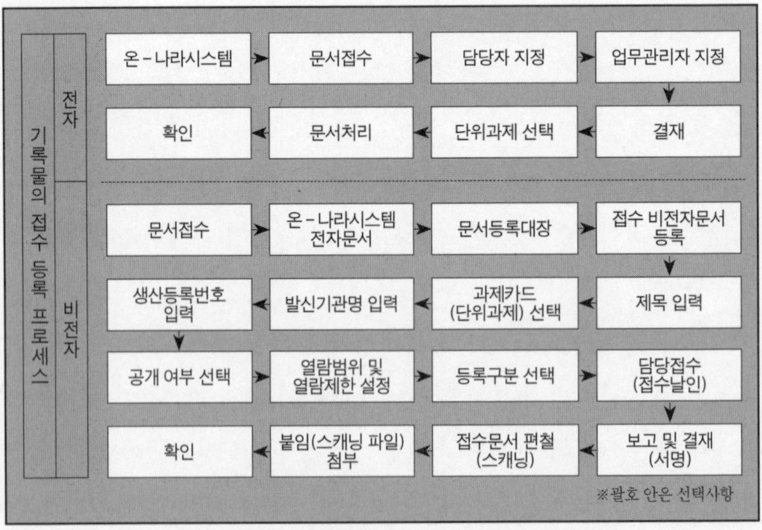

〈그림 20〉 처리과 접수 기록물의 등록 절차

리할 업무가 있다는 이유로 등록을 미루는 경우가 종종 발생한다는 데 있다. 결재를 득한 즉시 시스템에 관련 정보를 기재하고 등록하면 되는데 이 자체를 소홀하게 다루는 것이다. 이렇게 미등록 상태로 기록물을 캐비닛에 보관하다가 인사발령이 나면 몸만 빠져나가고 등록되지 않은 기록물만 남게 되는 경우를 심심찮게 접하게 된다. 전임자의 업무 행위를 후임자가 책임지고 등록하면 상황은 달라질 수 있지만 대체로 후임자는 전임자의 업무행위에 대해 잘 알지 못하고, 그 책임을 떠안아야 하는 부담감 때문에 미등록 상태로 기록물을 방치하기 일쑤이다. 결국은 기록의 생산 등록의무를 저버리는 직무유기를 하는 셈이다.

이와 같이 기록을 생산하고도 등록하지 않는 관행을 개선하고, 꼼꼼하게 등록하도록 하기 위해서는 생산통제가 불가피하다. 이 역할은 기록관리 전문요원이 나서서 챙겨야 한다. 그렇다면 기록관리 전문요원이 각 부서에서 이루어지는 업무 기록을 등록하도록 하기 위해 무엇을 할 것인지 고민해 봐야 한다. 적게는 수십 개의 기관과 부서를, 많게는 수백 개의 기관과 부서를 관할하고 있는 기록관리 전문요원이 어디까지 관여할 수 있을까. 기관에는 수십 명의 직원부터 수백 명의 직원이 있는데, 이들 개개인을 기록관리 전문요원 한 사람이 통제하고 제어하는 것은 사실상 불가능하다. 기록관리 전문요원의 손길이 닿는 곳도 있지만 그렇지 못한 곳도 많을 수밖에 없다. 그럼에도 기록관리 전문요원은 수십, 수백 개의 기관과 부서에서 생산하는 기록물과 개개의 직원들이 생산하는 기록물이 정상적으로 등록되도록 그 대안을 마련해야 한다. 이 문제에 대한 효과적인 대안 중 하

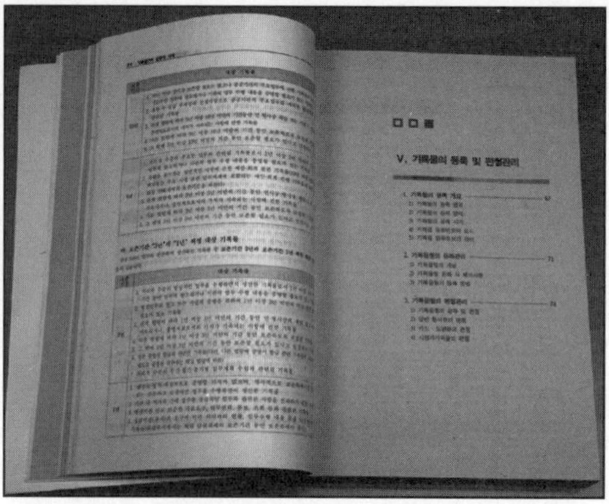

〈그림 21〉 2008년도 문화재청 발간 기록관리 업무지침서

나는 교육이다. 기록물을 생산하고 등록하는 과정과 절차를 이해시키고 설득하는 과정의 하나로 직원들을 대상으로 한 철저한 교육이 필요하다.

또 다른 하나는 매뉴얼이나 지침을 만들어 가이드라인을 제공하는 것이다. 기록물의 생산등록시스템의 프로세스를 상세하게 담아낸 매뉴얼을 직원들에게 제공하여 오프라인에서 생산된 기록물을 체계적으로 등록할 수 있도록 협조하는 것이다.

마지막으로 상시 모니터링 체제를 유지하는 것이다. 각급 기관에서 중요하게 다루는 정책이 무엇인지, 어떤 사업을 추진하려고 하는지 등을 모니터링하여 관련 기록물을 정상적으로 생산하여 등록하고 있는지를 체크하는 것이다. 모니터링 결과를 모아 조치계획을 수립하고 각급 기관에 공문을 보내 미등록 기록물을 반드시 등록할 수 있도록 협조를 구하는 것이다.

일례로, 국가기록원에서는 지난 2008년 기록물의 생산 등록과 관련하여 의미 있는 정책을 시행한 바 있다. 다름 아닌 4대강 사업 추진과 관련한 업무기록을 모두 생산하여 등록하도록 지침을 마련하여 각급 기관에 배포한 것이다. 이명박 정부에서 주요 국정과제로 추진하고 있는 세종시 관련 사업, 4대강 사업, 저탄소 녹색성장 사업, 사회적 기업 육성 관련 사업 등 중요 국정과제를 수행하는 과정에서 생산된 기록물을 등록하도록 한 것이다. 이와 관련해 국가기록원이 행한 일련의 업무행위는 매우 진일보한 조치였다고 생각한다. 문화재청에서도 국가기록원의 지침에 따라 주요 국정과제와 관련하여 생산되는 모든 유형의 기록물을 등록하도록 각급 기관에 통보하였다. 이와 같은 노력들이 어우러져 각급 기관에서 생산하는 업무기록, 대통령 관련 기록, 주요 국정과제 관련 기록이 체계적으로 생산되고 등록될 것으로 믿는다.

우리는 국가적으로 보존할 만한 가치가 충분한 기록들, 어떤 사실과 사건을 객관적으로 증명해 줄 수 있는 기록들, 훗날 사초가 될 만한 다양한 기록들을 생산하고 등록할 수 있는 환경을 조성하기 위해 노력해야 한다. 이를테면, 특정 사안에 대한 기록의 생산 · 등록지침이나 가이드라인을 상급기관이나 총괄 기관에서 제공하지 않더라도 각급 기관이 자체적으로 만들어 제시하는 기록관리 행위들이 중요한 역할을 할 수 있을 것이다. 기록관리 전문요원이 이러한 판단과 역할을 수행하는 주체가 되어야 하고, 또 기록관리 전문요원이 자신의 전문성을 확보하는 길이라고 생각한다.

지난 2008년 2월 문화재청은 온 국민이 경악하고 안타까워했던 사건을 접한 바 있다. 바로 숭례문 방화사건이다. 매일같이 언론에서는 숭례문 방화사건을 다루었다. 사건 경위에서부터 화재 진화 과정에서의 대응이 적절했느냐, 문화재 관리를 어떻게 하는 것이냐, 문화재 재난안전 시스템이 정상적으로 가동되었느냐, 감시인력 운영은 적절했느냐 등등의 내용을 다루었다.

숭례문 방화사건 보도를 접하고 기록관리 전문요원으로서 가장 먼저 했던 일은 기록관 보유 기록물 목록에서 숭례문과 관련된 기록을 확인하는 것이었다. 숭례문 지정 당시의 도면과 사진기록, 중간 중간 이루어졌던 보수정비 문서와 도면 및 관련 사진기록, 그리고 각종 보고서와 지자체에서 발간한 숭례문 정밀실측보고서 등을 확인할 수 있었다. 이들 기록은 숭례문 화재 현장을 정리하고 복원 계획을 세우는데 참고가 될 것이라고 기대했다.

한편 문화재청에서는 숭례문 긴급 복구팀을 꾸렸다. 화재는 어쩔 수 없다고 하더라도 화재 이후의 대응이 매우 중요했고, 숭례문 복원에 관한 이슈들이 많은 화제가 되었다. 필자도 숭례문 방화사건은 역사에 기록되어야 하며 후대에 알려야 한다는 생각이 들었다. 그래서 긴급하게 숭례문 화재와 복원에 관한 전 과정을 기록으로 생산하고 등록하라는 공문을 관련 소속기관과 부서에 보냈다. 숭례문 관련 회의록, 시청각 기록, 보존처리 과정, 복원 과정 등등을 모두 기록으로 생산·등록하여 오늘과 미래의 교훈으로 삼아야 한다는 이유에서였다.

이와 더불어 문화재를 직접 보존하고 관리하는 소속기관에도 화재 등 재난안전에 대비한 도면 기록물의 비치 여부 등을 긴급히 조사하여 보고하도록 조치하였다. 문화재를 보존하고 관리하는 현장에 도면 기록이 존재하지 않는다면 낭패가 아닐 수 없기 때문이다. 현황을 파악하고 곧바로 도면이 비치되지 않은 소속기관에 기록관 보존서고에서 보존하고 있는 도면 기록물의 복제본을 제작하여 배포하였다. 기록관리 전문요원으로서 능동적이고 적극적으로 대처했다고 생각하지만 지금 생각해 보면 문제점이 한두 가지가 아니었다는 것을 고백하지 않을 수 없다. 비치기록물로 관리되고 있어야 할 도면 기록이 비치되지 않은 소속기관이 상당수였는데, 이는 문화재를 보존관리하는 과정에서 생산된 도면 기록을 제대로 등록하지 않았다는 것을 의미하기 때문이다.

기록의 등록이 얼마나 중요한가를 다시 한 번 돌아보는 계기였다. 기록을 생산하고도 등록하지 않은 행위는 심각한 결과를 초래할 수 있는 행위이고, 이를 알면서도 통제하지 못했다면 기록관리 전문요원 역시 그 책임으로부터 자유로울 수 없다는 것이 필자의 기본적인 생각이다. 공적 행위 과정을 기록으로 생산 · 등록하지 않는 것은 공공기록관리법에서 천명한 공무원의 의무를 방기하는 것이고, 기록관리 윤리강령에도 위배된다. 적어도 공적 행위의 주체인 공무원은 기록을 생산하고 생산한 기록은 반드시 등록하는 자세로 공무에 임해야 할 것이다. 또한 기록관리 전문요원은 자신이 속한 조직이 기록을 제대로 생산하여 등록하고 있는지 철저히 감시하고 통제하여 단 하나의 기록도 소홀히 다루지 않도록 인식의 전환을 선도해야 한다. 그것이 기록관리 전문요원의 사명임을 기억하자.

4. 온-오프라인에서의 기록물 정리

기록은 생산과 동시에 등록을 하는 것이 원칙이다. 등록행위가 이루어짐으로써 기록으로서의 효력이 발생하기 때문이다. 등록이 이루어진 기록에는 고유한 등록번호가 부여되는데, 공공기관에서 생산된 기록이든 민간영역에서 생산된 기록이든 등록번호가 부여된 기록은 유일한 원본으로서 수정하거나 삭제해서는 안 된다. 수정이나 삭제가 이루어졌다면 그건 위·변조가 된 기록이 되는 것이다. 그리고 이렇게 위·변조된 기록은 기록의 중요한 속성인 신뢰성, 무결성, 진본성이 훼손되기 때문에 당연히 법적·행정적 효력도 가질 수 없다.

기록물의 정리는 이처럼 중요한 등록 절차를 위해 선행되어야 하는 기록관리 프로세스이다. 기록물 정리의 일차적 목적은 미등록 상태의 기록을 생산시스템에 등록시킴으로써 기록의 누락을 방지하고, 하나의 사안이 갖는 원래의 질서를 회복시켜 주는 것이다. 생산된 기록을 모두 등록함으로써 등록 시기를 놓친 기록이 사장되거나 파기되는 것을 막고, 기록의 맥락을 온전히 보존할 수 있게 된다.

그런데 한 가지 문제점이 있다. 현재 중앙행정기관에서 운영하는 전자기록생산시스템은 등록시점이 경과한 기록은 등록할 수 없게끔

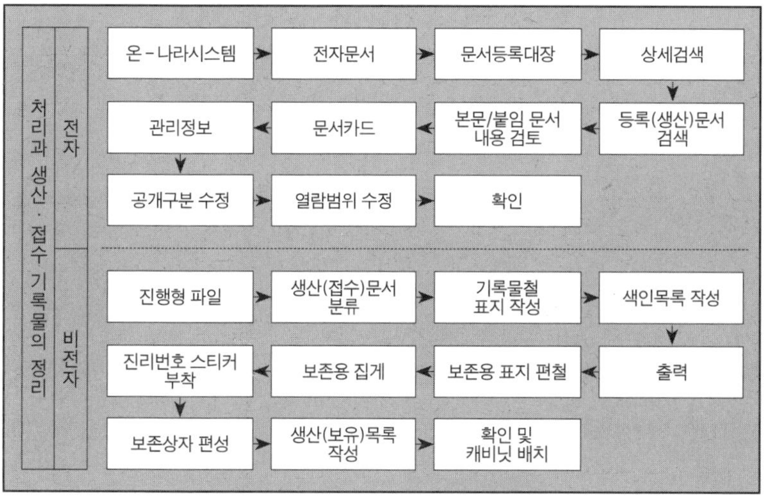

〈그림 22〉 처리과 생산 · 접수 기록물의 정리 절차

되어 있다. 예를 들어, 2009년에 생산된 기록을 미처 등록하지 못했다고 가정해 보자. 그렇다면 이 기록을 2010년 기록물 정리기간에 등록할 수 있어야 하는데, 시스템은 2009년에 생산된 기록도 2010년도 기록으로 인식하기 때문에 등록할 때 필수 메타데이터를 입력하지 못한다는 것이다. 뒤늦게라도 관련 기록을 생산시스템에 등록할 수 없다는 것은 문제가 아닐 수 없다. 기록의 속성을 훼손시키지 않으면서도 추후 미등록 기록을 생산시스템에 등록할 수 있도록 기록물 정리기간 동안만이라도 필수 메타데이터 입력 기능이 활성화되었으면 좋겠다. 물론 이 경우, 공공기록관리법의 절차와 규정을 무시하는 결과를 초래하고 제때 기록을 등록하지 않은 공무원에게 면죄부를 주는 셈이지만 미등록된 상태로 사장되거나 멸실되게 하는 것보다 늦게라도 등록하여 온전히 기록으로서 보존 · 관리할 수 있도록 충분히 고민해 볼 만한 가치가 있다고 생각한다. 이러한 이유 때문에 기록을 반드시 생산한 시점에 등록한다는 원칙을 지키는 것이 중요하다. 기록관리 전문요원은 끊임없이 이러한 사실을 소속공무원에게 주지시키고 모든 업무 기록을 생산 시점에 등록할 수 있도록 철저히 감독해야 한다. 공공기록관리법의 기록물 정리 기준과 원칙, 정리 시기와 방법을 숙지하는 것은 공무원의 의무이고 전문요원은 협력자로서 충실히 지원할 수 있어야 한다.

한편 기록물 정리는 기록의 이용 가능성을 보장하기 위한 행위이다. 기록물을 정리할 때 우선적으로 검토해야 하는 것이 공개 여부와 열람범위이다. 기록을 생산할 당시에는 정보공개법 제9조제1항에서 규정하고 있는 비공개 정보가 포함될 수 있고, 이를 근거로 비공개 또는 부분공개로 설정할 수 있다. 그러나 업무가 종결된 시점에서는 생산 당시의 비공개 또는 부분공개 사유가 모두 해소되어 공개로 재설정해도 무방한 기록이 있을 수 있다. 가령, 문화재 지정이나 복원·보수·정비에 관한 기록이 그러한 예이다.

따라서 국민이 정보공개 청구나 민원을 제기하는 시점에서 공개 여부를 결정하는 것이 아니라 보다 능동적으로 공개 여부를 판단하여 공개로 재분류한다면 적극적인 대 국민 서비스를 수행할 수 있게 된다. 더불어 기록물 정리기간에 해당 기록물의 공개 여부나 열람범위를 재설정해 놓으면, 기록관으로 이관할 때 거쳐야 하는 공개구분이나 열람범위 재분류 절차를 간소화할 수 있다.

또한 기록물 정리는 기록이 갖는 원래의 질서를 되찾아 준다는 의미도 지니고 있다. 기록을 생산하여 등록할 때는 묶음 단위라고 할 수 있는 단위과제 또는 단위업무와 매핑해야 한다. 단위업무가 정부조직이 수행하는 업무를 중심으로 구성된 분류체계라면 단위과제는 정부기능을 중심으로 세부업무를 분류한 체계이다. 이를 정부기능분류체계(BRM)라고 하며, 이 분류체계의 하위레벨 단위과제가 존재한다.

이 단위과제에 각각의 과제관리카드를 등록하여 사용하게 되는데, 기록을 생산할 때 단위과제와 과제관리카드를 지정하게 되어 있다. 이때 단위과제와 과제관리카드를 잘못 지정하는 수도 있는데, 가령 관련 업무와 전혀 무관한 과제관리카드에 기록을 생산하여 등록하는 경우가 그러하다. 이와 같이 단위과제와 과제관리카드를 잘못 지정한 오류를 바로잡는 것이 기록물을 정리해야 하는 또 다른 이유이다. 단위과제와 과제관리카드를 잘못 지정하면 업무와 기록이 일치하지 않는 결과를 가져올 수 있고, 단위과제마다 보존기간이 책정되어 있기 때문에 예기치 못한 상황에 직면할 수도 있다.

이를테면, 보존기간이 영구로 책정된 단위과제에 등록되어야 할 업무기록을 10년으로 책정된 단위과제에 등록한다면 그 기록의 가치가 상당 부분 누락된 채 등록될 뿐만 아니라 자칫 잘못된 폐기로 이어질 수 있다는 것이다. 물론 기록관 이관 이후 실시하는 기록물평가심의를 통해 보존기간을 다시 책정할 수 있는 기회가 있지만 수십만 건의 기록에 대한 단위과제와 과제관리카드를 바로잡고, 공개구분과 열람범위를 재설정하고, 미등록 기록물을 찾아 일일이 등록해서 관련 질서를 회복시켜 주는 일은 말처럼 쉽지 않다. 따라서 기록관리 전문요원이 기록물 정리에 대한 프로세스를 명확히 이해하고 기록이 온전히 정리될 수 있도록 지속적인 관심을 기울였을 때 기록은 집합적으로 관리될 수 있고 낭비되는 업무량도 줄일 수 있게 된다.

다음으로 오프라인에서의 기록물 정리 실무는 어떻게 이루어지는지 살펴보자. 공공기록관리법에서는 모든 기록이 전자적으로 관리되도록 규정하고 있기 때문에 오프라인에서 생산·접수한 기록들도 예외 없이 시스템에 등록해야 한다. 시스템에 등록한 비전자 기록물은 오프라인의 진행형 파일에 편철하여 관리하게 되는데, 관련 업무가 종료되면 업무가 발생한 순서에 맞춰 편철할 수 있도록 정리해야 한다.

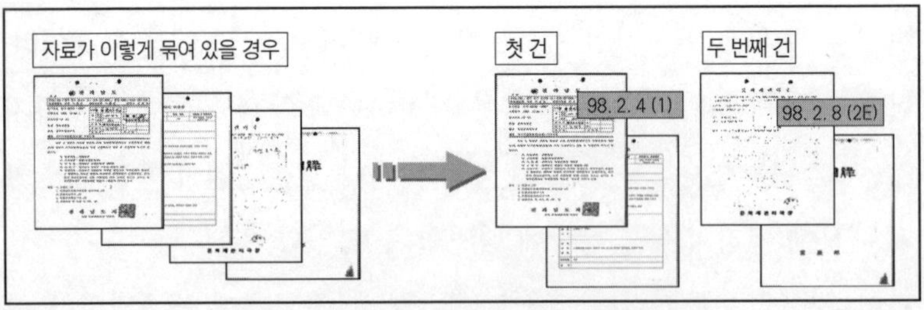

〈그림 23〉 비전자 기록물건의 분류 및 정리 예시

먼저 해당 기록물철의 의미와 내용을 확인할 수 있도록 기록물철 표지와 색인목록을 작성하고, 기록물 원본의 중앙에는 건 일련번호를 우측 하단에는 페이지 일련번호를 기재한다.

일련의 과정이 끝나면 기록물철의 표지와 색인목록을 첨부하여 보존용 표지를 씌운 다음 보존용 집게로 집는다. 보존용 집게는 좌측면에 두세 개를 물려서 내용물을 고정하는 것이 좋다. 왜냐하면 보존용 집게의 손잡이가 부실하여 잘 망가지기 때문에 윗부분만 물리면 내용물이 쏟아질 수 있고, 기록물철을 보존상자에 넣었을 때 상자 안에

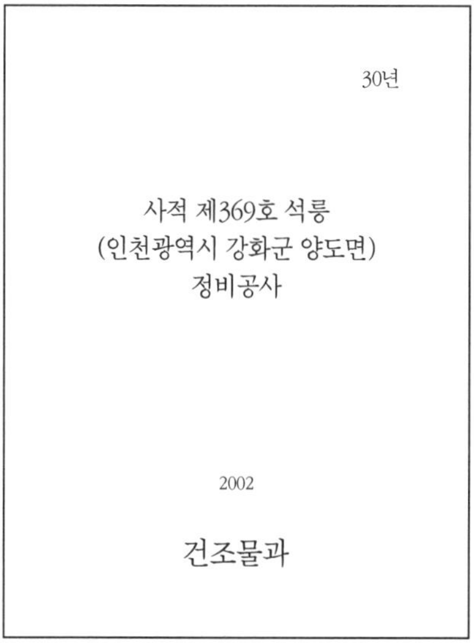
30년

사적 제369호 석릉
(인천광역시 강화군 양도면)
정비공사

2002

건조물과

〈그림 24〉 비전자 기록물철의 표지 작성 예시

서 중심을 잡지 못하고 아랫부분이 뒤틀리는 현상이 발생할 수 있기 때문이다.

기록물철의 표지에는 처리과 기관코드와 단위업무 코드, 생산연도, 기록물철의 일련번호 및 분권번호, 기록물철의 제목, 시작연도와 종료연도, 생산부 서명 등을 기재한다. 이는 2007년 공공기록관리법 개정 · 시행 이전의 기록물분류기준표 상의 단위업무를 적용했을 때 작성 예이다. 그러나 현재는 기록관리기준표 상의 단위과제를 사용하고 있고 단위과제에 부여된 코드를 확인할 수 없기 때문에 오프라인에서 생산 또는 접수한 기록물철의 표지를 작성할 때 단위과제 코드 대신 단위과제명을, 기록물철의 제목은 시스템에 등록된 과제관리카드명을 기재하도록 하고 있다.

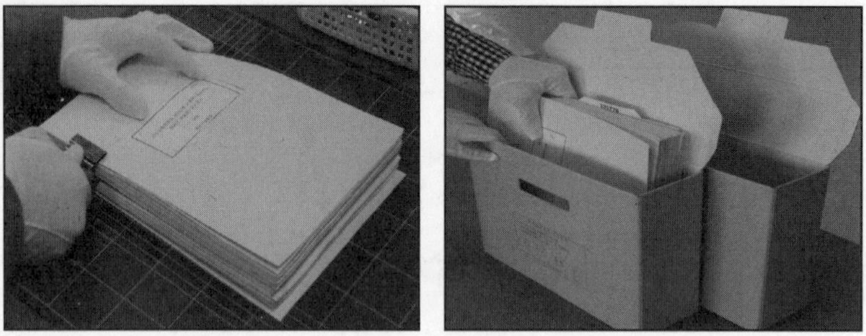

〈그림 25〉 비전자 기록물철의 보존표지 및 보존상자 편성 예시

시작연도와 종료연도, 생산부서명은 동일하게 적용하고 있다. 다른 점은 보존용 표지의 좌측 상단에 관리번호 스티커를 부착하게 하고, 보존기간과 공개구분 값을 기재하도록 한 것이다. 기록물철의 열람대출 시 관련 정보를 참고할 수 있도록 배려한 것이다. 오프라인에서 생산 접수한 기록물을 정리하는 것은 기관의 업무 특성과 기록의 유형에 따라 방법을 달리 적용할 수 있다고 본다. 다만, 서가배치라든가 열람대출 관리, 영구기록물관리기관으로의 이관, 공개재분류, 기록물 평가 등 향후 수행해야 할 업무와의 연계성을 충분히 고려하면 좋겠다.

5. 보유 기록물의 전수조사

기록관리 업무프로세스를 체계적으로 수행하기 위해서는 각각의 기관에서 생산한 기록의 현황과 목록을 파악하는 것이 매우 중요하다. 공공기록관리법에는 전년도에 생산한 기록물의 현황을 파악하여 영구기록물관리기관으로 보고하도록 규정하고 있다. 이때 원활하고 정확한 생산현황보고를 위해서는 과거에 생산되었으나 등록되지 않은 기록물, 즉 보유하고 있는 기록물의 전수조사가 중요하다.

공공기록관리법이 제정되기 이전에는 사무관리규정에 의해 생산한 기록과 접수한 기록을 관리해왔다. 문서수발신대장이 그것인데, 문서를 생산하거나 접수한 경우 이 대장에 등록하여 업무를 처리했다. 관련 문서는 업무 유형에 따라 분류하고 정리하여 편철을 했다. 편철방식은 문서의 상단에 구멍을 뚫어 묶었고, 업무가 종료된 뒤에는 색인목록을 작성했다. 문서의 중앙 하단과 우측 하단에 건 일련번호와 페이지 일련번호를 각각 기재했고, 이들 기록물은 보존서고로 이관했다. 사무관리규정에서 다루고 있는 원칙과 절차는 공공기록관리법에서 규정한 것과 동일하다고 할 수 있다.

문제는 이들 기록물을 보존서고로 이관하는 것이 아니라 거의 대부분을 개인 캐비닛에 보관하던 관행에 있다. 기록을 마치 자신의 소유물인 것처럼 생각하던 관념이 오랜 기간 동안 자리 잡고 있었기 때문이다. 개인 캐비닛에 보관하다 보니 분실되거나 원본이 훼손된 기록물이 많을 수밖에 없었다. 특히 조직개편이나 사무실을 이전할 때 버려지는 기록은 헤아릴 수 없이 많았다고 들었다. 어떤 기록물은 이전 당시 포장했던 상태 그대로 캐비닛에 보관하고 있거나, 보존서고 서가에 방치하거나, 심지어는 물품보관 창고에 방치한 경우도 있었다. 기록관리가 제대로 이루어지지 않았다는 반증이다. 과거에 생산됐던 기록물의 대부분은 정리 자체가 안 되어 있고, 목록이나 현황 관리 역시 문제점투성이였던 것이다. 이러한 상황은 각 기관마다 별반 차이가 없을 줄 안다.

그렇다면 이들 기록물의 현황을 어떻게 파악할 것인가. 단기간에 모든 것을 파악하고 정리할 수는 없겠지만 순차적인 전수조사를 통해 현황과 목록을 파악해 가야 한다. 보유 기록물의 현황이 파악되어야 이관 스케줄도 세울 수 있고, 이관에 대비한 보존서고의 서가 정리나 서가배치 계획을 수립할 수 있기 때문이다.

문화재청에 입사하여 처음으로 전수조사를 실시한 것은 2005년 9월이었다. 소속기관은 차츰 하더라도 본청 각 처리과에서 보유하고 있는 기록물부터 정확한 현황과 목록을 파악하기로 했다. 그래서 약 3개월의 일정으로 본청의 17개 처리과에 대한 전수조사를 실시했다. 그런데 공교롭게도 9월에 시작한 국정감사 때문에 상당한 어려움을 겪게 되었다. 국정감사 준비로 분주한 상황에서 보유 기록물 전수조사를 하겠다고 공문을 발송했으니 협조를 구하는 것이 매우 어려웠다. 기존의 보유목록을 참조하여 현재 보유하고 있는 기록물의 목록과 현황을 제출하도록 했지만 진척이 없었다. 이러한 방식으로는 보유 기록물 전수조사가 불가능할 것 같았다. 고민 끝에 기록물 전수조사 인력을 뽑아서 각 처리과에 지원하자는 계획을 보고했다.

문제는 예산이었다. 당시 필자가 속했던 기록정보담당관실은 기록물관리 전담부서로 신설된 부서여서 인력을 운용할 수 있는 만큼의 예산을 배정받지 못했다. 그러던 중 행정기관 기록물 DB 구축사업과 연계하여 전수조사를 실시하자는 의견을 냈고, 20명의 인력을 지원받아 전수조사팀을 꾸리게 되었다. 5명을 1개조로 편성하여 처리과에 투입하였다. 각 처리과에서 관리하고 있던 캐비닛을 모두 조사하는 데 3개월 정도가 소요되었다. 이때 기록물의 관리번호 스티커를 처음 제작하여 사용하였다.

〈표 11〉 비전자 기록물철의 관리번호 스티커 서식

관리번호	000001
생산연도	
보존기간	1 3 5 10 30 준영구 영구
공개구분	공개 부분공개 비공개
생산부서	

원래 각각의 기록물철에는 업무 담당자가 관리번호를 기재하도록 되어 있었지만 관리번호가 기재되지 않은 기록물이 거의 대부분이었다. 관리번호 스티커를 기록물철의 표지에 부착하면서 목록을 작성해 나갔다. 보유 기록물 목록작성의 정확성을 기하기 위함이었다. 전

수조사에 3개월이라는 비교적 긴 시간이 소요된 것은 국정감사도 하나의 이유였지만 직원들의 비협조적인 태도가 더 컸다. 개인이 사용하고 있는 캐비닛을 열어야 했기 때문에 사생활을 침해당하는 것처럼 직원들이 반발하면서 캐비닛 자체를 열어 주지 않았기 때문이다. 입사 초기에 실시한 전수조사인지라 강력한 조치를 취하는 것도 쉽지 않았기 때문에 진지하게 이야기하고 설득하는 수밖에 없었다.

이런 과정을 거쳐 17개 처리과의 보유 기록물 목록을 작성하였다. 전임자로부터 인계받았던 5만 8,000여 건의 보유 기록물 목록과 비교해보니 3만여 건이나 차이가 났다. 2004년도에 전수조사를 실시한 것으로 알고 있었기 때문에 이 정도로 많은 차이가 날 것이라고는 상상도 하지 못했다. 매우 의미 있는 전수조사였다고 생각했지만 아직 열리지 않은 캐비닛이 여전히 문제였다. 교육이다 출장이다 해서 자리를 비웠던 직원들의 캐비닛은 확인하지 못했기 때문이었다.

아무튼 새롭게 파악한 전수조사 목록에 기초해서 이관계획을 수립하였다. 각 처리과의 원활한 이관 협조를 구하기 위해 비전자 기록물을 디지털화하여 자료관시스템(현재는 기록관리시스템)에 업로드 하면 사무실의 개인 컴퓨터에서 해당 기록물을 검색하고 활용할 수 있다는 것을 이관목적으로 내세웠다. 1만 8,000여 건의 기록물을 기록관으로 이관했고, DB 구축작업을 통해 디지털화된 데이터는 자료관시스템에 업로드를 했다. 직원들의 반응이 사뭇 달랐다. 과거 기록물을 찾으려면 보존서고를 헤매고 다녔지만 이제는 사무실에 앉아서 관련 기록물을 검색할 수 있게 됐기 때문이다.

이런 호의적인 분위기(?)를 등에 업고 2006년 5월부터 본청 17개

처리과와 31개 소속기관을 대상으로 보유 기록물 전수조사를 다시 실시하였다. 이때 실시한 전수조사에서 소속기관 보유 기록물까지 포함해서 약 2만 건이 추가되었다. 2006년 말 기준으로 문화재청의 보유 기록물 목록이 약 11만 3,000여 건으로 늘어났던 것이다. 이제부터는 현장 확인이 필요했다. 기존의 보유 기록물 목록을 그대로 제출한 것은 아닌지, 실제로 전수조사를 해서 작성한 목록이 맞는지, 목록과 실제 기록물이 일치하는지 등을 파악할 필요가 있었다.

그래서 2006년 7월과 8월에 8개 소속기관을 선정하여 지도점검을 실시하게 되었다. 소속기관의 열악한 환경과 턱없이 모자라는 근무인력 때문에 보유 기록물을 제대로 파악하지 못했고, 제출기한에 쫓겨 기존의 목록에 몇 건을 추가하여 제출한 사실을 확인할 수 있었다. 소속기관 지도점검 결과를 정리하여 보고하고 전수조사를 재실시하라는 조치계획을 내려 보냈다. 2006년 말에 취합한 전수조사 목록을 정리하고 보니 또다시 1만 9,000여 건이 추가되어 전체 보유 기록물 현황이 13만여 건을 넘어섰다. 의혹이 점차 증폭되는 계기이기도 했다. 전수조사를 할 때마다 보유 기록물의 양이 늘어나는 것이다.

2008년에는 전수조사에 앞서 그동안 정리한 보유 기록물 목록과 실제 기록물이 존재하는지 여부를 파악하기 위해 2006년에 방문했던 소속기관을 포함해서 17개 소속기관을 대상으로 지도점검을 실시했다. 소속기관을 방문하여 보유 기록물 목록과 실제 기록물을 비교해 봤는데, 목록과 실제 기록물이 일치하지 않았다. 관리번호 스티커를 부착하면서 전수조사를 하고 보유목록을 작성하라고 세세한 부분까지 설명해 주고 정확한 목록을 작성해서 제출하도록 했다. 그 결과, 2008년 말에 취합한 보유 기록물 목록은 다시 변경되었고, 전체 보유 기록물은 15만여 건에 육박하였다.

기록관리 전문요원의 손길이 전국에 산재한 소속기관까지 미치기에는 역부족임을 절감하기도 했다. 자꾸만 엇박자를 내는 것 같아 지치기도 했고, 대충 마무리하자는 생각도 들었지만 2008년 연말에 실시한 지도점검 결과를 보고하고 다시 전수조사 인력을 꾸렸다. 보유 기록물 목록 정리가 미진한 7개 소속기관에 대해 집중적으로 전수조사를 실시하기 위해서였다. 전수조사팀은 세 명이었는데, 2009년 1월부터 2월 말까지 7개 소속기관을 순회하면서 보유 기록물의 전수조사를 실시하고 목록을 작성했다. 이때 1만 6,000여 건이 추가로 파악되어 보유 기록물은 16만여 건을 넘어섰다. 더 이상 미룰 수 없어서 보유 기록물 목록을 기초로 해서 소속기관 기록물을 기록관으로 이관했다. 2009년도에 처음으로 소속기관 보유 기록물 약 3만 8,000여 권을 기록관으로 이관받았다. 이관받은 기록물을 검수하고 서가에 배치하는 것만도 7개월여가 소요되었다. 이관과 동시에 검수를 하고 서가에 배치했는데도 꽤 오랜 시간이 걸린 셈이다.

지금까지 필자가 경험한 전수조사 사례를 제시했다. 전수조사는 우리 기관이 어떤 기록물을 생산했고, 얼마나 많은 기록물을 보유하고 있는지를 파악하는 기초적인 업무이다. 보유 기록물이 정확하게 파악되어야 보존서고관리 계획을 세울 수 있다. 또 이관 계획도 세울 수 있고, 비전자 기록물의 DB 구축계획도 수립할 수 있다. 기록물의 평가계획이나 공개재분류 계획도 결국 이러한 선제적인 업무가 완료되어야 수립할 수 있다. 기록관리 프로세스의 각 단계에서 기본적인 계획을 수립하는 데 보유 기록물의 정확한 현황과 목록은 필수적이다.

문화재청은 장장 4년여에 걸쳐 보유 기록물에 대한 전수조사를 실시했다. 아직도 어느 구석진 곳에 기록물이 존재하고 있을지 모른다. 2010년에도 전수조사팀을 꾸려 53개 소속기관에 보내 전수조사를 실시하였다. 전수조사 결과가 최종적으로 정리되면 얼마나 많은 기록물이 새롭게 보유 기록물 목록에 추가될지 모르겠다. 전수조사는 체계적이고 구체적인 계획을 수립하여 접근해야 한다. 지도점검과 전수조사를 병행해서 추진하고, 필요하다면 전수조사 인력을 확보해야 하고, 또 전수조사 결과를 기초로 기록물 이관을 함께 추진하여 기록관리 체계를 안정화하고 내실화해 나가야 한다.

6. 온-오프라인에서의 기록물 이관

기록의 이관은 기록을 직접 생산(접수)한 처리과에서 기록물관리 전담부서에 설치 · 운영하고 있는 기록관으로 관련 기록물을 이관하는 것과 기록관에서 관리하는 기록물 중 보존기간 30년 이상 장기보존해야 하는 기록물을 영구기록물관리기관으로 이관하는 경우로 구분할 수 있다. 두 경우 모두 이관(Transfer)이라는 용어를 사용하고 있는데, 이관은 법적으로든 물리적으로든 기록물의 관리권과 보관권을 기록물과 함께 넘기는 행위이다. 그런데 기록관리 현장 실무에서는 이 이관이라는 용어에서 오는 미묘한 갈등이 존재한다. 상급기관에 설치된 기록관으로 처리과 기록물을 이관하는 것을 마치 자신들이 생산한 기록을 '빼앗긴다'고 오해하는 경향이 있다.

특히 오프라인에서 과거 기록물을 이관할 때 그렇다. 기본적으로 공무원이 업무 수행 과정에서 생산하였거나 접수한 모든 기록물은 공공 기록물이고 국가 소유의 기록물이다. 그럼에도 몇몇 공무원은 개인 소유의 기록물이라고 착각하고 있는 경우가 있다. 이와 같은 공무원의 인식을 변화시키고 설득하기 위해서는 기록관리 전문요원의 노력이 필요하다. 기록관리 제도를 체계적으로 정리한 매뉴얼을 만

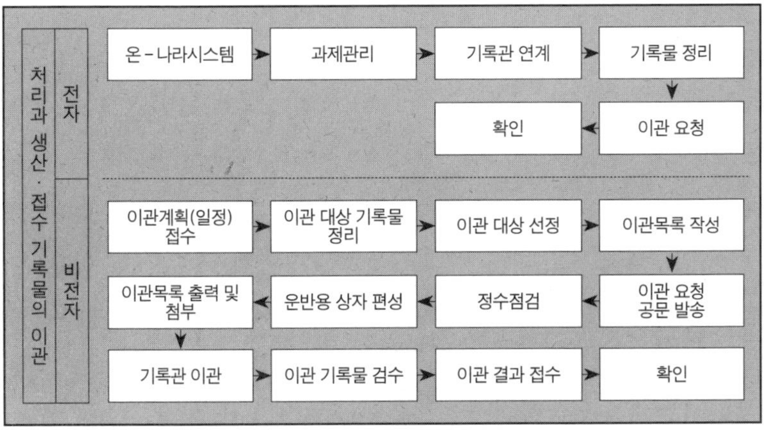

〈그림 26〉 온 · 오프라인에서의 처리과 기록물 이관 절차

든다든가, 기록관리 인식 전환을 위한 초청강연회를 개최한다든가, 기록물 이관 절차와 방법을 정리한 교육교재를 만들어 교육한다든가 하는 일련의 노력들이 필요하다는 것이다. 우선 오프라인에서 이루어지는 이관 실무를 알아보자.

앞서 보유 기록물의 전수조사 실무에 관해 소개하였다. 기관이 보유하고 있는 기록물 전수조사는 오프라인에서 이루어지는 기록물 이관의 가장 기초적인 작업이면서 기록관리 전문요원이 늘 신경을 써야 하는 첫 번째 프로세스이다. 전수조사를 통해 보유 기록물의 유형, 수량, 상태 등을 파악했다면 법령이 정한 기준에 따라 이관 대상 기록물을 선정해야 한다. 처리과에서 기록관으로 이관할 때는 생산 후 2년의 범위 내에서 이관하도록 한 기준에 따르면 된다. 이때 주의할 것은 생산연도가 기준이 되는 것이 아니라 업무가 종료된 시점을 기준으로 해야 한다는 것이다.

이관 대상 기록물을 선정했다면 처리과 보관 기록물의 기록관 이관 계획을 수립해야 한다. 이관 계획에는 각 처리과별 이관 일정과 이관 대상 기록물 현황, 이관 대상 기록물 목록, 소속공무원을 대상으로 한 교육계획 등을 포함해야 한다. 이렇게 수립한 기록물 이관 계획은 처리과와 소속기관에 공문으로 발송하고, 전 직원이 공유하여 기록물 이관에 대비할 수 있도록 조치해야 한다.

이관 계획을 수립하여 각 처리과에 통보하였다면 소속공무원과 기록관리담당자, 기록관리책임관을 대상으로 한 이관 실무 교육을 실시해야 한다. 이관 대상 기록물 정리 및 편철 방법과 기준, 기록물철의 표지와 색인목록 작성 방법, 이관상자 편성 기준, 이관 절차, 기록물 이관 시 유의할 점 등을 상세하게 설명하는 것이 좋다. 특히 실무교육은 이론적인 내용도 중요하지만 기록물의 유형별(문서, 대장, 카드, 도면, 사진 · 필름, CD · DVD · 하드디스크 등)로 실제 기록물을 예로 들어 설명하거나 시청각 자료를 활용한다면 이해를 도울 수 있다.

이관교육을 실시한 다음에는 이관 대상 기록물에 대한 각 처리과의 의견조회를 실시한다. 관련 업무가 종료되지 않고 진행 중에 있거나, 이관하지 아니하고 처리과에서 지속적으로 기록을 작성 유지해야 하는 비치기록물이거나, 업무활용을 위해 잠시 이관을 연기해야 하는 기록물이 있을 수 있기 때문인데, 처리과 의견을 조회할 때 비치기록물인지 여부와 이관 연기 여부를 확인해야 한다. 비치기록물과 이관 연기 기록물에 대해서는 이관 대상에서 제외하고, 나머지 이관 대상 기록물을 기록관으로 이관하면 된다.

기록물을 이관할 때에는 몇 가지 기준을 제시해 주어야 한다. 기록물 정리 방법과 절차는 기본이고 이관상자를 편성할 때 운반상자 일련번호와 목록을 부착하도록 하는 것이 좋다. 기록물을 검수할 때 참고가 되기 때문이다. 기록관으로 기록물이 이관되면 각각의 기록물이 이관 목록과 일치하는지, 정리는 제대로 되어 있는지를 확인해야 한다. 검수가 끝난 기록물은 서가에 배치하게 되는데 이때 기록관 보유 기록물 목록에 서가정보를 입력해 두어야 한다. 나중에 있을 열람 대출 업무를 위해서도 그렇고, 영구기록물관리기관으로의 이관 업무를 위해서도 그렇다. 또 기관에서 수행하는 DB 구축사업계획을 수립할 때도 서가정보를 파악해 놓으면 어떤 기록물이 어느 위치에 있는지를 쉽게 파악할 수 있기 때문에 수월하다. 서가배치까지 완료한 후 인수결과를 해당 처리과에 통보한다.

다음은 기록관에서 영구기록물관리기관으로 이관하는 절차에 대해서 알아보자. 원래는 영구기록물관리기관에서 이관 대상 목록을 기록관에 통보해야 하지만 현재는 기록관에서 이관 가능한 현황과

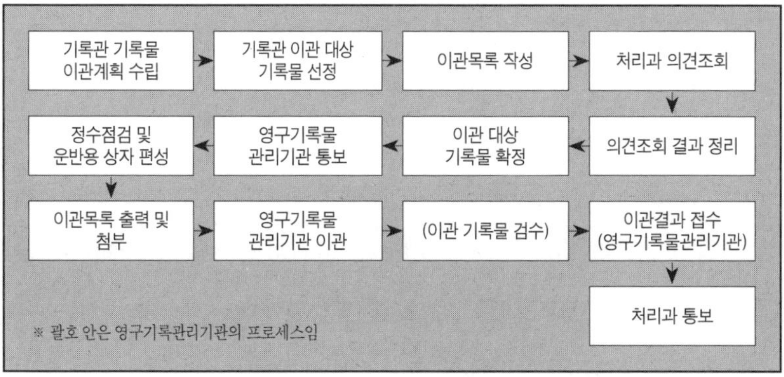

〈그림 27〉 기록관 기록물의 영구기록물관리기관 이관 절차

목록을 영구기록물관리기관에 제출하는 것으로 프로세스가 시작된다. 기록관에서 이관 가능한 현황과 목록, 이관 일정을 제출하고 나서 영구기록물관리기관과 이관 여부 및 이관 일정 등의 조정 과정을 거치게 된다.

이관 일정이 확정되면 기록관에서는 이관 대상 기록물을 선별하고, 이관 대상 기록물 목록을 작성한다. 이관 대상 목록을 작성할 때는 기록물 정리 및 편철 상태, 공개 여부, 열람범위 등을 재확인하고 관련 내용을 기술한다. 이관 대상 목록을 작성한 후에는 처리과 의견조회 과정을 거쳐 이관 연기 여부를 확인한다. 처리과에서 제출한 이관 연기 신청서를 취합하여 정리한 다음 영구기록물관리기관에 통보하고, 영구기록물관리기관으로부터 이관 연기 승인 결과가 접수되면 이관 연기로 확정된 기록물을 제외한 나머지 기록물을 운반상자에 편성한다.

운반상자를 편성할 때는 운반상자 일련번호와 이관목록을 운반상자 겉면에 함께 부착하는 것이 좋다. 이렇게 하면 영구기록물관리기관과 이관 기록물을 검수할 때 시간을 단축할 수 있기 때문이다. 그러고 나서 이관 일정에 맞춰 기록물을 영구기록물관리기관으로 이송한다. 영구기록물관리기관과 함께 이관 기록물을 검수하고, 이상이 없는 경우 인수확인서를 발급받는다. 그리고 기록관에서는 영구기록물관리기관으로의 이관 결과를 정리하여 각 해당 처리과에 통보한다. 이때 영구기록물관리기관으로 이관한 기록물의 목록을 함께 제공해 주어야 한다. 간혹 원본 기록물을 확인해야 하는 일이 발생할 수 있기 때문인데 이런 경우 대전에 있는 국가기록원이나 성남에 있는 나라기록관을 방문하여 기록물을 열람해야 하기 때문이다.

문화재청에서는 2006년 1월 1만 2,000여 건의 기록물을 영구기록물관리기관인 국가기록원으로 이관한 바 있다. 기록물 이관에 6개월 가량이 소요되었다. 이관 기록물을 검수하는 데에만 일주일 정도 소요되었는데 이 기간 내내 국가기록원에 상주해야 했다. 기록물 이관이 마무리된 후에는 보존서고 서가를 정리하였고, 이어서 처리과 보관 기록물을 기록관으로 이관하였다. 기록물의 이관은 처리과-기록관-영구기록물관리기관으로 그 업무가 순환 반복되기 때문에 기록물을 이관했다고 해서 끝나는 것이 아니라 새로운 이관 업무가 시작되는 것이다. 처리과 기록물을 이관 받아 서가에 배치하고 나면 또다시 영구기록물관리기관으로의 기록물 이관 준비를 해야 한다.

문화재청은 2007년도에 1만 2,000여 건의 문서, 대장, 카드, 시청각물 등을 국가기록원으로 이관했고, 2008년과 2009년에도 1만 2,000여 건의 기록물을 각각 이관했다. 2006년부터 2009년까지 국가기록원으로 이관한 기록물의 수량이 4만 9,000여 건에 이른다. 문화재청이 이처럼 많은 기록물을 무사히 이관할 수 있었던 것은 내부적으로 매년 실시했던 보유 기록물 전수조사로 인한 것이다. 전수조사 과정에서 새롭게 발견되어 이관 대상에 추가되는 기록물이 늘어났기 때문에 국가기록원으로의 기록물 이관 양이 증가했던 것이다.

다음은 시스템을 통한 전자기록물의 이관 실무에 대해 알아보자. 시스템을 통한 온라인에서의 기록물 이관 역시 오프라인에서 이루어지는 이관 절차와 별반 다르지 않다. 다만 시스템을 통해 전자적 방식으로 이관이 이루어진다는 것이 다를 뿐이다. 온라인에서의 이관 절차를 간략하게 살펴보면 다음과 같다.

먼저, 전자기록물에 대한 이관 계획을 수립하고 이를 각각의 처리과에 통보한다. 이관 계획에는 각 처리과별 이관 일정이 포함되어야 하고, 아울러 전자기록물 이관 교육 계획도 포함해야 한다. 계획 수립이 완료되면 실무자를 대상으로 이관 교육을 실시한다. 각 처리과에서는 전자기록생산시스템에서 이관 대상 기록물의 현황을 파악한 후 기록관리시스템에 각 처리과별 · 소속기관별 이관 일정을 등록하고, 전자기록생산시스템에서 생산 · 접수한 기록물을 정리한다. 기록물의 정리가 끝나면 각 처리과에서는 시스템에서 이관 요청을 하게 된다. 이관 요청을 끝내면 처리과에서 해야 할 이관업무는 종료되고, 이후부터는 기록관리 전문요원의 몫이다.

기록관리 전문요원이 전자기록생산시스템에서 처리과의 이관 요청을 승인하면 자동으로 이관 파일이 생성되고, 생성된 이관 파일은 기록관리시스템으로 전송된다. 그러면 기록관리시스템에서 연계인수기능을 활용하여 각 처리과에서 이관된 전자기록 파일을 접수하게 된다. 접수가 끝나고 나면 전자기록을 검수하게 되며 정상적으로 검수가 완료된 것은 인수처리를 하고, 비정상적으로 검수된 것은 오류 내용을 정리하여 해당 처리과로 반려한다. 정상적으로 인수가 완료된 기록물에 대해서는 최종적으로 인수통보를 하면 되고, 비정상적으로 검수하여 반려한 경우라면 다시 전자기록생산시스템에서 오류를 바로잡아 재이관 요청을 하게 된다. 나머지 과정은 동일하게 진행된다.

기록관리시스템에서 영구기록물관리기관으로의 이관 절차는 아직 수행한 바 없으나 개략적인 절차를 소개하면 다음과 같다. 영구기록물관리기관인 국가기록원에서 이관 대상 목록을 기록관리시스템으로 통보한다. 기록관리시스템에서 접수한 이관 목록을 확인한 다음 기록관리시스템을 통해 처리과 의견조회를 거친다. 처리과 의견조회 결과를 시스템을 통해 영구기록물관리기관으로 전송하고 나면 최종적으로 이관 대상 목록이 확정되어 기록관리시스템으로 접수된다. 기록관리시스템에 최종적으로 접수된 목록을 확인하고 이관 대상 목록을 등록한다.

이관 대상 목록을 확정한 다음에는 각각의 기록물을 장기보존 포맷으로 변환하고, 장기보존 포맷으로 변환된 이관 파일을 생성한다. 생성된 이관 파일은 영구기록물관리기관으로 시스템을 통해 전송한다. 전송된 이관 파일은 영구기록물관리기관에서 검수와 인수절차를 거치고, 검수결과 정상인 경우에는 인수를 하고, 비정상인 경우에는 해당 기관 시스템으로 반려하게 된다. 정상적으로 인수가 완료되었다면 인수결과를 기록관리시스템으로 통보하게 된다.

온라인에서 시스템을 통해 기록물을 이관하거나 오프라인에서 기록물을 이관하는 절차는 근본적으로 대동소이하다. 그러나 진행되는 업무의 내용과 성격이 다르고, 기록관리 전문요원의 역할과 업무의 참여범위가 매우 광범위하다. 그렇기 때문에 기록관리 전문요원은 연속되는 기록관리 업무를 단시일 내에 마무리 지으려고 하기보다는 중 · 장기적인 계획을 세워 차근차근 처리해 나가는 것이 좋겠다.

7. 기록물의 평가제도

중앙행정기관을 비롯한 공공기관에 기록물의 평가제도가 실질적으로 도입 · 운영되기 시작한 것은 1999년 제정된 기록관리법과 맥락을 같이한다. 기록관리법이 제정되기 이전에는 사무관리규정에 따라 보존기간이 경과한 기록물을 폐기하도록 하였다. 그러나 이 시기의 기록물 폐기는 해당 기록물에 대한 정당하고 합리적인 평가를 거치지 않고 업무가 끝난 문서를 물리적으로 폐기하는 수준에 불과했다. 다시 말해, 업무의 중요성은 고려하지 않은 채 보존기간이 경과하면 해당 기록이 지닌 미래적 보존 가치를 평가하지 않고 목록만을 기초로 해서 폐기했다는 것이다. 이와 같은 과거의 잘못된 관행을 개선하고, 자의적 판단에 따른 기록물의 무단 폐기를 원천적으로 차단해야 한다는 일련의 논의가 진행되었고, 그 결과가 1999년 제정된 기록관리법에 반영되었다.

이때의 기록관리법은 공공기관이 기록물을 폐기하려고 할 때 미리 소관 기록물관리기관의 심사를 받도록 규정*하여 과거의 기록물

* 1999년 1월 29일 제정된 법률 제5709호「공공기관의 기록물 관리에 관한 법률」제22조는 기록물 폐기에 관한 사항을 규정하고 있는데, 기록물을 폐기하고자 할 때 기록물관리

폐기 관행을 획기적으로 개선하려는 의지를 담았던 것이다. 또한 기록관리법 시행령은 법에서 위임한 사항을 보다 구체적으로 적시하고 있는데, 제37조제1항은 기록물의 폐기에 관한 사항을, 제37조제2항은 기록물폐기심의회의 구성 · 운영에 관한 사항을 규정하였다.

시행령의 내용을 살펴보면 크게 세 가지로 요약할 수 있는데, 기록관리 전문요원의 심사를 거치도록 한 것, 기록물폐기심의회의 심의를 거치도록 한 것, 그리고 전문관리기관의 심사를 받도록 한 것이다. 이 중 가장 핵심적인 부분은 기록관리 전문요원의 심사와 기록물폐기심의회의 심의를 거치도록 한 것이다. 과거 기록물을 생산한 처리과 단위에서 관행적으로 이루어지던 폐기를 법령으로써 금지하고, 소관 기록물관리기관의 심사(기록관리 전문요원의 심사 및 기록물폐기심의회의 심의 등)를 거치도록 하여 기록물의 폐기 여부를 신중하게 결정하도록 한 것이다. 폐기 여부를 신중히 결정하도록 한 이면에는 원본 기록물 자체가 갖는 가치뿐만 아니라 기록물의 내용이 갖는 가치를 함께 평가하여야 한다는 뜻을 내포하고 있다. 이와 같이 법령으로써 기록물의 폐기를 규정한 것은 기록물의 무단 폐기를 방지하고, 기록물의 내용을 면밀히 평가하여 기록이 지닌 현재적 · 미래적 가치를 보존하자는 데 그 의의가 있다.

한편, 시행령 제37조제2항은 기록물폐기심의회의 구성 · 운영에 관한 사항을 규정하였는데 그 내용을 보면, 기록물폐기심의회는 행정자치부령이 정하는 바에 따라 기록물관리기관이 속한 공공기관의

기관의 심사를 받도록 의무화하였다는 점에서 시사하는 바가 크다.

장이 기록물의 폐기 시 수시로 구성 · 운영하되, 심의회의 위원은 기록물의 보존가치 평가에 적합하다고 인정되는 5인 이내의 소속공무원 또는 직원으로 구성함을 원칙으로 한다. 다만, 전문관리기관의 경우에는 전문관리기관의 장이 구성 · 운영한다고 규정하였다. 기록물폐기심의회의 구성 · 운영에 관한 제도적 근거를 제시하였다는 점에서 진일보하였지만, 기록물폐기심의회의 구성요건에 5인 이내의 소속공무원이나 직원으로 한정한 것은 한계로 지적되기도 하였다.

왜냐하면 기록물을 생산한 기관의 소속공무원들로 폐기심의회를 구성하게 한 것은 기록이 갖는 현재와 미래의 행정적 · 증빙적 · 역사적 가치를 평가하기보다는 현재의 행정적 가치, 업무의 활용 여부 등을 중심으로 자의적인 판단에 따라 기록물을 폐기할 수 있는 개연성을 남겨두었기 때문이다. 이러한 문제점은 기록관리 전문요원이 중앙행정기관에 배치되면서 또 다른 갈등요인으로 작용하였다. 기록물의 보존기간이 경과하면 폐기해 버리던 관행을 청산하지 못했기 때문인데, 주로 보존기간이 지난 기록을 폐기하는 데 기록관리 전문요원의 심사를 받아야 하느냐는 반발이었다. 이러한 인식 저변에는 기록을 공공과 국가의 것이라기보다는 직원 개인의 것으로 여기는 인식과 기록을 남기는 것에 대한 두려움이 깔려 있었기 때문이라고 생각한다.

이러한 인식의 차이를 극복하고 널리 환기시키기 위해서는 기록관리 제도에 대한 지속적인 교육이 필요하고, 기록물의 평가에 대한 중요성이라든가, 공공기록으로서의 미래적 가치를 보존해야 한다는 인식이 광범위하게 확산될 필요가 있다. 합법적인 절차와 정당한 평가를 거치지 않고 중요 기록물을 폐기한다면 영영 그 기록물을 되돌릴 수 없게 된다. 결국 이러한 문제의 심각성을 해소하기 위해서는 기록물의 생산단계부터 체계적으로 관리하고, 명확하고 객관적인 기록물의 평가 기준을 마련하려는 노력이 뒷받침되어야 한다.

2006년 10월에는 기존의 기록관리법을 전면 개정한 공공기록관리법을 공포하였고, 이때 마련된 개정 법률은 2007년 4월 5일 본격 시행되었다. 특히, 이 법은 기존의 기록관리법에서 정한 기록물의 평가규정을 대폭 보완하였다는 점에서 의미가 크다. 법 제27조제1항과 제2항은 기록물관리기관과 영구기록물관리기관에서의 기록물 폐기 절차와 기준을 규정하고 있으며, 공공기록관리법 시행령 제43조와 제53조 및 제54조는 기록물관리기관과 영구기록물관리기관의 기록물 평가 및 폐기 절차와 기준을 규정하고 있다.

여기서는 기록물관리기관의 기록물 평가 및 폐기와 관련한 사항만 요약 정리하기로 하고, 먼저 법 제27조제1항의 기록물의 폐기 규정을 살펴보겠다. 법 제27조제1항은 공공기관이 기록물을 폐기하고자 하는 때에는 대통령령이 정하는 바에 따라 미리 소관 기록물관리기관의 심사를 받아야 한다고 규정하고 있어 기존의 기록관리법과 별반 다르지 않다. 그러나 제43조(기록관 및 특수기록관 소관 기록물 평가 및 폐기)는 기록물의 폐기와 관련하여 보다 구체적인 내용을 규정하고 있는데 그 세부 내용을 보면, 기록관 또는 특수기록관의 장은 보존 중인 기록물 중 보존기간이 경과한 기록물에 대하여는 법 제27조제1항에 따라 생산부서의 의견조회, 전문요원의 심사, 기록물평가심의회의 심의를 거쳐 보존기간 재책정, 폐기 또는 보류를 구분하여 처리하여야 한다고 규정하고 있다.

기존의 시행령과 비교해 보면 엄청난 변화이다. 즉, 기록물의 평가 주체를 기록관과 특수기록관의 장이라고 명확하게 규정하고 있다는 것과 평가 및 폐기의 대상을 보존 중인 기록물 중 보존기간이 경과한 기록물로 그 기준을 구체화하였다는 것이다. 여기에 기록관리법에서 빠져 있던 생산부서의 의견조회 절차를 새롭게 추가하여 생산부서의 의견조회, 전문요원의 심사, 기록물평가심의회의 심의의 3단계를 거치도록 한 점이다. 기존의 시행령에서는 생산부서의 의견조회 절차는 규정하지 않았다.

더불어 기록물평가심의회의 심의를 거치도록 한 부분이 보완되었는데, 이는 기존의 기록물폐기심의회의 명칭만을 바꾼 것이 아니라 심의회의 구성 대상을 확대하였다는 데 의미가 있다. 또 하나 주목할 것은 기록물의 처리 방법을 구체적으로 명시하였다는 것이다. 기록관리법에는 구체적으로 어떻게 처리하여야 하는지에 대한 기준이 없었으나 공공기록관리법은 구체적으로 보존기간 재책정, 폐기 또는 보류로 구분하여 처리하도록 하고 있다. 즉, 기록물을 생산한 처리부서의 의견과 전문요원의 심사, 그리고 기록물평가심의회의 심의결과를 모두 반영하도록 하였고, 폐기과정의 투명성과 합리성이 확대되는 조치가 취해진 것이다.

특히, 기록물의 평가와 폐기 관련하여 공공기록관리법 시행령 제27조제2항을 살펴보면 변화의 정도를 더욱 실감할 수 있다. 시행령 제27조제2항은 기록물평가심의회를 기록관 또는 특수기록관이 속한 공공기관의 장이 구성 · 운영하도록 하였고, 기록물평가심의회의

위원은 기록물의 보존가치 평가에 적합하다고 인정되는 5인 이내의 민간 전문가 및 소속공무원으로 구성하되, 2인 이상의 민간 전문가가 참여하도록 한 것이다. 다만, 통일, 외교, 안보, 수사, 정보 등의 기록물을 생산하는 기관의 경우에는 민간 전문가의 참여를 1인 이상으로 할 수 있다고 규정하여 아쉬움을 남겼지만 민간 전문가가 의무적으로 참여하도록 한 것은 매우 진전된 것이다.

기록물평가심의회의 구성 요건으로 민간 전문가의 참여 의무를 포함시킨 것은 소속공무원으로 제한했던 기록물 평가의 한계를 크게

〈표 12〉 기록관리법과 공공기록관리법 개정 내용 비교표

구분	기록관리법(1999)	공공기록관리법(2007)
법률	제22조(기록물의 폐기) 공공기관이 기록물을 폐기하고자 하는 때에는 대통령령이 정하는 바에 따라 미리 소관 기록물관리기관의 심사를 받아야 한다.	제27조(기록물의 폐기) ① 공공기관이 기록물을 폐기하고자 하는 때에는 대통령령이 정하는 바에 따라 미리 소관 기록물관리기관의 심사를 받아야 한다.
시행령	제37조(기록물의 폐기) ① 기록물(비밀기록물을 제외한다)의 폐기는 기록물관리 전문요원의 심사 및 기록물폐기심의회의 심의를 거쳐 관할 기록물관리기관의 장이 행한다. 다만, 기록물분류기준표상의 보존기간이 준영구 이상인 기록물 중 보존기간이 20년 이하로 분류된 기록물은 관할 전문관리기관으로 이관하여 기록물관리 전문요원의 심사를 거쳐 폐기하여야 한다. ② 제1항에 따른 기록물폐기심의회는 행정자치부령이 정하는 바에 따라 기록물관리기관이 속한 공공기관의 장이 기록물의 폐기 시 수시로 구성 · 운영하되, 심의회의 위원은 기록물의 보존가치 평가에 적합하다고 인정되는 5인 이내의 소속공무원 또는 직원으로 구성함을 원칙으로 한다. 다만, 전문관리기관의 경우에는 전문관리기관의 장이 구성 · 운영한다.	제43조(기록관 및 특수기록관 소관 기록물 평가 및 폐기) ① 기록관 또는 특수기록관의 장은 보존 중인 기록물 중 보존기간이 경과한 기록물에 대하여는 법 제27조제1항에 따라 생산부서의 의견조회, 전문요원의 심사, 기록물평가심의회의 심의를 거쳐 보존기간 재책정, 폐기 또는 보류를 구분하여 처리하여야 한다. ② 제1항에 따른 기록물평가심의회는 기록관 또는 특수기록관이 속한 공공기관의 장이 구성 · 운영하되, 기록물평가심의회의 위원은 기록물의 보존가치 평가에 적합하다고 인정되는 5인 이내의 민간 전문가 및 소속공무원으로 구성하되, 2인 이상의 민간 전문가를 포함하여야 한다. 다만, 통일, 외교, 안보, 수사, 정보 등의 기록물을 생산하는 기관의 경우에는 민간 전문가의 참여를 1인 이상으로 할 수 있다.

보완한 것이다. 기존의 기록물폐기심의회는 5인 이내의 소속공무원 또는 직원으로 구성하도록 하였지만, 기록물평가심의회는 기록관의 경우 2인 이상, 특수기록관의 경우 1인 이상의 민간 전문가를 포함하여 5인 이내로 구성하도록 의무화함으로써 기관의 자의적인 판단 기준에 따른 기록물의 평가 및 폐기를 보다 객관화하고 투명화하였다.

그럼에도 기록물평가심의회를 얼마나 체계적이고 효율적으로 그리고 투명하게 운영하느냐에 따라 기록물의 평가 및 폐기의 핵심 목적을 달성할 수 있느냐 없느냐가 결정된다는 점에서 볼 때, 각급 기관의 기록물평가심의회 구성 · 운영 역시 매우 중요하다고 할 것이다.

다음은 기록물 평가의 목적이 궁극적으로 어디에 있는가 하는 것이다. 기록물의 보존 · 관리적 측면에서 볼 때 기록물의 평가 목적은 크게 세 가지로 요약할 수 있다. 그 하나는 법령이 정한 기준과 절차를 준수하고 이행하는 것이다. 공공기관이 보존 중인 기록물 중 보존기간이 경과한 기록물을 폐기하고자 하는 경우 대통령령이 정하는 바에 따라 미리 소관 기록물관리기관의 심사를 받아야 하고, 이때 생산부서의 의견조회, 전문요원의 심사, 기록물평가심의회의 심의를 거쳐 보존기간 재책정, 폐기 또는 보류를 구분하여 처리하도록 한 규정을 준수하는 것이다.

두 번째로 보존기간이 경과한 기록물의 행정적 · 역사적 · 증빙적 · 학술적 미래 가치를 평가하여 기록물의 보존기간 재책정, 폐기 또는 보류를 구분하여 처리하는 것이다. 보존기간이 경과한 기록물의 미래적 가치를 평가하기 위해서 해당 기관은 명확하고 구체적인 평가기준을 마련해야 한다. 이렇게 마련된 평가기준은 해당 기관의 기록물 평가 기준으로 관리되어야 한다.

마지막으로 보존기간이 경과된 기록물을 적기에 폐기함으로써 기록물의 관리 및 보존에 소요되는 비용을 절감하고, 보존서고의 공간을 효율적으로 활용하는 데 있다. 보존기간이 경과한 기록물의 평가를 통해 폐기함으로써 기록물의 생애주기에 따라 기록물을 효율적으로 관리할 수 있게 된다. 즉, 기록물의 보존 공간 확보와 관리 비용절감 효과를 기대할 수 있다. 결국 기록물의 평가 목적은 제도의 준수 이행, 기록물의 미래적 가치평가, 보존서고 공간의 효율적 활용 및 관리 비용의 절감이라는 보존·관리적 측면에서 생각해 볼 수 있겠다.

그렇다면 기록의 평가업무는 왜 중요할까. 기록물의 생애주기(Life-cycle)는 생산에서부터 시작된다. 어떤 이유에서, 어떤 목적으로, 언제, 누구에 의해서, 어떤 내용을 담은 기록물을 생산하든지 생산된 기록물은 업무의 수행 과정에서 일정 기간 활발하게 활용된다. 일정 기간 동안 업무에 활용된 기록물은 기록관으로 이관되고, 이후 빈번하지는 않지만 업무에 활용되거나 국민의 알 권리 충족 및 어떤 사실에 대한 증빙의 목적 등으로 활용된다. 이렇게 최소한의 활용이 끝난 기록물은 평가 결과에 따라 영구기록물관리기관으로 이관되어 영구적으로 보존되거나 폐기된다. 특히 평가는 해당 기록물의 미래적 가치를 측정해서 보존 및 폐기 여부를 결정짓는 행위이기 때문에 매우 중요하고, 또 그만큼의 위험이 따른다. 기록이 폐기된다는 것은 유일한 원본이 폐기된다는 것을 의미하기 때문이다.

따라서 기록을 평가해서 폐기할 때 주의할 점은 폐기 자체가 목적이 되어서는 안 된다는 것이다. 법에서 정의하고 있는 기록물 평가의 원칙은 폐기 자체가 우선이 아니라, 해당 기록물의 가치를 다각적으로 평가할 수 있어야 한다는 것이다.

8. 기록물평가심의회 구성하기

기록관에서 기록물 평가 업무프로세스를 수행하려면 보존기간이 경과한 기록물 평가에 관한 제도적 기준과 절차를 마련해야 한다. 먼저, 기록물평가심의회의 구성 · 운영에 관한 기관 내부의 제도적 근거를 마련하는 것이 필요하다. 기관 내부의 제도적 근거라 함은 훈령, 예규, 지침 등 행정규칙을 말하는데, 행정규칙을 제정하는 절차는 기관마다 약간의 차이가 있기 때문에 행정규칙 제 · 개정 업무를 총괄하는 처리과의 의견수렴과 자문을 받는 것이 좋다. 기관 내부의 행정규칙을 제정하였다면 이에 입각하여 기록물평가심의회를 구성해야 한다.

기록물평가심의회는 공공기록관리법에서 정한 바와 같이 민간 전문가 2인 이상이 참여하도록 구성해야 하는데, 민간 전문가의 자격기준은 기관 내부에서 운영하는 다른 심의회의 기준을 따르거나 별도의 인력풀을 구성하여 적임자를 위촉하면 된다. 기록물평가심의회를 구성한 다음, 기록물 평가 실무를 준비해야 한다. 기록물 평가 실무는 크게 네 가지로 구분할 수 있다. 기록관 보유 기록물과 처리과 생산기록물에 대한 전수조사이다. 전수조사 결과를 토대로 보존기간이 경과한 평가대상 기록물을 파악한 후 기록물 평가 기본계획을 수립하는 것이다. 기록물 평가 기본계획에는 기록물 평가에 관한 전체 일정, 방법과 절차, 기록물 평가 기준, 기록물 관리담당자 교육계획, 기록물평가심의회 개최 계획, 심의결과에 따른 후속 조치계획 등이 포함되어야 한다.

특히, 기록관리 전문요원의 심사를 거쳐야 하므로 기록물 평가 대상 기록물의 인수계획과 심사서 작성계획 등을 세우고 세부 실천계획도 함께 마련하는 것이 좋다. 뿐만 아니라 기록물평가심의회 개최를 위해서는 기록관리 전문요원의 심사서와 처리과 의견조회 결과를 정리하여, 최소 2주 전에는 심의위원들에게 제공해야 하는 점을 고려하여 기본계획을 수립하여야 한다. 그리고 기록물평가심의회의 심의결과를 놓고 보존기간 재책정 기록물과 심의보류 기록물은 평가기술 정보를 변경해 주어야 하고, 서가를 재배치해서 관리해야 한다.

반면 폐기로 심의 의결된 기록물은 법에서 정한 절차와 보안업무 규정에 따라 소각, 용해, 파쇄 등의 방법으로 폐기를 집행하고, 폐기 집행 결과를 각 처리과에 통보해 주어야 한다. 기록물 평가 실무에 따른 세부 업무프로세스는 다음의 〈표 13〉을 참고하기 바란다.

먼저 행정규칙 제정 과정을 살펴보겠다. 공공기록관리법은 기록물관리기관에서의 기록물 평가 절차를 구체적으로 규정하고 있다. 보존기간이 경과한 기록물을 평가하기 위해서는 생산부서의 의견조회와 기록관리 전문요원의 심사, 그리고 기록물평가심의회의 심의를 거치도록 하였다. 법령이 정한 기록물 평가 절차를 준수하고 이행하기 위해서는 해당 기관의 업무특성과 성격을 반영하고, 기록물 평

〈표 13〉 문화재청 기록물 평가 세부 업무프로세스

1. 행정규칙 제정
① 행정규칙 제정계획수립 보고 ➡ ② 행정규칙(안) 작성 ➡ ③ 처리과 의견조회 ➡ ④ 의견조회 결과 반영 ➡ ⑤ 행정규칙(안) 법무 검토 ➡ ⑥ 행정규칙(안) 최종 확정 ➡ ⑦ 기관장 결재 ➡ ⑧ 행정규칙 등록 ➡ ⑨ 행정규칙 시행
2. 기록물평가심의회 구성
① 심의회 구성 운영계획 보고 ➡ ② 민간 전문가 섭외 ➡ ③ 민간 전문가 위촉 보고 ➡ ④ 심의위원 위촉장 수여 ➡ ⑤ 심의회 구성결과 보고
3. 기록물평가 프로세스
① 기록물 평가계획수립 보고 ➡ ② 기록물 평가계획 통보 ➡ ③ 기록물 평가교육(기록물관리담당자) ➡ ④ 보유 기록물 전수조사 ➡ ⑤ 전수조사 결과 취합정리 ➡ ⑥ 기록물 평가 대상 선정 ➡ ⑦ 평가대상 기록물 인수 ➡ ⑧ 기록물 평가기준 마련 ➡ ⑨ 전문요원 심사서 작성 ➡ ⑩ 처리과 의견조회 ➡ ⑪ 의견조회 결과 반영 ➡ ⑫ 심의회의자료집 발간 ➡ ⑬ 심의회 개최계획수립 보고 ➡ ⑭ 심의회 개최계획 통보 ➡ ⑮ 기록물평가심의(회의록 작성) ➡ ⑯ 심의결과 정리 ➡ ⑰ 심의결과 통보 ➡ ⑱ 심의결과 집행
⑲ 보존기간 재책정 및 보류 ➡ 서가 재배치 ➡ 단위과제 보존기간 검토 ➡ 보존기간 변경 요청 ➡ 보존기간 변경 결과반영 및 통보 ⑳ 폐기 ➡ 폐기 집행계획 보고 ➡ 폐기업체 선정 ➡ 정수점검 ➡ 폐기 운반 ➡ 용해(소각) ➡ 결과 보고

가 심의를 투명하고 효율적으로 수행하기 위해 행정규칙을 먼저 마련해야 한다. 행정규칙에는 훈령, 예규, 고시, 지침 등이 있는데 훈령, 예규, 지침 모두 성격이 동일하므로 기관 내부의 환경에 따라 제정하면 된다.

대개 기록물평가심의회 운영을 위한 행정규칙 제정 방법은 두 가지 경우가 있다. 첫째는 해당 기관의 기록관 운영 규정 안에 기록물평가 심의기준, 절차, 심의회 구성 · 운영에 관한 내용을 포함하는 것이다. 이 경우는 별도의 기록물평가심의회 운영 규정을 마련하지 않아도 된다는 장점이 있다. 두 번째 경우는, 기록물평가심의회의 구성 · 운영에 관하여 기관의 업무 특성과 성격을 반영한 독자적인 규정을 제정하는 것이다. 이 경우 별도의 규정으로 관리해야 한다는 점에서 다소 업무가 가중될 수 있으나 기록관리에 대한 인식 제고를 위해서는 효과적이다.

행정규칙을 제정하는 절차와 방법은 각 기관마다 약간의 차이는 있겠으나 대동소이할 것이다. 앞서 기록물 평가 업무프로세스에서 표로 제시하였듯이 행정규칙 제정계획을 수립하여 보고한다. 계획 수립에 앞서 중앙행정기관 등 유관 기관의 사례를 조사하고, 해당 기관의 실정에 맞게 벤치마킹하여 활용하면 좀 더 구체적인 규정을 마련할 수 있다. 각급 기관의 홈페이지 정책정보 코너에는 법령이나 훈령, 예규, 지침 등의 행정규칙을 공개하고 있으므로 참고할 만하다.

다음으로는 기록물평가심의회 운영 규정(안)을 작성한다. 기록물평가심의회 운영 규정(안)을 작성할 때 심의회의 구체적 심의사항과 구성인원, 운영에 관한 사항을 명시해야 한다. 심의사항의 경우 기록물 평가에 관한 사항만 규정하지 말고, 공공기록관리법에서 심의가 필요하다고 제시한 사항도 규정해 둘 필요가 있다. 예를 들어, 공개재분류에 관한 심의나 기록관리 현황평가에 관한 자체 심의, 기타 기록관 운영에 관한 심의사항 등을 반영할 수 있다. 또한 심의위원의 자격 요건에 관한 기준도 구체적으로 마련할 필요가 있다. 심의위원의 자격 요건이 불명확할 경우 심의위원 위촉과정에 논란의 여지를 남겨둘 수 있기 때문이다.

문화재청의 경우 심의위원의 자격조건을 고등교육법 제14조에 따른 전임강사 이상의 교원, 관련분야 학회의 추천을 받은 자, 관련 연구기관의 연구원 이상의 연구자 등으로 규정하고 있다. 이 밖에도 위원장의 직무에 관한 사항이나 심의위원이 심의와 관련하여 준수해야 할 사항, 의결정족수에 관한 사항, 심의회 기록관리에 관한 사항 등을 구체적으로 명시하는 것이 좋다.

이처럼 기록물평가심의회 운영 규정(안)이 마련되었다면 다음은 각 처리과와 소속기관을 대상으로 규정(안)에 대한 의견조회를 거친다. 각 처리과의 의견을 취합하여 검토한 후 규정(안)을 수정 · 보완하고, 규정(안)을 확정하여 법무 업무를 총괄하는 부서의 검토를 받는다. 법무부서에서는 기존의 다른 훈령 등 행정규칙과의 중복이나 상호 충돌하는 사항이 있는지 여부를 검토하게 되며, 이상이 없는 경우 규정(안)에 대한 검토 결과를 주관부서에 회신하게 된다. 법무부서에서 회신한 최종 규정(안)과 검토의견을 다시 한 번 수정 · 보완한 후 기관 내부결재 절차를 거쳐 최종적으로 기관장의 결재를 득해야 한다. 기관장의 결재와 동시에 행정규칙 등록대장에 등록하고 행정규칙 등록번호를 발급받는다.

예를 들면, 문화재청 훈령 제158호, 문화재청 행정지침 제49호 등과 같다. 행정규칙 등록대장에 등록을 완료하고 등록번호를 발급받은 후에는 이를 시행해야 하므로 각 처리과와 소속기관에 기록물 평가를 위한 규정을 제정하여 시행한다는 사실을 통보하여 내부직원들이 공유할 수 있도록 해야 한다. 아울러 해당 기관의 홈페이지 정책정보 코너나 법령정보 코너에 제정 · 시행하는 행정규칙을 게재하여 국민에게 사전 공표하도록 일련의 조치를 함께 취해야 한다.

문화재청이 현재 운영하고 있는 문화재청 기록물평가심의회 운영 규정(2008.04.04. 제정 문화재청 훈령 제130호)은 본문을 10개 조문으로, 부칙은 2개 항으로 구성하였다. 본문 제1조는 기록물평가심의회 운영 규정의 제정목적과 관련 법률 근거를 명시하였고, 제2조는 기록물평가심의회의 구성을 명시하였다. 기록물평가심의회는 보존기간이 경과한 기록물 중 보존기간 10년 미만 기록물의 보존기간 재책정, 폐기 또는 보류에 관한 사항, 영구기록물관리기관으로 이관하는 비공개 기록물(보존기간 30년, 준영구, 영구)의 공개 여부에 관한 사항, 기록물관리 업무평가에 관한 사항, 그 밖에 심의와 관련하여 기록물평가심의회 위원장이 필요하다고 인정하는 사항 등을 심의하도록 하였다.

본문 제3조는 민간 전문가의 자격과 임기를 규정하였으며, 민간 전문가는 고등교육법 제14조에 따른 대학에서 기록관리학, 역사학, 행정학, 법학 등에 해당하는 관련분야 학과의 전임강사 이상의 교원, 관련분야 학회의 추천을 받은 자, 관련분야 연구기관의 연구원 이상의 연구자로서 임기는 2년 연임이 가능하도록 하였다.

특히, 규정 제7조는 보존기간 재책정 기준을 규정하여 기록물의 보존기간을 재책정하거나 폐기를 보류하도록 하였다. 즉, 해당 기록물의 보존기간이 기록물분류기준표 또는 기록관리기준표 상의 보존기간보다 낮게 책정된 기록물이나 행정적 · 역사적 · 증빙적 자료로서 보존가치가 높고 다수 국민의 관심사항이 되는 주요 사건 또는 사실 관련 기록물, 그리고 공공기록관리법 시행령 제25조제3항 및 제26조의 보존기간별 책정기준에 해당하는 기록물에 대해서는 보존기간을 재책정하거나 폐기를 보류하도록 규정한 것이다.

이 밖에도 심의회 기록의 관리를 위해 기록물평가심의서, 심의회의 회의록을 작성하여 전자기록생산시스템에 등록하여 관리하도록 하였고, 심의회 위원은 기록물평가심의 서약서를 작성하도록 하는 등 기록물평가심의위원의 준수사항을 규정하였다. 문화재청의 기록물평가심의회 운영 규정은, 문화재청 홈페이지(www.cha.go.kr)의 법령정보 훈령·예규·고시 코너에 게재되어 있으며, 향후 각급 기록물관리기관에서 기록물평가심의회 운영에 관한 행정규칙 등을 제정할 때 참고하기 바란다.

다음은 문화재청의 사례를 들어 기록물평가심의회 구성·운영에 관한 실무의 이해를 돕고자 한다. 문화재청은 2005년 11월 18일자로 문화재청 기록물폐기심의위원회 운영에 관한 규정을 제정·시행하였는데, 이 규정은 당시의 기록관리법에서 규정한 심의회 구성 기준을 위배하고 있다.

당시 기록관리법에서는 5인 이내의 소속공무원 또는 직원으로 심의회를 구성·운영하도록 하였으나 문화재청은 소속공무원 7인과 민간 전문가 2인으로 폐기심의회를 구성한 것이다. 기록관리법에서 규정한 기준보다 많은 9인으로 구성한데다 여기에 민간 전문가 2인까지 포함시켜 심의회를 구성한 것이다. 심의회의 구성원이 확대된 것이 큰 문제가 될 수 있을까 싶겠지만 기록관리법의 구성 기준을 크게 벗어났기 때문에 무효라는 논란이 제기되었다. 즉, 5인 이내의 소속공무원과 직원으로 심의회를 구성하도록 한 규정을 위배하였다는 것이 문제점으로 지적당했다. 민간 전문가 2인을 위촉한 것 역시 지적사항이 되었다.

문화재청의 업무와 기록물에 대해서는 소속공무원과 직원이 가장 잘 알고, 그렇기 때문에 기록관리법에서도 소속공무원과 직원으로 심의위원의 자격요건 기준을 규정한 것이 아니냐는 것이다. 이러한 이유로 문화재청이 제정한 행정규칙과 기록물폐기심의위원회는 원천 무효라는 주장이 제기되었고, 법률 구조상 문화재청에서 제정한 행정규칙과 심의위원회는 출발부터 난관에 봉착할 수밖에 없었다.

문화재청이 2005년 당시 기록물폐기심의위원회 운영 규정을 제정하고, 소속공무원 7인과 민간 전문가 2인이 참여하는 심의위원회를 구성하였던 것은 법률구조에 관한 이해가 부족했던 점도 있었지만, 기록물의 미래적 가치를 평가하고 폐기 여부를 판단하는 기록물 평가업무의 중요성을 고려했기 때문이다. 또한, 문화재의 보존관리, 복원 · 보수정비 등 히스토리를 체계적으로 관리해야 하는 기관의 업무특성 상 기록물의 폐기를 보다 신중하고 투명하게 처리하자는 취지였다. 특히, 심의위원에 소속공무원 7인 중 소속기관의 기록관리 주무부서장 2인을 참여하도록 한 것은 소속기관 자체적으로 기록물을 무단 폐기하는 것을 예방하고, 심의절차를 거쳐 폐기 여부를 결정해야 한다는 공감대를 확산함으로써 소속기관 기록물의 평가도 신중하게 하자는 것이었다.

문화재청은 2005년 11월부터 2006년 1월까지 약 3개월간의 논란에도 중앙행정기관으로는 처음으로 소속공무원 7인과 민간 전문가 2인이 참여한 심의회를 구성하였고, 2006년 1월 18일 기록물폐기심의회를 처음 개최하였다. 이때 1년, 3년, 5년의 보존기간이 경과한 기록물 1만 1,955건을 심의하였는데, 폐기로 심의 의결된 기록

〈표 14〉 문화재청 기록물 폐기 및 평가심의회 구성 현황 비교표

구 분			기록물폐기심의회	기록물평가심의회
인 원	총 계		9인	5인
	공무원	본 청	5인	3인
		소속기관	2인	-
	민간 전문가		2인	2인
내 용	공무원	본 청	• 기록관장(위원장, 기록정보 담당관) • 총무과장 • 각국 주무과장(문화재정책과, 사적과, 동산문화재과장)	• 기획조정관(위원장) • 운영지원과장 • 정보화기획팀장(기록관장)
		소속기관	• 국립문화재연구소 정책기획과장 • 한국전통문화학교 총무과장	-
	민간 전문가		• 역사학, 문화인류학과 교수	• 기록관리학, 역사학과 교수

물이 6,997건이었고, 폐기 보류로 심의 의결된 기록물이 4,958건이었다. 기록물 평가 대상 기록물 중 폐기는 58.53%였고, 폐기 보류는 41.47%였다. 무엇보다도 폐기 보류 심의율이 41.47%까지 높게 나타난 것은 예상치 못한 결과였다. 이런 결과는 민간 전문가의 참여, 본청 및 소속기관 기록관리 주무부서장의 적극적인 참여, 그리고 심의위원 간 진지한 논의 과정이 복합적으로 작용한 결과였다.

그런데 기록물폐기심의회가 채 자리를 잡기도 전에 기록관리법의 개정 작업이 2006년부터 진행되었고, 공공기록관리법이 그해 10월 공포되어 2007년 4월 시행되었다. 이에 따라 2005년 11월 제정했던 문화재청 기록물폐기심의위원회 운영에 관한 규정을 전면 개정하게 되는데, 이 과정에서 기존에 제기됐던 문제점이 다시 쟁점이 되었다. 개정 시행된 공공기록관리법은 5인 이내의 기록물평가심의회를 구

성 · 운영하도록 하면서, 민간 전문가 2인 이상을 반드시 참여하도록 규정한 것이다. 문화재청의 경우 2005년 제정한 행정규칙에 민간 전문가 2인 이상이 참여하도록 하였기 때문에 개정된 법 규정을 충족시킨 상태였지만, 소속공무원의 평가심의회 참여를 제한하게 되었다. 즉, 기록물폐기심의회에 참여하던 5인의 소속공무원 수를 3인으로 줄여야 했던 것이다. 결국 문화재청은 기존의 기록물폐기심의위원회 운영에 관한 규정을 폐지하고 새롭게 기록물평가심의회 운영 규정을 마련하면서 심의회 구성원을 5인으로 하되 2인의 민간 전문가를 참여시켰다. 나머지 3인의 소속공무원은 기획조정관을 위원장으로 운영지원과장과 정보화기획팀장(기록관장)이 당연직 심의위원이 되도록 구성하였다.

여기서 기록물평가심의회 구성과 관련하여 두 가지 문제점이 지적될 필요가 있다. 먼저, 조직의 규모나 기록물의 생산량이 과다한 기관의 기록물평가심의회 구성에 관한 사항이다. 공공기록관리법은 기록관리 전문요원의 심사와 기록물평가심의회의 심의를 거치도록 하였는데, 수십 개의 처리과에서 생산한 기록물의 미래적 가치 평가를 소속공무원 3인과 민간 전문가 2인으로 실질적인 심의를 할 수 있느냐 하는 점이다.

다음으로, 소속기관에서 생산한 기록물의 평가에 해당 기관 직원의 참여 없이 평가가 이루어짐으로써 발생할 수 있는 평가의 부실 논란이다. 기록물평가심의회에 소속공무원과 민간 전문가를 참여시킨다 하더라도, 이들 5인이 수천 건에 달하는 기록물의 역사적 가치를 평가하고 심의하는 데는 시간적으로나 물리적으로 상당한 제약을 받기 때문이다.

혹자는 기록물평가심의회는 전문요원의 심사서 내용과 생산부서 의견조회 내용을 참고하여 심의만 하면 되는 것 아니냐고 말한다. 그러나 현실은 그렇지 않다. 생산부서의 의견과 전문요원의 심사의견을 100% 인정하고 수용한다 하더라도 기록물평가심의회는 실무자들의 평가의견과 실제 기록물의 가치가 일치하는지, 평가 의견은 타당하고 합리적인지 등을 점검해 봐야 하기 때문이다. 따라서 기록물의 평가를 보다 효율적으로 수행하기 위해서는 공공기록관리법령이 규정하고 있는 5인 이내의 기록물평가심의회 구성 · 운영 기준을 7인 이내의 기록물평가심의회 구성 · 운영으로, 2인 이상의 민간 전문가 참여 기준을 3인 이상의 민간 전문가 참여로 보완할 필요가 있다고 본다.

다음은 기록물평가심의회의 기능과 역할에 대해 살펴보려고 한다. 공공기록관리법령에서의 기록물평가심의회의 역할과 기능은 보존기간이 경과한 기록물에 대한 보존기간 재책정, 폐기 또는 보류를 심의하는 것이다. 또한 법령에서는 보존기간이 경과한 기록물에 대한 평가뿐만 아니라, 영구기록물관리기관으로 이관하는 비공개 기록물의 공개재분류에 관한 심의나 기록관리 현황에 대한 자체평가를 실시하도록 권장하고 있다. 이러한 법령 절차를 준수하기 위해서는 개별적인 심의회를 구성하여야 한다.

그러나 현실적으로 각급 기관이 각각의 법령 절차를 준수하고 이행하기 위한 심의회를 개별적으로 구성 · 운영하기란 쉽지 않기 때문에 기록물평가심의회를 적극 활용할 필요가 있다. 즉, 기록물평가심의회의 역할과 기능을 보존기간이 경과한 기록물에 대한 보존기간 재책정, 폐기 또는 보류를 심의하는 것뿐만이 아니라, 비공개 기록물의 공개재분류 심의와 기록관리 현황평가에 관한 자체평가 기능 등을 포함함으로써 기록물평가심의회의 기능을 효율화하는 것이다. 각급 기관의 특성과 성격이 조금씩 다르더라도 기록물평가심의회 운영규정을 마련할 때 심의회의 기능과 역할을 충분히 검토하여 반영함으로써 업무의 효율성을 제고할 수 있을 것이다.

9. 기록물 평가 실무 설계하기

앞서 기록관에서 기록물 평가 업무를 수행하기 위해서는 행정규칙 제정과 기록물평가심의회 구성과 같은 사전 준비가 선행되어야 한다는 점을 지적했다. 기록물 평가에 관한 제도적 근거와 심의회의 구성을 완료했다면, 다음으로는 실제 기록물 평가 업무를 수행해야 한다. 기록물 평가 업무는 20단계의 복잡한 절차와 과정을 거쳐 이루어진다. 기록물 평가 실무 프로세스는 앞서 정리하여 제시한 〈표 13〉을 참고하기 바란다. 여기서는 각 프로세스별로 특기사항이나 참고할만한 사항들을 중심으로 논의하고자 한다.

중앙행정기관을 비롯한 각급 공공기관은 업무를 체계적으로 수행하기 위해 기본계획을 먼저 수립한다. 기록물 평가 업무도 마찬가지여서 전체적인 기록물 평가계획을 수립하고, 이 기본계획에 따라 실제 업무를 수행하게 된다. 그 과정을 살펴보면 다음과 같다.

첫째, 기록물 평가계획을 수립하여 결재를 득한 후 처리과와 소속기관에 통보하는 것이다. 기록물 평가계획에는 기본적으로 평가에 관한 전체 일정, 평가절차, 평가기준, 평가대상, 처리과 의견 작성 방법, 기록물 평가교육, 각 처리과의 협조사항 등이 포함된다. 특히, 기록물 평가 업무에 관한 절차와 과정을 이해하고 공유하기 위해서는 교육계획도 함께 수립해야 한다. 기록관리법이 시행된 지 10년이 넘었지만 다수의 직원들은 직접적으로 관련된 업무가 아니기 때문에 무관심한 경우가 많다. 기록관리 업무의 중요성과 기록관리에 관한 인식을 제고하기 위해서도 교육계획을 함께 수립하는 것이 좋다.

둘째, 기록관과 각 처리과에서 보유하고 있는 기록물에 대한 전수조사를 실시하고, 그 결과를 취합 · 정리한 후 기록물 평가 대상 기록물을 선정하는 것이다. 각급 기관 기록관의 기록관리 전문요원은 각 처리과에서 매년 제출한 기록물 생산현황과 처리과 보관기록물 목록, 기록관 보유 기록물 목록을 바탕으로 전수조사를 실시한 후 그 결과를 토대로 기록물 평가 대상 기록물을 선정하면 된다. 기록관리 전문요원이 평가 대상 기록물의 심사서를 작성하려면 필연적으로 평가 대상 기록물을 확인해야 하는 경우가 있다. 이를 위해서는 평가 대상 기록물을 기록관으로 이관해야 하는데, 기록물 평가 업무와 기록관 이관 업무를 병행해서 추진할 수 있도록 프로세스를 설계하면 도움이 된다. 전수조사와 기록관 이관 업무를 보다 효율적으로 수행하고자 한다면 보유기록물의 관리번호 스티커를 제작하여 적용하거나 바코드시스템을 활용하면 좋을 것이다.

문화재청에서는 관리번호 스티커를 제작하여 각 처리과에 배포하고, 보유하고 있는 기록물철의 표지에 스티커를 붙인 다음 전수조사 목록을 작성하도록 하였다. 이와 같이 기록관과 각 처리과의 보유 기록물에 대한 전수조사가 이루어지면 평가 대상 기록물을 유형별로 분류해 두어야 한다. 기록관에서 처리과의 기록물을 인수할 때는 평가 대상 기록물에 대한 처리과 의견을 함께 받으면 좋다. 즉, 해당 기록물의 보존기간을 재책정할 것인지, 또는 폐기할 것인지 처리과 의견을 함께 제출하도록 하는 것이다. 왜냐하면 평가 대상 기록물만 인수할 경우 법령이 정한 절차에 따라 다시 생산부서 의견조회를 거쳐야 하기 때문이다. 이렇게 되면 평가 대상 기록물이나 의견조회 등에 따른 처리과 업무담당자의 업무 부담은 가중되고 더 많은 업무처리 시간이 소요될 수 있다는 것을 기억해야 한다.

셋째, 평가 대상 기록물의 전문요원 심사서 작성을 위한 객관화된 기준을 마련하는 것이다. 기록관의 기록관리 전문요원은 보존기간이 경과한 기록물을 대상으로 각각의 기록물평가심사서를 작성하게 된다. 현행 법령에서는 평가 대상 기록물의 목록을 작성하여 각 처리과에 통보하고, 각 처리과에서는 각각의 기록물을 평가하여 보존기간 재책정, 폐기 또는 보류 여부를 판단하여 의견을 제출하도록 하고 있다. 이러한 평가의견을 기술하기 위해서는 객관화된 기준이 마련되어야 하며, 기록물의 평가기준을 작성할 때 가장 먼저 고려되어야 할 점은 해당 기관의 업무특성과 기록물의 성격이라고 할 수 있다.

문화재청의 경우 기록물의 평가기준을 작성할 때 공공기록관리법 시행령 제26조제1항 관련 기록물의 보존기간별 책정 기준을 우선 적용하였고, 아울러 문화재청과 그 소속기관의 직제시행규칙, 공문서 분류번호 및 보존기간표, 기록물분류기준표의 단위업무, 기록관리기준표의 단위과제를 참고하였다. 공공기록관리법 시행령이 규정한 기록물의 보존기간별 책정 기준은 보존기간 재책정에 관한 평가의견을 작성하는 데 요긴하다. 문화재청과 그 소속기관의 직제시행규칙은 문화재청의 각 처리과에 분장된 고유한 핵심 업무를 규정하고 있어 평가 대상 기록물이 각 처리과의 핵심 업무와 어느 정도 연관성을 가지고 있는지를 파악할 수 있었다.

또한 공문서분류번호 및 보존기간표는 2004년 1월 1일 기록물분류기준표가 본격 시행되기 이전의 기록물을 평가하기 위해 기록생산 당시의 보존기간을 판단하기 위해 활용하였다. 기록물분류기준표는 문화재청에서 운영하고 있는 단위업무별 보존기간과 생산 당시 기록물철에 부여한 보존기간을 상호 비교할 수 있는 기준으로 활용하였다. 기록관리기준표는 기록물분류기준표에서 다루지 못한 업무설명, 보존기간 책정 사유 등을 참고하였다.

다음의 〈표 15〉는 문화재청과 소속기관 직제시행규칙에서 규정하고 있는 업무분장 내용을 정리한 것으로 문화재정책국에 속한 4개 처리과의 평가기준을 작성하기 위해 참고한 것이다.

기록물의 평가 기준을 작성하는 것은 매우 중요하다. 실제로 기록물평가심사서를 작성하다 보면 기록물철에 부여된 보존기간과 기록물분류기준표 상의 단위업무 보존기간이 상이한 경우가 많고, 기록관리기준표 상의 단위과제 보존기간과도 다른 기록물철이 상당수 존재한다. 그렇기 때문에 기록물을 생산한 해당 처리과의 업무담당자가 최초 평가 대상 기록물에 대한 의견을 작성하는 데 분명한 한계가 있을 수 있다. 이를 해소하기 위해 객관화되고 구체적인 기록물 평가 기준을 마련하는 것이 필수적이다.

넷째, 기록관리 전문요원의 심사서 작성이다. 기록관리 전문요원은 기록물 평가 대상으로 선정된 기록물의 원본 내용을 꼼꼼히 확인

〈표 15〉 문화재청 문화재정책국 소관 고유 업무분장표

구 분	처리과	업무분장 내용
문화재 정책국	문화재 정책과	• 문화재 보존관리에 관한 정책의 수립 및 조정 • 문화재위원회의 구성 · 운영 및 지원 • 문화재 관련 기술진흥에 관한 정책수립 및 조정 • 문화재 수리공사에 대한 평가제도 운영 • 표준시방서 등 문화재수리기준에 관한 사항 • 문화재보호 관련 시민단체와의 협력 지원 • 문화유산 보존을 위한 국민신탁운동 • 지방자치단체의 문화재보존관리시책의 종합조정 • 문화재위원회 문화재제도분과위원회의 운영 • 시 · 도지정 문화재의 통계 종합관리 • 문화유산 보존사업을 위한 복권기금 관련 업무 • 문화재 명예관리인 및 문화재 행정모니터 제도 운영
	무형 문화재과	• 무형문화재의 보존전승 및 관리기본계획 수립조정 • 중요무형문화재의 조사 · 지정 및 해제 • 중요무형문화재 보유자의 인정 · 보호 및 지원 • 중요무형문화재 전승자 육성 • 중요무형문화재 기능 · 예능의 계승 발전 및 활용 • 중요민속자료의 보호구역 지정 · 해제 및 보존관리 • 중요민속자료의 현상변경 허가에 관한 사항 • 무형문화재의 보급 및 선양 • 시 · 도지정 무형문화재와 민속자료의 보존관리 지원 • 문화재위원회 무형문화재분과위원회 운영
	국제 교류과	• 문화재 국제교류사업의 협력 및 조정 • 문화재에 관한 국제협약에 관한 사항 • 세계유산의 등록에 관한 사항 종합 · 조정 • 문화재 관련 해외연수 및 국제기구 파견 업무 • 문화재의 해외 홍보에 관한 사항 • 남북문화재 교류에 관한 사항 • 국외에 소재한 우리 문화재의 관리에 관한 사항
	문화재 활용과	• 문화재 활용에 관한 정책수립 및 조정 • 문화재 관광자원의 개발에 관한 사항 • 문화재 관련 콘텐츠 개발 및 보급 • 문화재 안내판 및 문화재관람료 관련 사항 • 문화재 활용 교육프로그램 개발 및 보급 • 한국문화재보호재단의 지도 및 감독

한 후 해당 기록물이 갖는 미래적 가치, 즉 행정적·증빙적·역사적 가치를 평가하고 각각의 기록물에 대한 심사서를 작성한다. 기록관리 전문요원은 심사서에 해당 기록물의 보존기간을 재책정할 것인지, 폐기할 것인지, 심의 자체를 보류할 것인지와 합당한 사유를 구체적으로 기술하여야 한다. 이때 원본 기록물의 주요내용을 발췌하여 기록해 두는 것도 좋다. 이는 해당 기록물을 물리적으로 폐기하더라도 어떤 내용의 기록물 건이 폐기되었는지 이력으로 관리하자는 것이다. 따라서 기록관리 전문요원이 심사서를 작성할 때는 공공기록관리법이 정한 서식에 따르되 해당 기록물의 평가기술정보와 이력정보가 함께 관리되도록 기관의 특성에 맞게 서식을 작성하여 활용할 필요가 있다고 본다.

다섯째, 기록관리 전문요원이 작성한 기록물평가심사서에 대해 처리과의 의견을 수렴하여야 한다. 기록관의 기록관리 전문요원은 평가 대상 기록물의 보존기간 재책정, 폐기 또는 보류 여부에 관한 구체적 사유를 기술한 심사서를 각 처리과에 통보하여 해당 처리과의 의견을 조회하여야 한다. 이때 각 처리과에서는 기록관리책임관의 주관 하에 각각의 업무담당자로부터 보존기간 재책정, 폐기 또는 보류 등의 의견과 사유를 작성하여 기록관에게 제출하게 해야 한다. 기록관리 전문요원은 처리과의 업무 담당자가 의견을 작성할 때 해당 기록물의 원본을 직접 확인할 수 있도록 해당 기록물의 열람 또는 대출에 대비해야 한다.

그리고 처리과의 의견과 기록관리 전문요원이 작성한 심사의견이 상이할 경우 기록물평가심의회에 배석하여 설명할 수 있도록 설명

기록물철 정보								기록관리 전문요원 평가정보				처리과 평가정보				기록물평가심의정보		
형태	생산 연도	보존 기간	보존기간 만료일	기록물철 제목	수량	관리 번호	위치 정보	전문요원 심사내용	보존기간 재책정	폐기	폐기 보류	보존기간 재책정	폐기	폐기 보류	처리과 심사의견	심의 결과	심의 일자	관련근거
문서	2003	3	2006	정보공개 청구서	1	102024	91-2-2	정보공개청구에 따른 결정통지서 등을 모아 편철한 것으로 향후 정보공개처리결과의 증빙 및 처리기준 마련 등 행정적 · 증빙적 활용 가치를 고려 폐기 보류로 심사함			폐기 보류			폐기 보류	전문요원 심사내용 동의	원안 가결	2008. 12.24	정보화팀-888 (2008.12.13)
문서	2001	5	2006	결산 (재경부 보고)	1	99764	폐기 31	2000년 문화재청의 세입세출결산 자료를 모아 놓은 기록으로 업무참고 등 활용가치가 소멸되었다고 판단되므로 폐기로 심사함		폐기			폐기		전문요원 심사내용 동의	원안 가결	2008. 12.24	정보화팀-888 (2008.12.13)
문서	2003	1	2004	교육훈련 관계철 7	1	110226	85-1-2	토론문화발전과정 교육대상자 추천의뢰, 2003년도 혜외연수과정 제2기 산림생태환경반 교육대상자 선발, 통계연수부 교육대상자 추천, 건설교통부연수부 교육대상자 추천 등 단순 업무연락 및 업무협조 요청에 관한 업무 기록으로 보존가치가 소멸되었다고 판단되어 폐기로 심사함		폐기			폐기		전문요원 심사내용 동의	원안 가결	2008. 12.24	정보화팀-888 (2008.12.13)
문서	2000	5	2005	2001 〈문자〉 시도예산 요구서 (경남)	1	102311	91-2-2	철탄서원을 비롯하여 문화재와 문화재 주변 보수, 정비를 위한 보수 정비계획, 보수대상문화재 실태조사서와 사진을 포함하고 있는 문서로 국가지정문화재 및 지방지정문화재의 보존관리 정책 수립 연구 등 보존가치가 비교적 높다고 판단되어 보존기간을 10년으로 재책정	10			10			전문요원 심사내용 동의	원안 가결	2008. 12.24	정보화팀-888 (2008.12.13)

〈그림 28〉 2008년도 문화재청 기록물평가심의 확정 목록(예시)

책임을 부과해야 한다. 이는 기록물 평가의 객관성과 투명성, 합리성을 보장하기 위함이다. 한편으로 기록관에서는 기록물평가심사서에 대한 처리과 검토의견을 취합 · 정리하여 해당 처리과의 의견을 면밀히 검토하여야 한다. 이때 기록관리 전문요원의 심사서 내용과 처리과의 의견이 불일치하더라도 처리과의 검토의견을 그대로 반영하여 심의회의 심의를 받도록 해야 한다.

이와 같이 처리과에서 제출한 의견과 기록관리 전문요원이 작성한 심사서를 정리하여 최종적으로 기록물평가심의(안)을 마련한다. 기록물평가심의회의 원활한 진행에 필요하다면 최종심의(안)을 자료집으로 발간하는 것도 고려해야 한다. 자료집을 발간한 경우에는 기록물평가심의회 개최 계획을 통보할 때 함께 배포하는 것을 잊지 말아야 한다.

여섯째, 기록물평가심의회의 개최 계획을 수립하여 심의위원들에게 통보하여야 한다. 심의회 개최 계획에는 회의 일시, 장소, 대상, 심의안건 등이 포함되어야 한다. 심의회 개최 계획은 최소 2주일 전에 통보하여야 무리 없이 회의 준비를 할 수 있으며 이때 심의안건을 함께 송부해 주어야 한다. 왜냐하면 기록물평가심의회 당일에 수백, 수천 건에 달하는 기록물평가심사서를 심의한다는 것은 물리적으로 불가능하기 때문이다. 아울러 심의회 참석 여부라든가, 수당 지급에 필요한 서류 등을 미리 챙겨두는 것이 업무의 효율성을 기할 수 있으며, 특히 심의회의에 참석이 불가능한 위원의 경우에는 서면 심의서 또는 위임장을 미리 받아두어 의결정족수를 확보하는 것도 기억해야 한다.

일곱째, 기록물평가심의회는 평가 대상 기록물에 대한 심의를 진행하게 되는데, 보존기간 재책정 여부, 폐기 또는 보류 여부의 적정성 등을 심의하는 것이다. 심의회의 개회에 앞서 기록관리 전문요원은 평가 대상 원본 기록물을 회의장소로 운반해 두어야 한다. 기록물평가심의회 위원들이 해당 기록물의 원본을 보고자 할 때 곧바로 제공할 수 있고, 원본을 직접 확인하여 해당 기록물에 대한 가치를 객관적이고 합리적으로 평가하려는 것이다. 아울러 기록물평가심의회의 과정을 회의록으로 작성하고, 외부 위원의 경우 보안서약서를 작성하여 보관하여야 한다. 기록물평가심의회의가 끝나면 기록관리 전문요원은 심의결과와 회의록 등을 정리하여 전자기록생산시스템에 등록하고, 이를 해당 처리과에 통보하여야 한다.

여덟째, 기록물평가심의회 심의결과의 집행이다. 심의결과의 집행은 크게 두 부분으로 구분할 수 있다. 하나는 보존기간이 재책정된 기록물과 보류 기록물에 대한 집행이고, 다른 하나는 폐기 확정 기록물의 폐처분이다. 보존기간이 재책정된 기록물이나 보류 기록물은 보존서고의 서가에 재배치하고 관련 평가기술 정보를 이력으로 관리해야 한다. 또한, 기록물분류기준표의 단위업무 보존기간이나 기록관리기준표의 단위과제 보존기간과 대조하여 현재 사용하고 있는 단위업무 또는 단위과제의 보존기간을 조정하고, 변경된 보존기간을 기록관리시스템에 반영해야 한다.

폐기 확정된 기록물에 대해서는 법령이 정한 절차에 따라 폐기를 집행해야 한다. 기록관리 전문요원은 심의결과를 바탕으로 폐기가 확정된 기록물에 대해 정수점검을 실시하여야 한다. 정수점검이 끝나면 기록물 폐기 대행업체를 선정하여 폐기될 기록물을 포장하고 운반한다. 폐기 대상 기록물을 운반할 때는 반드시 기관의 담당자가 동승해야 하고, 용해로 또는 소각로에 완전히 용해 또는 소각될 때까지 관리 · 감독해야 한다. 또한 기록물 폐기 전 과정을 시청각 기록으로 작성하고, 기록물 폐기 대행업체와 용해공장에서 발급하는 보안각서, 용해(소각)증명원 등 증빙 문서를 받아 두어야 한다. 폐기 집행이 완료되면 그 결과를 내부결재 문서로 작성 보고하고 해당 사실을 각 처리과와 소속기관에 통보하여 업무에 참고할 수 있도록 조치해야 한다.

다음의 〈그림 29〉는 기록물평가심의 결과 폐기가 확정된 기록물의 집행 과정을 촬영한 사진기록이다. 첫 번째 그림은 기록관 보존서고에서 폐기가 확정된 기록물의 정수점검을 마치고 운반 포대에 해당 기록물을 담아 운송 차량에 탑재하기 위해 운반하는 모습이다. 두 번째 그림은 기록관 보존서고에서 운반한 기록물 포대를 운송 차량에 적재하는 모습이며, 세 번째 그림은 기록물 폐기 공장에 도착하여 기록물 포대를 하역하는 작업 모습을 담은 것이다. 네 번째 그림은 하역이 끝난 상태에서 용해로에 집어넣기 전의 모습이며, 대형 중장비를 이용하여 용해로 컨베이어 벨트에 폐기 기록물을 밀어 넣는 작업 과정의 모습이다.

이와 같이 용해 작업이 모두 끝나면 폐기문서 용해 증명서와 보안각서 등을 발급받아야 한다. 기록물 폐기 과정은 보안이나 개인정보 유출과 같은 사고를 예방해야 하기 때문에 기록관 담당자가 동행하

〈그림 29〉 문화재청 폐기 확정 기록물의 폐기과정

여 확인 점검을 해야 한다. 또한 작업 전 과정을 사진으로 촬영하여 근거 기록을 남기는 것도 중요하다.

10. 문화재청 기록물 평가 사례

보존기간이 경과한 기록물을 평가하기 위해 기록관리 전문요원은 해당 기록물의 심사서를 작성해야 하는데, 상당한 시간적 · 물리적 어려움을 겪고 있다. 연간 생산되는 기록물과 기록관 보유 기록물의 양을 감안하면 적게는 수백 건에서 많게는 수천 건에 달한다. 이러한 업무환경 속에서 공공기록관리법령이 규정한 기준과 절차에 따라 기록물 평가 업무를 수행하려면 1년을 꼬박 기록물 평가에 매달려야 할 상황이다.

지난 2008년의 기록물 평가 실무 사례를 예로 들면, 보존기간이 경과한 평가 대상 기록물 3,258건의 전수조사, 심사서 작성, 처리과 의견조회, 심의회의 개최, 심의결과 집행에 이르기까지 기록물 평가 업무를 수행하는 데 6명이 50일 동안 매달려야 했다. 단순히 산술적 계산을 해보더라도 기록물 평가 업무를 기록관리 전문요원 1인이 수행했다면 총 300일, 2,400시간이 소요되었을 것이다. 이 결과를 놓고 보면 기록물 평가 업무 이외에 기록관에서 해야 할 다른 업무는 아예 시도조차 하기 힘들다는 것이다.

다음에 제시하는 〈그림 30〉은 공공기록관리법령에서 규정한 기록

생산 및 담당부서정보			기록물철 정보								기록관리 전문요원 평가정보				처리과 평가정보				기록물평가심의정보			
소구분	생산부서	담당부서	형태	생산연도	보존기간	보존기간만료일	기록물철 제목	수량	관리번호	위치정보	전문요원 심사내용	보존기간 재책정	폐기	폐기보류	보존기간 재책정	폐기	폐기보류	처리과 심사의견	심의결과	심의일자	관련근거	폐기집행일자
기록관	건조물과	건축문화재과	문서	2003	3	2006	정보공개청구서	1	102024		정보공개청구에 따른 결정통지서 등을 모아 편철한 것으로 향후 정보공개처리결과의 증빙 및 처리기준 마련 등 행정적 · 증빙적 활용 가치를 고려 폐기 보류로 심사함			폐기보류								
기록관	건조물과	건축문화재과	문서	2004	1	2005	월중 및 주간업무 보고	1	102026	폐기 29	주간보고 및 주요업무계획에 관한 기록은 매주 단순 반복적인 업무로 이 기록물철은 건조물과의 주간업무 실적 및 계획 보고, 월중 주요업무 계획보고에 관한 기록으로서 업무참고 등 행정적 · 증빙적 활용가치가 모두 소멸되었다고 판단되어 폐기로 심사함		폐기									
기록관	건조물과	건축문화재과	문서	2004	1	2005	우편물 수령증 (시험)	1	102027	폐기 29	우편물 발송 및 수발에 관한 업무는 매일 반복되는 업무로서 이 기록물철은 시험에 관한 서류의 우편접수에 따른 우편물 수령증과 접수 영수증 등을 편철해 놓은 기록이며 업무참고 등의 행정적 가치나 증빙적 가치 모두 소멸되었다고 판단되어 폐기로 심사함		폐기									
기록관	건조물과	건축문화재과	문서	2000	5	2005	2001 〈문자〉 시도예산 요구서 (경남)	1	102311		철탄서원을 비롯하여 문화재와 문화재 주변 보수, 정비를 위한 보수정비계획, 보수대상문화재 실태조사서와 사진을 포함하고 있는 문서로 국가지정문화재 및 지방지정문화재의 보존관리 정책 수립 연구 등 보존가치가 비교적 높다고 판단되어 보존기간을 10년으로 재책정	10										
기록관	건조물과	건축문화재과	문서	2000	5	2005	지침자료 3 (충북, 충남, 공주)	1	102429		상당산성 보수 정비를 비롯하여 보수, 정비해야 할 문화재의 사업 명과 소요예산, 보수해야 할 문화재 보존관리 정책 수립 연구 등 보존가치가 비료적 높다고 판단되어 보존기간을 10년으로 재책정	10										

〈그림 30〉 문화재청 기록물평가심의서 작성(예시)

물평가심의서 작성 서식을 문화재청의 실정에 맞게 약간 변형한 것이다. 처리과의 평가의견과 기록관리 전문요원 평가의견 작성난이 법정 서식과 차이가 있다. 보존기간 재책정, 폐기, 보류 란을 추가한 것이다. 이러한 란을 추가한 것은 기록물평가심의의 효율성을 제고하기 위해서였다. 다시 말해, 해당 기록물을 생산한 처리과 담당자의 선택 폭을 넓혀주고 한 번의 프로세스에서 두 가지 조건, 즉 폐기 보류이면서 보존기간을 재책정하거나, 보존기간 재책정 또는 폐기 보류로의 선택 기회를 제공하여 기록관 담당자 역시 하나의 프로세스에서 작성된 기록물 평가심사 결과를 그대로 보유 기록물의 평가정보로 관리할 수 있다는 장점을 살리려 했던 것이다.

다음은 기록물평가심의회 운영 사례이다. 문화재청은 2006년과 2008년 두 차례에 걸쳐 보존기간이 경과한 기록물을 대상으로 한 평가심의를 실시하였다.

먼저, 2006년도 기록물평가심의회의 운영 사례를 소개하겠다. 2005년 9월 기록물 폐기에 관한 기본계획을 수립하여 폐기 대상 기록물에 대한 전수조사를 실시하였고, 동시에 문화재청 기록물폐기심의위원회 운영에 관한 규정의 제정 작업을 추진하였다. 행정규칙을 제정하기까지는 약 2개월이 소요되어 2005년 11월 18일이 되어서야 문화재청 예규 제45호로 문화재청 기록물폐기심의위원회 운영에 관한 규정을 제정 · 시행할 수 있었다. 이때 제정된 행정규칙에 근거해서 기록물폐기심의위원회를 구성하였는데, 2006년 2월에 완료할 수 있었다.

이와 동시에 기록관 보유 기록물과 처리과의 폐기 대상 기록물에 대한 전문요원 심사서를 작성하고 있었는데, 6개월 정도의 기간이 소요되었다. 심사서 작성에 상당 기간이 소요되었던 것은 폐기 대상 기록물의 원본 내용을 일일이 확인하면서 심사서를 작성했기 때문이다. 이렇게 작성된 전문요원 심사서는 처리과의 의견취합이 지연되면서 기록물폐기심의위원회 개최 역시 지연되었다.

그 결과 기록물폐기심의위원회는 해를 넘겨 2006년 2월 17일에 개최되었다. 2006년도 문화재청 기록물폐기심의위원회의에서는 모두 1만 1,955건(1만 2,224권)에 대한 기록물 폐기 여부를 심의하였고, 이 중 6,996건에 대해서는 폐기로, 4,959건에 대해서는 폐기 보류로 심의하였다. 이를 백분율로 환산하면 폐기로 심의 확정된 기록물이 전체의 58%였고, 폐기 보류로 심의 확정된 기록물이 전체의 42%였다.

기록관리법의 기준과 절차에 따라 처음 실시한 기록물폐기심의위원회 심의결과는 예상을 뛰어넘어 폐기 보류 비율이 42%로 나타난 것은 민간 전문가인 외부위원의 역할이 컸다고 생각한다. 다음에 소개한 〈표 16〉은 2006년도 문화재청 기록물폐기심의위원회의 심의의결서이다.

심의의결서는 일시와 장소, 작성자, 참석위원과 서명, 상정 안건, 회의진행 순서, 결정사항 및 표결내용 등을 기록하였다. 아울러 회의 과정 중 심의위원들의 발언 내용을 요약하여 회의록을 작성하는 것도 필요하다.

다음은 2008년 12월에 개최한 문화재청 기록물평가심의회의 결과를 소개하고자 한다. 이때는 모두 3,258건(3,301권)에 대한 보존기간 재책정, 폐기 또는 보류 여부를 심의하였고, 이 중 725건은 보존기간

〈표 16〉 2006년도 문화재청 기록물폐기심의위원회 회의록

일시/ 장소	• 일시: 2006.02.17. 14:00~17:00 • 장소: 문화재청 소회의실			작성자	• 성명: 김○○(인)	
참석위원	심의위원	직위	성명	심의위원	직위	성명
	위원장(대행)	총무과장	최○○	위원		
	위원	한남대 교수	이○○	위원		
	위원	대전대 교수	도○○	위원		
	위원	동산문화재과장	연○	위원		
	위원	한국전통문화학교 총무과장	이○○	위원		
상정안건	• 보존기간 경과 기록물 폐기에 대한 심의 - 2005년도 폐기 대상 기록물의 심의(총 11,955건/12,224권) *기록관(보존서고) 총 10,364건 10,370권 *본청(처리과) 총 1,591건 1,854권 *기록관(보존서고): 폐기 6,145건, 6,147권/ 폐기 보류 4,219건, 4,223권 *본청(처리과): 폐기 852건, 1,063권/ 폐기 보류 739건, 791권 - 폐기 심사제도 운영의 효율성 제고 방안 등					
회의진행 순서	• 개회선언(14:00/사회자) • 위원 소개(14:00~14:10) • 기록물폐기심의 등 근거 및 절차(14:10~14:20/간사) • 기록물폐기심의 추진 일정 및 내용(14:20~14:30/간사) • 문화재청 4플러스원심사제도의 이해(14:30~15:00/간사) • 휴식(15:00~15:20) • 안건 심의(15:20~16:20) - 2005년도 폐기 대상 기록물의 심의(총 11,955건/12,224권) *보존서고 총 10,364건 10,370권 *본청 처리과 총 1,591건 1,854권 • 휴식(16:20~16:40) • 기록물폐기심의서 및 회의록 작성 · 보고(16:40~17:00) • 폐회(17:00)					
결정사항 및 표결내용	• 본 심의 안건을 원안대로 심의 의결한다. 단지 폐기처분 대상 기록물 중 총무과 소관(일련번호 137번)의 구상금 관련 문건에 대해서는 보류하고 재분류하기로 하였으며, 참석위원 5인의 만장일치로 가결함. • 의결내용: 보존서고 10,364건(10,370권) 중 6,145건(6,147권)은 폐기하고, 4,219건(4,223권)은 폐기 보류 조치하며, 본청 처리과 1,591건(1,854권) 중 851건(1,062권)은 폐기하고, 740건(792권)은 폐기 보류 조치함. *제1차 문화재청 기록물폐기심의위원회의 회의록 별첨					

을 재책정하였고, 489건은 폐기 보류로 심의하였으며, 2,044건은 폐기로 심의 의결하였다.

이를 백분율로 환산하면 보존기간을 재책정한 기록물이 전체의 22.3%였고, 폐기 보류로 심의한 기록물이 15%였으며, 폐기로 심의

일시/장소	○일시 : 2008.12.24(수) ○장소 : 소회의실(1동9층)	작성자 (간사)	전철수 (서명)
회의 순서	○ 개 회 ○ 위원장 인사말씀 ○ 기록물평가심의회 개관 설명 ○ 안건상정 및 기록물평가 심의 ○ 회의종합 및 폐회		
심의 안건	○ 보존기간 경과된 기록물평가 심의 - 기록물 3,258건의 보존기간 재책정, 폐기 또는 보류 등 심의		
심의의결 사항	○ 심의대상 기록물 3,258건에 대하여 원칙적으로 원안대로 심의의결함 단, 아래 3건에 대해서는 다음과 같이 별도 처리함 - 처리과 의견 실무 반영 (2건) : 관리번호 56362 (민원처리 사항1) 및 관리번호 104929 (2005년 국회자료)는 원본은 보존기간 재책정, 사본은 폐기함 - 폐기 보류 (1건) : 관리번호 132215 (노비지급철)은 폐기보류함		
특기 사항	※ 배석 : - 기록관리 전문요원(1) : 김계수 기록연구사 - 의견제시 처리과 (2) : 동산문화재과 강영국 사무관, 안혜영 기록관리담당자		
참석자	구 분	성 명	서 명
	위원장	[illegible]	[illegible]
	위 원	이주헌	[illegible]
	위 원	[illegible]	[illegible]
	위 원	[illegible]	[illegible]
	위 원	[illegible]	[illegible]

210㎜×297㎜(일반용지 60g/㎡)

〈그림 31〉 2008년도 문화재청 기록물평가심의회 회의록

한 기록물은 62.7%였다. 보존기간 재책정 및 폐기 보류 기록물은 전체의 37.3%로 상당히 높은 수준이라 할 수 있다. 2006년과 2008년에 있었던 기록물평가심의 결과만을 놓고 본다면 보존기간 재책정이나 폐기 보류 비율이 평균 39.7%로 상당히 높게 나타난 것이다.

이와 같은 현상은 기록관리 전문요원이 기록물 평가 과정에 주도적으로 참여한 것과 민간 전문가가 적극적으로 참여한 결과라고 판단하고 있다. 뿐만 아니라 기록관리에 대한 기관 내부의 직원과 관리자의 인식이 상당히 변화한 것도 주요 원인 중 하나라고 생각한다.

〈표 17〉 2006년도 문화재청 기록물폐기심의 총괄 현황

(단위: 건/2006.02.17)

구분		총계		폐기율	보류율	비고
		건수	권수			
총계		11,955	12,224	58%	42%	
보존서고	폐기	6,145	6,147	59%	41%	
	보류	4,219	4,223			
본청	폐기	851	1,062	57%	43%	
	보류	740	792			

〈표 18〉 2006년도 문화재청 기록물폐기심의 세부 현황

(단위: 건/2006.02.17)

구분		총계	5년	3년	1년	기타
총계		11,955	2,497	2,516	824	6,118
기록관	폐기	6,145	1,348	1,366	421	3,010
	보류	4,219	565	505	129	3,020
	소계	10,364	1,913	1,871	550	6,030
처리과	폐기	851	255	338	230	28
	보류	740	329	307	44	60
	소계	1,591	584	645	274	88

과거 목록만을 가지고 기록물의 폐기 여부를 결정한 것에 비해 현재는 기록관리 전문요원의 평가기술 내용이 중요한 기준이 되고 있고 여기에 민간 전문가의 전문적 평가 및 심의 의견이 폐기 보류 비율을 높게 견인하고 있다고 보는 것이다.

문화재청의 기록물 평가 사례가 모범답안이라고 생각하지는 않는다. 단지, 기록관리 전문요원의 역할이 매우 중요하고, 그 업무 영역이 광범위하기 때문에 기록관리 프로세스 하나하나에 신중하고 책임감 있는 자세로 임해야 함을 강조하고 싶은 것이다.

문화재청은 지난 2007년 기록물평가심사서를 작성하기 위해 기록관리학 석사과정을 졸업하거나 수료한 전공자 5명을 채용하였다. 평가심의 대상 기록물의 생산기준은 1962년부터 2005년이었고 보존기간이 1년, 3년, 5년으로 책정된 문서, 대장, 시청각물로서 총 3,258건이었다. 작업 기간은 2007년 11월 5일부터 12월 31일까지 약 2개월이 소요되었다.

기록물의 생산연도 기준이 1962년부터였던 것은 기록관리법이 제정되기 이전에 생산된 기록물이 폐기되지 않고 보존서고에 남아 있었기 때문이었다. 또한 국가기록원에서 2004년도 기준으로 기록관리 전문요원이 배치될 때까지 자체 폐기를 보유하도록 지침을 내려보낸 것도 한 이유가 되었다.

다음의 〈표 19〉는 2008년도 문화재청의 기록물평가심의 대상 기록물에 대한 심사서 작성 현황을 나타낸 것이다.

심사현황을 살펴보면, 폐기가 2,044건, 폐기 보류가 489건, 보존기간 재책정이 725건이었다. 보존기간 재책정 기록물 725건 중 보존

〈표 19〉 2008년도 문화재청 기록물평가심사서 작성 현황

(단위: 건, 권)

구분	보존기간	폐기		폐기보류		보존기간 재책정									
						5년		10년		30년		준영구		영구	
	총계	건수	수량	건수	수량	건수	수량	건수	수량	건수	수량	건수	수량	건수	수량
		2,044	2,082	489	489	1	1	241	241	381	382	81	85	21	21
문서	1년	191	199	7	7	1	1	23	23	15	15	1	1	1	1
	3년	1,035	1,050	297	297	-	-	117	117	114	115	22	25	8	8
	5년	753	768	155	155	-	-	99	99	251	251	56	57	12	12
대장	1년	10	10	1	1	-	-	-	-	-	-	-	-	-	-
	3년	18	18	20	20	-	-	-	-	-	-	2	2	-	-
	5년	37	37	9	9	-	-	2	2	1	1	-	-	-	-

기간 5년 재책정 기록물이 1건, 10년으로 재책정한 기록물이 241건, 30년으로 재책정한 기록물이 381건, 준영구로 재책정한 기록물이 81건, 영구로 재책정한 기록물이 21건이었다. 이 중에서 30년 이상의 장기보존 기록물이 483건으로 66.6%를 차지하고 있다. 폐기로 평가한 기록물은 총 2,044건이었는데, 보존기간이 1년인 기록물이 201건, 3년인 기록물이 1,053건, 5년인 기록물이 790건이었다.

보존기간별로 폐기 평가한 기록물의 유형과 현황을 살펴보면 다음과 같다. 먼저, 보존기간 1년 문서는 주로 보안점검표, 당직근무일지, 근무상황부, 초과근무대장 등 단순 반복적인 업무 기록으로 업무참고 등의 활용가치가 소멸되었다고 판단하여 총 201건을 폐기로 평가하였다. 보존기간 3년인 문서는 근무일지, 차량운행일지 등과 같이 일상적인 내용을 기록한 일지나 법령협의 문서 등과 같이 업무참고나 자료취합을 목적으로 생산한 문서들이 대부분으로 총 1,053건을 폐기로 평가하였다. 보존기간 5년인 문서는 인사 관련 문서, 직영단 관련 문서, 원천징수 · 세입세출을 포함한 예산관련 문서, 전산관련 문서, 보수명세서, 회계제도관련 문서로 공문서분류번호 및 보존기간표와 기록물분류기준표상 보존기간이 5년으로 책정되어 있는 기록물이 대부분이었으며 총 790건을 폐기로 평가하였다.

다음은 폐기 보류로 평가한 기록물의 유형을 살펴보겠다. 폐기 보류로 평가한 기록물 중 보존기간 1년 문서는 교육훈련 관계 문서, 공사일지, 시도의 예산신청 문서, 궁중재현행사관련 문서 등이었다. 이들 문서는 공문서분류번호 및 보존기간표와 기록물분류기준표 상의 단위업무 보존기간보다 보존기간이 낮게 책정되어 있음을 확인할 수 있었다. 뿐만 아니라 해당 문서들은 행정적 · 증빙적 활용 가치가 그대로 존속되어 있었기 때문에 총 7건을 폐기 보류로 평가하였다.

폐기 보류로 평가한 기록물 중 보존기간 3년 문서의 유형은 상훈관계 문서, 감사관계 문서, 국정감사 요구자료 문서, 예산관련 문서, 민원관계 문서, 업무계획 문서 등이다. 이들 문서는 기록물분류기준표 단위업무 보존기간보다 실제 부여된 보존기간이 낮게 책정되어 있음을 확인할 수 있었다. 특히, 1990년에 생산된 설악산 천연보호구역 변경 지정 통보 문서와 1976년, 1994년에 생산된 폐기문서 목록 관련 문서는 행정적 · 증빙적 활용 가치가 높고 향후 업무참고 등의 활용 가치가 높다고 판단하였다. 총 297건을 폐기 보류로 평가하였다.

폐기 보류로 평가한 기록물 중 보존기간 5년 문서는 민원처리 관계 문서, 보안관계 문서, 행정전산계획 문서, 천연기념물 실태조사 문서, 세계유산등록대상문화재 관련 문서 등이었다. 이들 문서 역시 보존기간이 낮게 책정되어 폐기 보류로 평가하였다. 특히, 1990년~1998년도에 생산된 청사이전 문서 등은 문서의 성격상 향후 청사의 연혁을 증빙하는 데 활용 가치가 높다고 판단하여 이를 포함한 총 155건을 폐기 보류로 평가하였다.

마지막으로 보존기간을 재책정한 기록물의 유형을 보면 문화재청의 고유 업무와 관련된 기록이 대부분이었다. 특히, 문화재위원회의 구성 · 운영, 문화재보존정책, 문화재보호법 제 · 개정, 문화재의 복원 및 보수정비, 문화재 지정 · 해제, 중요무형문화재 전승자, 이수자, 문화재수리기술자의 자격관리, 무형문화재행사공연, 매장문화재 발굴조사, 국정감사 및 자체감사, 문화재위원 및 전문위원 위촉 등에 관한 고유 업무기록은 최초 업무담당자가 보존기간을 낮게 책정한 대표적인 사례였다.

이와 같이 기관의 고유한 업무와 관련하여 생산된 기록의 경우에는 현재 문화재청이 운영하고 있는 기록물분류기준표의 단위업무 보존기간과 단위업무설명 내용, 기록관리기준표의 단위과제 보존기간과 보존기간 책정 사유를 참조하여 비교분석하는 평가과정을 거쳤기 때문에 훨씬 많은 노력과 시간이 소요되었다.

어찌됐든 기록물 평가의 궁극적인 목적은 원본 기록물의 물리적 폐기라기보다는 과거의 잘못된 정보를 바로잡고, 그 결과를 바탕으로 현재 운영하고 있는 기록관리기준을 현행화해 줌으로써 미래를 대비한다는 데 있다고 본다. 기록물을 폐기하는 것은 언제든 가능한 일이겠지만 한번 폐기된 기록물은 영원히 되살릴 수 없기 때문에 신중을 기해야 한다는 것이다.

이러한 점을 감안한다면 각급 기관에서 이루어지는 기록물 평가 프로세스가 어떻게 이루어져야 하는지, 또 이 프로세스가 얼마나 중요한 것인지 공감할 수 있을 것이다. 기록물의 평가와 평가를 통한 원본 기록물의 폐기는 시간에 쫓겨 대충할 수 있는 업무가 아니라는 것을 기억했으면 하는 바람이다.

끝으로 이와 같은 경험을 통해 기록물 평가의 현황과 문제점을 확인하게 되었는데, 평가과정에서 나타난 문제점은 다음과 같이 크게 네 가지 유형으로 정리할 수 있다.

첫째, 업무 내용이 같거나 기록물철의 제목이 동일함에도 업무 담당자가 부여한 보존기간이 서로 다르다는 점이다. 둘째, 동일 부서의 동일 업무 수행 과정에서 생산된 기록물임에도 각각의 기록물철에 부여된 보존기간이 다르다는 점이다. 셋째, 같은 업무를 수행하는 과정에서 생산된 기록물임에도 기록물철의 제목이 다양하고 구체적이지 못하다는 점이다. 이런 경우 기록물철의 제목만 가지고는 그 내용이 어떤 것인지 알 수 없기 때문에 반드시 기록물의 원문을 확인하여야 한다. 넷째, 기록물의 보존기간이 공문서분류번호 및 보존기간표, 기록물분류기준표의 단위업무 보존기간, 기록관리기준표의 단위과제 보존기간보다 실제 기록물철에 부여된 보존기간이 낮게 책정된 사례가 많다는 점이다.

다음은 동일 업무임에도 기록물철의 보존기간이 다른 사례를 표로 나타낸 것이다.

〈표 20〉을 보면, 2002년도에 생산된 민원서류의 보존기간을 궁능관리과는 3년, 문화재정책과는 1년으로 책정했으며, 1999년도에 생

〈표 20〉 단위업무 보존기간 책정 사례(1)

생산부서	생산연도	보존기간	기록물철 제목
궁능관리과	1999	3	민원서류
총무과	1999	5	민원서류
궁능관리과	1999	3	1999 공공근로
무형문화재과	1999	5	공공근로
무형문화재과	2001	5	주요업무 심사평가 Ⅱ
혁신인사기획관실	2001	3	정부업무 심사평가 3
궁능관리과	2002	3	민원관계철
문화재정책과	2002	1	민원관계철 1
근대문화재과	2003	1	우편요금후납발송표
총무과	2003	3	우편요금후납발송표1
천연기념물과	2003	1	청장지시사항
총무과	2003	1	서무일반
무형문화재과	2003	3	서무철
궁능관리과	2003	3	2003 관서운영경비
근대문화재과	2003	1	관서운영비 관련
궁능관리과	2001	3	공무 국외여행(2)
혁신인사기획관실	2001	5	공무 국외여행(Ⅱ)

산된 민원관계철의 보존기간을 궁능관리과는 3년, 문화재정책과는 5년으로 책정했다. 2002년도에 생산된 민원관계철과 1999년에 생산된 민원서류는 기록물분류기준표 적용 이전에 생산된 기록으로 공문서분류번호 및 보존기간표에 의해서 기록물의 보존기간이 책정되었다. 공문서분류번호 및 보존기간표에서 민원사무는 보존기간이 3년으로 책정되어 있으므로 문화재정책과에서 책정한 기록물의 보존기간은 잘못 책정되어 있는 사례이다.

2003년도에 생산된 우편요금후납발송표의 보존기간을 근대문화재과는 1년, 총무과는 3년으로 책정했다. 2003년도에 생산된 기록은 공문서분류번호 및 보존기간표에 의해서 기록물의 보존기간을 책정해야 하는데 우편요금후납발송표는 공문서분류번호 및 보존기간표에서 우편취급, 요금, 수수료에 해당하는 단순 · 반복적인 기록으로 기록물의 보존기간은 1년이다.

2003년도에 생산된 청장지시사항의 기록은 천연기념물과는 1년, 궁능관리과는 3년, 근대문화재과는 3년으로 책정했다. 청장지시사항은 공문서분류번호 및 보존기간표에서 각급기관장 지시사항에 해당하는 기록으로 기록물의 보존기간을 3년으로 책정해야 하지만 각 과마다 기록물의 보존기간을 다르게 책정하고 있다.

이러한 사례는 동일 업무에 대한 보존기간을 처리과 또는 처리과의 업무 담당자마다 달리 부여하고 있음을 단적으로 보여주고 있다. 따라서 기록물 평가 기준을 작성할 때는 반드시 생산연도 당시의 보존기간표를 참고하여야 할 것이다.

다음은 동일 부서 동일 업무임에도 생산연도마다 보존기간이 다른 사례이다. 이는 같은 사안이라도 업무 담당자마다 보존기간을 다르게 책정했다는 것을 의미한다고 볼 수 있다. 또한 업무담당자가 공문서분류번호 및 보존기간표를 제대로 이해하지 못했거나 업무담당자 임의로 판단하여 보존기간을 부여했다고밖에 볼 수 없는 사례인 것이다.

〈표 21〉을 보면, 동일 부서의 동일 업무임에도 기록물철에 보존기간이 각기 다르게 책정된 것을 알 수 있다. 무형문화재과에서 생산된 예산 요구는 공문서분류번호 및 보존기간표에 예산관련 일반에 해당

〈표 21〉 단위업무 보존기간 책정 사례(2)

생산부서	생산연도	보존기간	기록물철 제목
무형문화재과	1999	5	2000 예산 요구(Ⅰ)
무형문화재과	2000	3	2001 예산 요구(Ⅲ)
궁능관리과	2000	5	민원관계 문서
궁능관리과	2001	5	민원관계 일반 문서
궁능관리과	2002	3	민원관계철
궁능관리과	1991	5	인사관계 철
궁능관리과	2000	3	인사 일반 관계 철(2)
궁능관리과	1999	5	의원요구자료 Ⅲ(최재승)
궁능관리과	1999	3	1999 국감 의원요구자료
궁능관리과	1999	3	감사관계 일반
궁능관리과	2001	5	감사 3
궁능관리과	2001	3	감사
천연기념물과	2000	5	천연기념물 조류 월동실태 조사
천연기념물과	2001	3	천연기념물 실태조사
혁신인사기획관실	2001	5	모니터 활동(2월)
혁신인사기획관실	2001	3	모니터 활동(5월)

하는 기록물로 기록물의 보존기간을 3년으로 책정해야 하나 보존기간을 3년과 5년으로 각각 다르게 책정했다.

궁능관리과의 민원관계 문서는 공문서분류번호 및 보존기간표에 민원사무에 해당하는 기록물로 보존기간을 5년으로 책정해야 하나 보존기간을 3년과 5년으로 각각 다르게 책정한 사례이고, 인사관계 문서는 공문서분류번호 및 보존기간표는 보존기간을 3년으로 책정하도록 했으나 해당 처리과에서는 보존기간을 3년과 5년으로 각각 다르게 책정하고 있다.

감사는 공문서분류번호 및 보존기간표의 보존기간을 3년으로 책정해야 하나 보존기간을 3년과 5년으로 각각 다르게 책정했다. 특히, 2001년도에 생산된 감사3과 감사는 같은 연도, 같은 부서, 같은 내용

〈표 22〉 동일 단위업무의 상이한 기록물철 제목 기재 사례

생산부서	생산연도	보존기간	기록물철 제목
근대문화재과	2002	3	국회관련자료 철
근대문화재과	2002	3	국회 관계 철
근대문화재과	2003	3	국회관련자료
동산문화재과	2004	1	국회 관계 철
궁능관리과	2000	5	국회 관계 철(212회 임시국회)
건조물과	2004	1	국회관련자료
동산문화재과	1999	3	일반관리 철(단순 민원)
동산문화재과	2000	3	일반관리 철(단순 민원)
동산문화재과	2002	3	일반관리 철(단순 민원)
동산문화재과	1999	3	민원관계철(이화영. 배근택)
총무과	2002	3	민원관리 일반
궁능관리과	2000	3	인사 일반 관계 철(2)
궁능관리과	2000	3	인사 일반(1)
궁능관리과	2001	3	2001, 인사관계 문서 철(2)
궁능관리과	2001	3	인사관계 문서
궁능관리과	2001	3	인사관계 문서 철
궁능관리과	2002	3	2002 인사 2
무형문화재과	2002	3	인사관련 철(1)
무형문화재과	2003	3	인사철
문화재교류과	2003	3	인사발령
궁능관리과	1999	3	교육훈련관계
궁능관리과	2000	3	교육훈련
궁능관리과	2000	1	교육훈련관계일반
문화재정책과	1999	5	99교육(자체교육)
문화재정책과	2000	5	2000 교육
문화재정책과	2000	5	2000 문화재수리 자체전문교육

으로 생산되었음에도 보존기간이 3년과 5년으로 각각 다른 보존기간을 책정하였다는 데서 기록물 평가 시 신중해야 한다는 것을 보여주는 사례라 할 수 있다.

〈표 22〉는 동일 부서 동일 업무임에도 기록물철의 제목이 다양한 사례를 정리한 것이다. 각급 기관에서 기록물평가심사서를 작성할 때 유사한 사례가 있는지 한번쯤 살펴보기 바란다.

마지막으로, 기록물 생산부서의 고유 업무로서 공문서분류번호 및 보존기간표, 기록물분류기준표의 단위업무 보존기간, 기록관리기준표의 단위과제 보존기간과 비교해 볼 때 터무니없이 보존기간을 낮게 책정한 사례를 표로 정리한 것이다.

〈표 23〉 단위업무 보존기간을 낮게 책정한 사례

생산부서	생산연도	보존기간	기록물철 제목
무형문화재과	1999	5	중요무형문화재 보유자 실태조사-무용
무형문화재과	2000	5	전승실태조사(공예1)
무형문화재과	2000	5	전승실태조사(공예2)
재정기획관실	2002	3	대통령지시사항(I)
재정기획관실	2001	3	국무총리지시사항 및 추진현황보고
건조물과	2003	3	문화재수리기능자 자격시험
건조물과	2003	3	문화재수리기능자 자격시험 Ⅱ

중요무형문화재 보유자 실태조사에 관한 기록물은 공문서분류번호 및 보존기간표에서는 중요무형문화재 전승자 관리에 해당하는 기록으로 보존기간이 20년(현행 30년)으로 책정되어 있고, 기록물분류기준표상 중요무형문화재 전승관리에 해당하는 기록으로 보존기간이

준영구로 책정되어 있다. 그러나 중요무형문화재 보유자 실태조사에 해당하는 기록은 보존기간이 5년으로 낮게 책정되어 있다.

문화재수리기능자 자격시험에 관한 기록물은 공문서분류번호 및 보존기간표에서 기술자 · 기능자 등록심사 계획 및 실적에 해당하는 기록으로서 보존기간이 10년이고, 기록물분류기준표의 단위업무인 문화재수리기능자 자격시험의 보존기간에는 10년으로 책정되어 있으나 실제 문화재수리기능자 자격시험에 관한 기록은 보존기간이 3년으로 낮게 책정되어 있다.

이와 같은 사례는 비단 문화재청만의 문제는 아니라고 생각한다. 기록관리법 제정 이전에는 기록물의 보존기간에 대해 크게 신경 쓰지 않았을 것이기 때문이다. 그럼에도 각급 기관의 기록관리 전문요원은 기록물 평가 프로세스를 수행할 때 다양한 변수와 예외적인 사례들을 꼼꼼히 따져보고 살펴보아야 한다. 특히 과거를 거울삼아 현재 사용 중인 기록물분류기준표 또는 기록관리기준표의 보존기간을 현행화해 나갈 수 있도록 각별한 관심을 가져야 할 것이다.

지금까지 문화재청의 사례를 중심으로 기록물 평가의 목적, 중요성, 평가의 원칙, 평가기준, 기록물평가심의회의 구성과 운영, 기록물 평가심사서 작성 등의 프로세스를 소개하였다. 단 하나의 기록물도 소홀히 폐기되지 않도록 최선을 다하고 있지만 문화재청의 사례가 기록물 평가의 모범 사례라고 생각하지는 않는다. 다만 각급 기관의 업무 특성과 환경, 기록물의 성격을 고려해서 기록물을 평가할 때 문화재청의 사례가 도움이 되었으면 하는 바람이다.

11. 비공개 기록물의 공개재분류

공공기록관리법은 기록관이 보유하고 있는 기록물에 대한 공개재분류를 2009년 6월 30일까지 시행하도록 규정하였다. 보유 기록물에 대한 정확한 현황과 목록이 정비되지 않은 상태에서 공개재분류 프로세스를 수행해야 하는 것에 대한 부담감이 컸다. 그러던 중 법령이 정한 기한까지 공개재분류를 하고 그 결과를 국가기록원으로 통보하라는 지침이 내려왔다. 당시 문화재청은 2005년부터 2008년까지 기록관 보유 기록물 약 7만 4,000여 건을 디지털화하여 기록관리시스템에 업로드 한 상태였는데, 기록관리시스템에서 비공개와 부분공개로 설정된 리스트를 다운로드 받을 수 있었다. 리스트를 살펴

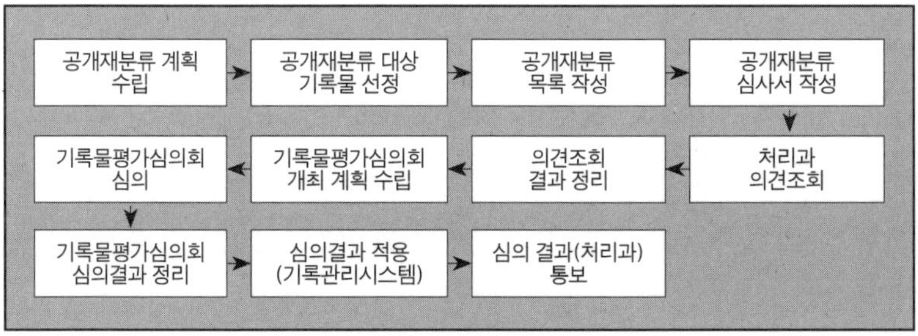

〈그림 32〉 비공개 기록물의 공개재분류 절차

〈표 24〉 문화재청 비공개 기록물의 공개재분류 세부기준

구 분	주요 내용(기준)
공 개	• 기록물 생산연도를 기준으로 30년이 경과한 문서의 경우 생산 당시 비공개 또는 부분공개라 하더라도 공공기록물 관리에 관한 법률 제35조제3항의 30년 경과 기록물의 공개원칙 규정에 의거 공개로 재분류함
	• 비공개 또는 부분공개로 생산된 문서의 경우 공공기관의 정보 공개에 관한 법률 제9조제2항의 규정에 의거, 비공개의 필요성이 없어진 경우에 한하여 해당 정보를 공개로 재분류함
	• 비공개 또는 부분공개로 생산된 문서 중 생산시점에서는 비공개로 판단하였으나 해당 업무가 이미 종결되어 비공개의 필요성이 없어진 문서는 공공기관의 정보공개에 관한 법률 제9조제2항의 규정에 의거, 모두 공개로 재분류함
	• 비공개 또는 부분공개 문서 중 이름, 주민등록번호 등 개인에 관한 정보가 포함된 문서라 하더라도 공공기관의 정보공개에 관한 법률 제9조제1항제6호 가목부터 마목 및 제7호 가목부터 나목의 예외 규정에 해당하는 정보의 경우에는 모두 공개로 재분류함
	〈공공기관의 정보공개에 관한 법률 제9조제1항제6호〉 가. 법령이 정하는 바에 따라 열람할 수 있는 정보 나. 공공기관이 공표를 목적으로 작성하거나 취득한 정보로서 개인의 사생활의 비밀과 자유를 부당하게 침해하지 않는 정보 다. 공공기관이 작성하거나 취득한 정보로서 공개하는 것이 공익 또는 개인의 권리구제를 위하여 필요하다고 인정되는 정보 라. 직무를 수행한 공무원의 성명 · 직위 마. 공개하는 것이 공익을 위하여 필요한 경우로써 법령에 의하여 국가 또는 지방자치단체가 업무의 일부를 위탁 또는 위촉한 개인의 성명 · 직업 〈공공기관의 정보공개에 관한 법률 제9조제1항제7호〉 가. 사업활동에 의하여 발생하는 위해로부터 사람의 생명 · 신체 또는 건강을 보호하기 위하여 공개할 필요가 있는 정보 나. 위법 · 부당한 사업활동으로부터 국민의 재산 또는 생활을 보호하기 위하여 공개할 필요가 있는 정보
부분공개	• 기록물 생산연도를 기준으로 30년이 경과한 경우라도 문서내용 중 공공기관의 정보공개에 관한 법률 제9조제1항제1호부터 제8호의 규정에 해당하는 정보가 포함된 경우는 부분공개로 재분류함 • 비공개 또는 부분공개로 생산된 문서 중 공공기관의 정보공개에 관한 법률 제9조제1항제1호부터 제8호까지 해당하는 비공개 대상정보가 포함되지 않은 행정문서는 공개로, 나머지 정보는 비공개로 평가하여 종합 의견은 부분공개로 심사함
비공개	• 비공개 문서 중 재판, 감사, 소송, 법인정보, 민원 등 공공기관의 정보공개에 관한 법률 제9조제1항제1호부터 제8호에서 규정한 비공개 대상 정보가 포함되어 있는 문서의 경우는 비공개로 재분류 심사함

보니 공개재분류 대상이 약 1만 6,000여 건에 달했다. 그나마 문화재 행정업무과정에서 생산된 기록물은 거의 대부분이 공개로 책정돼 있다는 것이 다행스러웠다.

먼저, 공개재분류 계획을 수립하였고, 계획에는 공개재분류 절차와 방법, 실무자를 대상으로 한 교육계획, 기록물평가심의회 개최 계획 등을 반영하였다. 이렇게 수립한 공개재분류 계획을 각 처리과에 통보하고, 이어 실무자를 대상으로 한 교육을 실시하였다.

한편 이와는 별도로 인건비 예산을 확보하여 기록관리 전문요원 자격을 갖춘 전문인력 4명을 모집했다. 여기에 2009년 2월에 채용한 행정인턴 2명까지 포함하여 기록관리 전문요원 자격을 갖춘 전문인력 6명이 공개재분류 업무에 투입되었다. 공개재분류의 세부적인 기준을 마련하지는 못했지만 몇 가지 원칙을 만들었다.

우선, 생산된 지 30년이 경과한 비공개 기록물에 대해서는 공개를 원칙으로 하고, 개인정보나 사생활 침해와 같은 정보가 포함된 기록물에 대해서는 부분공개로, 나머지 기록물은 모두 공개로 재분류하는 것으로 기준을 마련했다. 또한 공공기관의 정보공개에 관한 법률 제9조제1항에서 규정한 비공개 대상 정보가 포함되었는지 여부를 따져 공개재분류 시에 참고하였다.

공개재분류 심사서 작성 작업은 약 4개월이 소요되었다. 각각의 기록물을 확인하고, 붙임 파일의 내용을 검토해야 했기 때문이다. 기록관리시스템에서 해당 기록물을 검색하고 원문보기 기능을 통해 일일이 내용을 확인한 다음 공개재분류에 관한 전문요원 심사의견을 기술하였다.

기록물 1권은 평균 150페이지이고, 7건에서 12건 내외의 문서로 편철되어 있다. 기록물 1건을 확인하고 심사의견을 기술하는 데 최소 5분에서 7분 정도가 소요된다. 기록물 1권을 평가하고 기술하는

〈표 25〉 2009년도 문화재청 공개재분류심사서 작성 현황

구 분	담당부서	재분류 전	재분류 후		
		비공개	공 개	부분공개	비공개
	총 계	16,634	4,893	11,230	511
본 청	기획재정담당관	92	10	78	4
	행정관리담당관	5	1	4	0
	규제법무감사팀	14	0	14	0
	운영지원과	471	120	345	6
	합 계	582	131	441	10
	정책총괄과	425	25	400	0
	무형문화재과	2,524	42	2,385	97
	발굴제도과	97	0	97	0
	고도보존팀	10,842	4,500	5,973	369
	합 계	13,888	4,567	8,855	466
	보존정책과	430	4	419	7
	유형문화재과	77	11	66	0
	천연기념물과	648	13	635	0
	수리기술과	55	0	50	5
	합 계	1,210	28	1,170	12
	활용정책과	8	0	8	0
	궁능문화재과	509	57	429	23
	국제교류과	92	3	89	0
	근대문화재과	2	0	2	0
	합 계	611	60	528	23
소속기관	기획운영과	300	74	226	0
	행정운영과	43	33	10	0
	합 계	343	107	236	0

대략 60분에서 80분이 소요된 것이다. 전문요원 심사의견을 작성할수록 속도가 빨라지고 평가기술도 진전되었다. 약 4개월에 걸쳐 작성한 전문요원 심사의견을 다시 한 번 검토한 다음 처리과 의견조회를 거쳤다.

처리과 실무담당자를 대상으로 교육을 실시했지만 공개재분류에 대한 거부감은 매우 컸다. 해당 기록물을 생산했던 당시의 담당자는 퇴직을 했거나 부서를 옮겨서 근무하고 있는 경우가 대부분이었기 때문이다. 더군다나 기록관에서 관리하고 있는 기록물이 대부분 과거에 생산된 것이었기 때문에 과거 담당자가 비공개로 한 것을 현재 업무 담당자가 마음대로 바꿀 수 없다는 이유를 주로 내세웠다. 한편 비공개할 기록을 공개로 했다가 차후 발생할지도 모르는 불명확한 책임 소재에 대한 이유도 컸다.

그러나 기록물을 누가 생산했든 현재 해당 업무를 수행하고 있는 처리과의 입장에서 이들 기록물을 공개할 것이냐 비공개로 유지할 것이냐 여부를 판단하는 것이 그리 어려운 일은 아니라고 생각한다. 처리과 의견을 접수하여 정리해 보니 전문요원이 작성한 심사의견에 동의할 수 없다는 의견이 상당수 접수되었고, 처리과 의견을 면밀히 검토한 후에 최종적으로 기록물평가심의회 심의 안건을 정리하였다. 다음의 〈그림 33〉은 처리과 의견조회 결과를 취합 정리한 목록이다.

기록물평가심의회 개최 계획을 수립하고, 심의안건을 위원들에게 송부하였다. 물론 해당 처리과에도 기록관리책임관과 담당자를 배석하도록 통보하였다. 사전에 관련 내용을 숙지하고 회의에 참석하도록 한 것이다.

구분	기록물 건 생산 및 관리 정보		공개구분정보		전문요원 심사의견			처리과 검토 의견		
연번	기록물 건 (문서)제목	생산일자	구분	호수	심사의견	구분	호수	동의	비동의	비동의사유
115	승진임용 대상후보자 명부	1993-01-01	비공개	1	임용에 관한 사항은 인사에 관한 사항으로써, 행정문서는 공개하고, 개인 식별 가능 정보 및 신상정보 등은 공공기관의 정보공개에 관한 법률 제9조제1항제6호의 규정에 따른 비공개 정보이므로 부분공개로 재분류함	부분공개	6		비공개 (5)	인사관리상 공개될 경우 업무의 공정한 수행에 현저한 지장을 초래할 수 있어 비공개 유지하여야 함
116	보통승진 임용 심의위원회 회의개최	1993-06-28	비공개	1	행정문서는 공개하고, 개인 식별 가능 정보 및 신상정보 등은 공공기관의 정보공개에 관한 법률 제9조제1한제6호의 규정에 따른 비공개 정보이므로 부분공개로 재분류함	부분공개	6		비공개 (5)	인사관리상 공개될 경우 업무의 공정한 수행에 현저한 지장을 초래한 수 있어 비공개 유지하여야 함
117	7급 이하 승진임용	1993-07-01	비공개	1	인사에 관한 사안이지만 개인정보 및 사생활 침해에 관한 내용이 포함되어 있지 않으므로 정보공개법 제3조에 따라 공개로 재분류함	공개			비공개 (5)	인상관리상 공개될 경우 업무의 공정한 수행에 현저한 지장을 초래할 수 있어 비공개 유지하여야 함
121	6급 이하 공무원임용	1993-07-01	비공개	1	인사에 관한 사안아지만 개인정보 및 사생활 침해에 관한 내용이 포함되어 있지 않으므로 정보공개법 제3조에 따라 공개로 재분류함	공개			비공개 (5)	인산관리상 공개될 경우 업무의 공정한 수행에 현저한 지장을 초래할 수 있어 비공개 유지하여야 함

〈그림 33〉 2009년도 공개재분류 처리과 의견조회 결과 목록(예시)

기록물평가심의회는 기록관리시스템의 화면을 띄워 해당 기록물의 본문과 붙임 파일을 확인하는 방식으로 진행하였다. 처리과 의견과 전문요원 심사의견이 충돌하는 해당 기록물을 검색하여 스크린 화면에 띄워 놓고, 처리과의 기록관리책임관과 담당자, 기록물평가심의위원 모두 관련 기록물의 내용을 함께 검토하였다. 결과는 비공개가 아니라 부분공개로 재분류하자는 것이었다. 행정행위의 결과로 작성된 문서는 공개하고 개인의 프라이버시를 침해할 소지가 있는 정보는 비공개함으로써 종합 의견은 부분공개로 결정되었다.

공개재분류 심의를 거치면서 방대한 업무가 벅찼지만 4개월 여 동안 고생한 보람도 컸다. 기록관리 전문요원의 심사의견이 받아들여질 때는 희열을 느끼기도 했다. 그리고 무엇보다 중요한 것은 전문요원이 심사의견을 작성할 때는 논리적이어야 한다는 것이다. 다음에 제시한 〈그림 34〉는 기록물평가심의회의 심의결과를 정리한 것이다.

심의결과 목록에는 최초 작성한 전문요원 심사의견과 처리과 검토 의견, 그리고 심의회의 심의결과를 모두 기술하였다. 그리고 기록물평가심의회 개최 일자와 관련 근거를 기록하여 관리하고 있다. 공개재분류 과정과 절차는 복잡하고 오랜 시간이 걸렸지만 비공개 또는 부분공개로 생산된 기록물이 공개로 재분류되어 세상에 빛을 보게 되었다는 점은 큰 보람으로 남는다.

기록물 건 생산 및 관리 정보		공개구분정보		전문요원 심사의견			처리과 검토 의견			기록물평가심의회의견			
기록물 건 (문서)제목	생산일자	구분	호수	심사의견	구분	호수	동의	비동의	비동의사유	심의결과	심의의견	관련근거	심의일자
기능직 공무원 신규임용	1990-10-06	비공개	1	인사에 관한 사안이지만 개인정보 및 사생활 침해에 관한 내용이 포함되어있지 않으므로 정보공개법 제3조에 따라 공개로 재분류함	공개		의견 없음		전문요원 심사의견에 동의하는 것으로 간주함	공개	총괄부서의 의견대로 심의 의결함. 단, 30년이 경과한 기록물의 경우 공개를 원칙으로 하나 개인신상 및 사생활 보호에 해당하는 정보를 제외하고 공개하도록 함	정보화기획팀 -1420(2009. 10.22)	2009.11.05
7급 이하 공무원 전보	1990-10-06	비공개	1	인사에 관한 사안이지만 개인정보 및 사생활 침해에 관한 내용이 포함되어있지 않으므로 정보공개법 제3조에 따라 공개로 재분류함	공개		의견 없음		전문요원 심사의견에 동의하는 것으로 간주함	공개	총괄부서의 의견대로 심의 의결함. 단, 30년이 경과한 기록물의 경우 공개를 원칙으로 하나 개인신상 및 사생활 보호에 해당하는 정보를 제외하고 공개하도록 함	정보화기획팀 -1420(2009. 10.22)	2009.11.05
인사발령 통지	1990-10-13	비공개	1	인사에 관한 사안이지만 개인정보 및 사생활 침해에 관한 내용이 포함되어있지 않으므로 정보공개법 제3조에 따라 공개로 재분류함	공개		의견 없음		전문요원 심사의견에 동의하는 것으로 간주함	공개	총괄부서의 의견대로 심의 의결함. 단, 30년이 경과한 기록물의 경우 공개를 원칙으로 하나 개인신상 및 사생활 보호에 해당하는 정보를 제외하고 공개하도록 함	정보화기획팀 -1420(2009. 10.22)	2009.11.05
기능직 공무원 정규임용	1990-10-10	비공개	1	인사에 관한 사안이지만 개인정보 및 사생활 침해에 관한 내용이 포함되어있지 않으므로 정보공개법 제3조에 따라 공개로 재분류함	공개		의견 없음		전문요원 심사의견에 동의하는 것으로 간주함	공개	총괄부서의 의견대로 심의 의결함. 단, 30년이 경과한 기록물의 경우 공개를 원칙으로 하나 개인신상 및 사생활 보호에 해당하는 정보를 제외하고 공개하도록 함	정보화기획팀 -1420(2009. 10.22)	2009.11.05
인사발령 통지	1990-10-23	비공개	1	인사에 관한 사안이지만 개인정보 및 사생활 침해에 관한 내용이 포함되어있지 않으므로 정보공개법 제3조에 따라 공개로 재분류함	공개		의견 없음		전문요원 심사의견에 동의하는 것으로 간주함	공개	총괄부서의 의견대로 심의 의결함. 단, 30년이 경과한 기록물의 경우 공개를 원칙으로 하나 개인신상 및 사생활 보호에 해당하는 정보를 제외하고 공개하도록 함	정보화기획팀 -1420(2009. 10.22)	2009.11.05

〈그림 34〉 2009년도 비공개 기록물의 공개재분류 심의결과 목록(예시)

12. 관할 기관의 기록관리 지도점검

기록관이 관할하고 있는 기관에 대한 기록관리 지도점검은 기록관에서 수행하는 업무 중 상당히 비중이 높고 중요하다. 기록관리 체계를 구축하기 위해서는 지속적인 지도점검이 수반되어야 하기 때문이다. 그러나 기록의 중요성에 대한 인식의 전환과 저변확대를 위해 업무 현장을 방문하여 세세한 부분까지 점검하고 지도하는 일은 그리 간단치 않다. 따라서 무엇보다도 관할 기관에 대한 기록관리 지도점검을 왜 하는지 분명한 목적의식을 지니고 있어야 한다. 단순히 법령에 따라 지도점검을 실시하는 것은 별반 실익이 없는 행정행위에 그칠 공산이 크다.

그렇다면 기록관리 지도점검의 목적은 무엇인가. 필자는 해당 기관의 기록관리 비전을 실현하기 위한 하나의 과정이라고 생각한다. 즉, 해당 기관이 안고 있는 기록관리의 여러 문제점을 진단하는 과정이라는 것이다. 가령 기록물의 생산등록이 절차에 따라 이루어지지 않고 있다면 이를 개선하기 위한 방안의 하나로 기록물의 생산등록 실태를 점검해야 한다. 또 처리과와 소속기관에서 생산한 기록물이 제때 이관되지 않고 있다면 당연히 기록물의 이관실태를 점검해야 하고, 기록물의 보존 및 관리 상태가 미흡하다면 보존서고의 보존환경, 즉 시설과 장비에 관한 인프라를 점검해야 한다. 해당 기관이 당면한 여러 문제점을 진단하고 이에 따른 개선 방안을 마련하여 장·단기 대책에 반영하는 것, 그리고 이를 실천에 옮기는 것, 이것이 기록관리 지도점검의 궁극적인 목적이 아닐까 싶다.

다음으로, 그렇다면 관할 기관의 기록관리 지도점검을 어떻게 할 것인가 하는 방법론을 고민해 봐야 한다. 기관마다 사정이 다르기 때문에 기관에서 할 수 있는 최선의 방법을 찾아 적용하는 것이 중요하다. 가장 일반적인 방법으로는 기록관에 속한 직원들이 지도점검팀을 꾸리는 것이다. 관할하고 있는 기관의 수가 그리 많지 않다면 두세 명의 지도점검팀을 꾸려도 무방할 것이다. 그러나 그 반대의 경우라면 소수의 인력으로 내실 있는 지도점검을 실시하기란 쉽지 않다. 이런 경우 기록관에 소속된 직원뿐만 아니라, 감사팀에 소속된 직원을 지도점검팀에 참여시켜 인력의 부담을 줄일 수 있다. 감사팀의 직원이 참여한다면 기록관리 지도점검의 과정과 결과에 대한 객관성을 더욱 확보할 수 있고, 또 지도점검 결과에 대한 후속조치를 지속적으로 점검하고 관리하는 데 유리하다.

또 다른 방법으로는 외부 전문가의 참여나 전문기관에 기록관리 지도점검을 의뢰하는 것이다. 예산이 수반되어야 한다는 부담은 있겠지만 관할 기관의 기록관리 지도점검에 대한 객관성을 확보할 수 있고, 전문적인 컨설팅을 받아 기록관리 체계를 일신하는 계기로 삼을 수 있다는 장점이 있다. 내부 직원의 시각이 아니라 외부 전문가의 시각으로 기록관리의 문제점을 진단하고 이를 개선할 수 있는 정책과 제도 그리고 인프라 체계 등을 제시한다면 관리자의 인식전환 뿐만 아니라, 적극적인 관심과 참여를 유도할 수 있을 것이다.

마지막으로 기록관에서 수행하고 있는 사업과 연계하는 방법이다. 만약 기록관에서 비전자 기록물의 디지털화 사업을 수행하고 있다면 사업의 범위 안에 관할 기관이 보유하고 있는 기록물의 전수조사를 포함할 수 있다. 이때 이루어지는 전수조사는 사업 대상 기록물을 선별하고 분류하는 작업이 주요 업무가 될 것이다. 하지만 관할 소속 기관의 보유 기록물 전수조사 과정에서 발견한 문제점들을 하나하나 정리하고, 그 결과를 보고서로 작성한다면 지도점검의 목적을 달성하는 주요 수단이 될 수 있다. 또한 디지털화 사업을 전문적으로 수행하는 업체의 전문 인력이 투입된 전수조사 결과를 기록관리 지도점검 업무에 활용한다면 보다 세밀한 부분까지 살펴볼 수 있다.

어떤 방법을 선택하느냐 하는 것은 전적으로 기관의 몫이지만, 기록관리 전문요원은 자신이 속한 기관의 기록관리 상황을 명확히 이해하고, 문제점을 파악하고 있어야 한다.

한편 기록관리 지도점검의 목적과 방법을 결정하는 문제 외에도

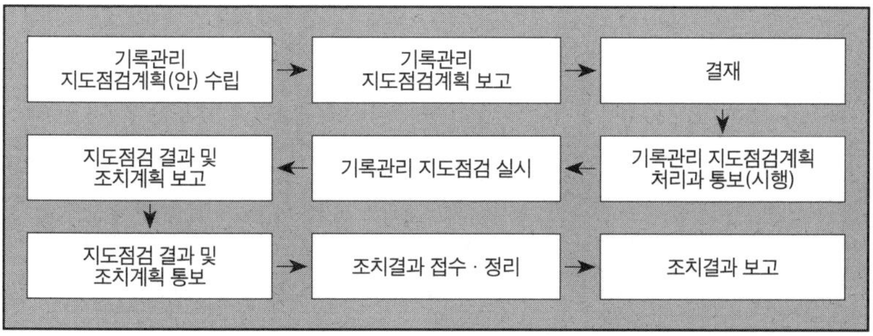

〈그림 35〉 관할 기관의 기록관리 지도점검 절차

중요한 것은 관할 소속기관의 기록관리 지도점검 시 적용할 기준과 원칙을 만들고, 또 어떤 분야를 중점적으로 체크할 것인지를 꼼꼼히 살펴야 한다. 그리고 매년 똑같은 체크리스트를 적용할 것인지, 아니면 선택과 집중을 겸한 체크리스트를 새롭게 만들어 적용할 것인지도 결정해 둬야 한다.

필자의 경험으로는 선택과 집중을 겸한 체크리스트를 새롭게 만들어 적용할 필요가 있다고 생각한다. 체크리스트는 일관된 기준과 원칙이 적용됐을 때 객관성과 합리성을 담보할 수 있다는 생각에 공감하지만, 매년 똑같은 체크리스트를 제공할 경우 매너리즘에 빠질 수 있다는 점을 간과해서는 안 될 것이다. 기록관리 업무가 타성에 젖어 그저 지적당하지 않기 위한 업무로 굳어지는 상황을 경계해야 한다. 더욱 발전적으로 기록관리 업무를 수행하여 기록관리의 수준을 향상시켜야 함에도 제자리를 맴도는 결과에 머물 수 있다는 것이다. 그렇기 때문에 기록관리의 수준을 지속적으로 업그레이드하고 발전 지향적인 기록관리 업무를 수행하기 위해서라도 지도점검 체크리스트는 일정한 기간을 두면서 점검 대상을 선택적으로 집중 점검할 수 있도록 구성되어야 한다고 생각한다.

문화재청은 이런 관점에서 기록관리 지도점검의 목적을 설정하고, 지난 2005년 9월 14일 각 처리과를 대상으로 한 기록관리 지도점검을 실시했다. 이때는 각 처리과에서 보관하고 있는 기록물에 관한 현황과 목록도 제대로 파악되지 않은 상태였다. 그래서 행정기록물 DB 구축사업의 일환으로 각 처리과에서 보관하고 있는 기록물에 대한 전수조사를 실시하고, 그 결과에 따라 기록물의 이관을 추진하였다.

"문화유산이 국민의 힘과 꿈이 되는 나라"

문 화 재 청

수신자　수신자 참조
(경유)
제목　행정기록물 DB구축을 위한 처리과 보관기록물 이관계획 알림

1. 우리 청은 2005년도 기록관리 혁신 선도부처로 선정된 이후 한국전산원과 국가기록원이 주관하는 「행정기관 기록물 DB 구축사업」에 참여하고 있으며, 우리 청이 보유하고 있는 10년 이상 기록물 중 약 5만 8천 권을 대상으로 기록물전산화 작업을 진행하고 있습니다.

2. 이의 일환으로 처리과에서 현재 보관하고 있는 10년 이상 기록물의 자료관 이관계획을 붙임과 같이 알려드리오니, 각 처리과는 기한 내에 보관 기록물을 자료관으로 이관하여 우리 청의 행정기록물 DB 구축사업이 원활이 수행될 수 있도록 적극 협조해 주시기 바랍니다.

붙임　1. 행정기록물 DB 구축사업에 따른 처리과 기록물 자료관 이관계획 1부.
2. 문화재청 처리과 별 자료관 이관 대상목록 1부.
3. 문화재청 이관대상목록-국가기록원 1부. 끝.

〈그림 36〉 2005년도 처리과 보관기록물 이관계획 공문(사본)

공문을 발송했던 시기는 한참 국정감사 준비로 분주했던 시기와 겹쳐서 직원들의 도움을 받을 수 없는 상황이었다. 당시의 기록물 전수조사와 기록물 이관 계획은 직원들의 내부 반발을 고려하여 불가피하게 행정기록물의 디지털화 사업 추진을 명분으로 내세웠다. 실제로 디지털화 사업을 성공적으로 마무리 짓기 위해서는 무엇보다 처리과 기록물의 보관 실태를 점검해야 했고, 각 처리과에서 보관하고 있는 기록물의 목록을 작성해야 했다. 처리과 보관기록물의 목록을 작성하면서 문화재 관련 중요 기록물들을 그동안 어떻게 관리해 왔는지를 파악하고자 했던 것이다. 기록관리의 실상을 알아야 후속

〈그림 37〉 2005년도 각 처리과의 기록물 보관 상태

대책을 마련할 수 있기 때문이다.

〈그림 37〉은 2005년도 각 처리과 보관기록물의 전수조사 때 사무실 곳곳에 방치된 기록물을 촬영한 것이다. 종이박스에 기록물을 담아 사무실 여기저기에 쌓아 놓거나 캐비닛 위에 박스 째로 기록물을 올려놓은 모습이다. 이것이 당시 문화재청의 기록관리 실상인데, 비단 문화재청만 이랬을까 싶다. 아마도 대부분의 기관이 처한 상황이 이랬을 것이다. 이를 계기로 2006년 7월 13일 본청 처리과와 소속기관에 대한 자체 기록관리 실태조사 계획(안)을 마련하였다.

기록관리 실태조사는 전국 각지에 소재하고 있는 소속기관을 일일이 방문하는 현장조사와 자체 실태조사를 병행하여 실시했다. 기록관리 실태조사의 목적은 크게 두 가지였는데, 하나는 공공기록관리 법령에 근거해 실시한 정기적인 기록물관리 실태조사로서 중요 기록정보자원의 멸실을 예방하고 기록관리 업무수행의 효율성을 제고하는 것이었다.

다른 하나는, 기록물의 관리와 보존환경을 파악하고 분석하여 문

"문화유산이 국민의 힘과 꿈이 되는 나라"

문 화 재 청

수신자 내부 결재
(경유)
제목 2006년도 기록물관리 자체 실태조사 계획(안) 보고

우리 청이 현재 보유하고 있는 기록물을 대상으로 중요 기록정보자원의 멸실과 훼손을 예방하고, 중장기적인 보존 · 활용 계획의 수립 및 체계적인 기록관리 업무를 수행하기 위하여 붙임과 같이 기록물관리 자체 실태조사 계획을 수립 · 추진하고자 합니다.

가. 추진 개요
o 기간: 2006. 7월 24일(월)~7월 28일(금) (5일간)
o 대상기간: 본청 처리과 및 소속기관
o 조사방법: 현장 방문 실태조사 및 자체조사 병행
o 조사팀 구성
- 현장 방문조사: 기록정보담당관실(2명)
- 자체 실태조사: 처리과(소속기관)의 장, 기록물관리책임자 및 담당자 등

나. 주요 내용
o 기록물관리 인프라 구축 현황
o 보존서고(문서고) 관리현황
o 보유기록물의 정리 및 관리 실태
o 기록물 공개여부 분류 및 미 이관기록물 보유현황 등

다. 소요예산: 571,200원(예산과목 321-1115-152-202)

〈그림 38〉 2006년도 문화재청 기록물관리 실태조사계획 공문(사본)

화재 행정기록물의 인프라 및 업무프로세스 표준화 방안을 모색하는 것이었다. 주요 점검 사항으로 기록관리 인프라 구축 현황, 보존서고 관리 현황, 보유 기록물의 정리 및 관리실태, 기록물 공개 여부 분류 및 미이관 기록물 보유현황 등을 반영하여 세부 체크리스트를 만들었다. 이때 실시한 기록관리 실태조사는 관할 소속기관의 기록관리

〈그림 39〉 2006년도 문화재청 관할 기관 기록관리 지도점검

실상을 파악할 수 있는 좋은 계기가 되었다.

특히 2006년도에 직원들을 대상으로 조사한 설문조사 결과는 문화재청 기록관리 기본계획은 물론 세부실천계획을 수립하고 추진하는 데 소중한 정보가 되었다. 설문조사서는 기록관리 제도와 기록관리 업무에 대한 이해 정도를 묻는 질문으로 구성했다. 그리고 기록관리 교육 경험과 기록관리 실무 교육에 대한 만족도를 묻는 질문도 포함시켰다.

만약 기록관리 전문요원으로서 기록관리 현장에서 무엇을 할 것인가 고민하고 있다면, 먼저 기관 내부 직원들을 대상으로 설문조사를 해보라 권하고 싶다. 기록관리 제도에 대한 이해의 정도, 기록관리 업무의 중요성에 대한 인식의 정도, 기록관리 업무의 문제점과 개선 의견 등을 체크해 둔다면 훨씬 더 체계적이고 내실 있는 기록관리 업무를 수행할 수 있기 때문이다. 설문조사서는 직원들이 기록관리 전문요원에게 무엇을 원하는지 파악할 수 있는 귀중한 참고자료로 활용할 수 있다.

〈그림 40〉은 2006년도 관할 소속기관의 기록관리 지도점검 당시 자체 실시한 설문조사서인데, 관할 기관을 대상으로 기록관리 지도점검을 할 때 기관의 환경에 맞게 재구성하여 활용할 수 있을 것이다.

문화재청이 본격적으로 관할 소속기관의 기록관리 지도점검을 실시한 것은 2008년이다. 기록관의 기록물부터 정리해야 했기 때문인

기록물관리 설문조사서

I. 기록물관리 제도 및 업무에 대한 인식에 관련된 문항입니다.

1. 〈공공기관의 기록물관리에 관한 법률(제정 1999.1.29. 법률 제5709호, 이하 기록물관리법)〉이 제정 · 시행되었음을 알고 있으며, 내용을 이해하고 있다.
   ① 전혀 그렇지 않다 ② 그렇지 않다 ③ 보통이다
   ④ 그렇다 ⑤ 매우 그렇다

2. 주변의 업무담당자들이 기록물관리법에 대해 제대로 이해하고, 기록관리의 중요성을 알고 있다.
   ① 전혀 그렇지 않다 ② 그렇지 않다 ③ 보통이다
   ④ 그렇다 ⑤ 매우 그렇다

3. 기록관리 업무는 여전히 귀찮고 부담스러운 업무이다.
   ① 전혀 그렇지 않다 ② 그렇지 않다 ③ 보통이다
   ④ 그렇다 ⑤ 매우 그렇다

4. 다른 부서 및 기관이 업무담당자들은 내가 속한 부서의 업무담당자들보다 기록물관리 업무가 중요하다고 여기고 있다.
   ① 전혀 그렇지 않다 ② 그렇지 않다 ③ 보통이다
   ④ 그렇다 ⑤ 매우 그렇다

〈그림 40〉 2006년도 문화재청 기록물관리 설문조사서

데, 기록관의 기록물 정리가 만만치 않아 약 4년여의 기간이 소요되었다. 기록관 보유 기록물 목록의 불안전성을 해소하기 위해 기록물철에 대한 정수점검과 상태점검을 동시에 진행하면서 목록을 새로 작성해야 했다. 또 처리과 보관기록물의 본격적인 기록관 이관에 따

"문화유산이 국민의 힘과 꿈이 되는 나라"

문 화 재 청

수신자 내부결재
(경유)
제목 2008년도 소속시관 기록물의 정수점점 및 관리실태 점검 계획(안) 보고

우리 팀에서는 소속기관의 문화재 관련 행정기록물의 정수점검 및 상태점검 등 기록물의 관리 실태를 점검하고, 문서 · 대장 · 카드 · 도면 · 시청각기록 등 중요 기록물의 안전한 보존관리 환경 조성을 위하여 붙임과 같이 소속기관 기록물의 정수점검 및 관리실태 점검 계획(안)을 마련 · 보고합니다.

가. 관련근거
- ㅇ 공공기록물 관리에 관한 법률 시행령 제38조제3항 및 같은 법 시행규칙 제31조제2항
- ㅇ 문화재청 기록물관리 및 기록관 운영 규정 제4조제1항제5호 및 제19조제3항

나. 개요
- ㅇ 점검기간: 2008.12.15(월)~12.24(수) 8일간
- ㅇ 점검대상: 국립문화재연구소 등 17개 소속기관(능 관리소 제외)
- ㅇ 점검기준 및 내용
  - 점검기준: 1952년부터 2007년 이전 생산종결 기록물
  - 점검수량: 29,127건(정수점검 및 상태점검)
  - 기록유형: 문서, 대장, 카드, 도면, 시청각기록물, 행정박물 등
  - 점검내용: 보유기록물의 정수점검 및 상태점검, 미등록 기록물의 존재유무, 문서고 내 보존환경(재난대비 포함) 관리 실태 등 점검

다. 향후계획

〈그림 41〉 2008년도 관할 기관 기록물관리 실태조사계획 공문(사본)

라 인수 등록을 거쳐 서가에 배치하고, 관리번호와 위치정보를 반영하여 보유목록을 작성해야 했기 때문에 4년이라는 비교적 긴 시간이 소요되었던 것이다.

2006년 당시에는 7개 기관을 대상으로 기록관리 지도점검을 실시했지만, 2008년에는 17개 기관으로 지도점검 대상을 확대하였고, 지도점검 대상에서 제외된 기관은 자체점검을 실시하여 결과를 제출하도록 했다. 이 당시 기록관리 지도점검의 주요 목적은 크게 두 가지였는데, 행정기록물의 정수점검과 상태점검을 통해 중요 기록물의 안전한 보존관리 환경을 조성하겠다는 것과 문서 · 대장 · 카드 · 도면 · 시청각물 등 비전자 형태로 생산 · 관리하고 있는 기록물을 디지털화하여 전자적 활용체계를 구축하겠다는 것이었다.

이와 같은 목표에 맞춰 4가지 중점 점검사항을 설계했다.

첫 번째는 보유 기록물의 정수점검과 상태점검이었고, 두 번째는 미등록 기록물의 존재 여부를 확인하는 것이었다. 세 번째는 문서고와 캐비닛에 보관하고 있는 기록물의 관리 실태를 파악하는 것이었고, 네 번째는 문서고의 보존환경, 특히 재난에 대비한 기본적인 시설과 장비를 갖추고 있는지를 점검하는 것이었다. 이를 토대로 15가지 점검항목을 체크리스트로 작성했다. 〈표 26〉은 2008년 기록관리 지도점검을 위해 작성한 체크리스트이다.

17개 기관을 현장 방문하여 체크리스트에 제시된 항목과 같이 보유 목록과 실제 기록물철이 일치하는지 여부와 훼손 여부 등을 점검하였다. 또한 중요 기록물이 미등록 상태로 방치되지는 않았는지, 재난에 대비하여 소화기 등을 비치하였는지 등을 점검하였다. 2006년

〈표 26〉 2008년도 관할 기관 기록관리 실태점검 조사표

점검일: 년 월 일		확인자:		
연번	점검사항	점검결과	조치내용	조치결과
1	문서고의 출입자관리대장은 관리되고 있는가?			
2	보유목록과 기록물철은 일치하는가?			
3	보유 기록물이 훼손(물리적 · 화화적)되지는 않았는가?			
4	보유 기록물의 목록이 현행화되어 있는가?			
5	문서 · 도면 · 시청각물 등 중요기록물이 미등록 상태로 방치되지는 않았는가?			
6	문서고 내 청결상태는 양호한가?			
7	문서고 내 인화물질, 비인가 전열기구 등이 방치되지는 않았는가?			
8	문서고 내 소화기는 원래의 위치에 있는가?			
9	보존기간 10년 미만의 문서 · 대장 · 카드 · 도면 · 시청각물 등 보존기관 경과 기록물의 폐기 여부?			
10	보존기간 30년 이상인 미이관 기록물의 관리 상태는 양호한가?			
13	재난대비용품은 적정하게 관리되고 있는가?			
14	문서고의 출입문과 창문의 시건장치는 하였는가?			
15	문서고 내 준수사항(금연, 음식반입금지 등)은 지켜지고 있는가?			

지도점검 당시와는 상당한 변화가 있었다. 예를 들면 보유 기록물의 목록을 현행화하기 위해 관리번호 스티커를 부착하고, 보존서고의 서가에 질서정연하게 배치한 것이라든가, 보존서고에 비치했던 분말 소화기를 가스소화기로 교체한 것이라든가, 출입자관리대장과 열쇠 관리대장을 비치하여 관리하고 있는 것이 대표적인 사례들이다.

이렇듯 지도점검을 통해 매년 기록관리 환경과 직원들의 인식 변화를 느낄 수 있다. 지도점검이라는 수단을 동원하지 않더라도 자발적으로 기록을 관리하고 보존한다면 더 좋겠지만 말이다. 아무튼 관

〈그림 42〉 2008년도 관할 기관 기록관리 지도점검

할 소속기관의 기록관리 지도점검을 통해 문화재청의 기록관리 수준이 한 단계 업그레이드 된 것은 분명한 사실이다. 그럼에도 여전히 몇몇 소속기관은 보유 목록과 실제 기록물철이 일치하지 않거나 미등록인 상태로 관리하고 있었다. 물품이나 사무용품을 보관하는 창고 한편에 기록물을 정리하지 않은 채 관리하고 있다거나 개인 캐비닛에 도면기록을 보관하여 관리하고 있는 사례가 그것이다.

〈그림 42〉는 2008년도 소속기관 지도점검 당시 현장에서 확인한 기록관리 모습을 담은 것이다. 이와 같은 사진자료를 소개하는 것은 문제점 그 자체를 부각시키려는 것이 아니라, 실상을 명확히 파악하고 진단해야 후속 조치계획에 어떤 내용을 수록할 것인가를 결정할 수 있기 때문이다.

기록관리 전문요원은 지도점검 결과를 냉정히 판단하고 객관적인 보고서를 작성해야 한다. 기록관리 실상을 덮어두기에 급급해서는 안 된다는 것이다. 잘한 점은 칭찬하고 잘못한 점은 지적해서 앞으로 유사한 사례가 재발하지 않도록 조치계획을 마련해야 한다. 또한 지도점검 결과보고서 안에는 향후 어떻게 개선해 나갈 것인지에 대한 세부실천 계획을 반영해야 한다. 작성한 지도점검 결과보고서는 상부에 보고한 후 관할 기관이 모두 공유하여 드러난 문제점을 개선할 수 있도록 알려야 하고, 조치과정과 결과는 지속적으로 점검해야 한다. 관할 기관에 대한 기록관리 지도점검을 정례적으로 실시해야 하는 이유이다.

〈그림 43〉은 2008년도 관할 기관의 기록관리 지도점검 결과를 정리하여 보고한 보고서의 표지와 목차이다.

기록관리 지도점검 결과보고서에는 추진하게 된 목적과 관련 근거, 추진경과, 주요 점검사항을 개괄적으로 정리하여 수록하였다. 그리고 기록관리 전문요원의 관점에서 지도점검 결과를 종합하여 총평을

2008년도
소속기관 기록물관리 실태점검 결과보고

2009. 1.

문화재청
Cultural Heritage Administration
(정보화팀)

Ⅰ. 점검개요 ········· 3
ㅇ 목적/근거/추진경화/주요 점검사항

Ⅱ. 점검결과 종합 ········· 5
ㅇ 점검결과/총평/잘된 점/미흡한 점/향후 개선방향

Ⅲ. 세부추진 계획 ········· 12
1. 미등록 기록물의 목록 정리 지원 ········· 12
2. 미이관 기록물의 기록관 이관 추진 ········· 13
3. 보존기간 경과 소속기관 기록물의 평가심의 ······ 14

Ⅳ. 기관별 기록관리실태 점검 결과 ········· 15
ㅇ 문화재연구소 등 17개 소속기관 점검결과

〈그림 43〉 2008년도 관할 기관 기록관리 지도점검 결과보고서

작성하였고, 잘된 점과 미흡한 점을 진단하고 분석한 결과를 정리하여 수록하였으며, 드러난 문제점을 고쳐나가기 위해 필요한 향후 개선방안을 제시하였다. 개선방안을 보다 구체화하기 위해 세부추진계획을 수록하였고, 맨 마지막에는 관할 기관의 기록관리 실상을 담은 사진자료를 첨부하였다. 결과보고서는 관할 기관에 알려 드러난 문제점을 조치할 수 있도록 하였다.

무엇보다도 중요한 것은 지도점검 결과를 알리는 데 그쳐서는 안 된다는 것이다. 예컨대 업무와 관련하여 생산한 기록물이 미등록 상태로 관리되고 있다면 해당 기록물을 정리하여 등록할 수 있도록 인력을 지원하는 방법을 고려해야 한다. 소속기관 자체적으로 미등록 기록물을 정리할 수 있도록 기록물을 정리하고 등록하는 방법과 절차를 설명해 주어야 한다는 것이다. 꼭 인력지원 방식이 아니더라도 지침이나 매뉴얼을 정비하여 제공하거나, 기록관리담당자와 내부직원을 대상으로 기록관리 실무에 관한 교육을 실시할 수 있다.

그래서 문화재청은 세부추진계획의 하나로 미등록 기록물이 다수 확인된 기관을 대상으로 인력지원 계획을 수립하여 제시하였다. 이 계획은 그대로 실행에 옮겼는데, 지난 2009년 1월부터 3월 말까지 약 3개월에 걸쳐 미등록 기록물 정리 인력을 지원하였고, 해당 기관이 보유하고 있는 기록물의 목록을 정비하도록 했다. 기록관 차원에서 지원한 규모는 작았지만 어떤 계기를 마련해 줌으로써 기관이 자체적으로 미등록 기록물을 정리하고 목록을 정비할 수 있도록 한 것이다.

문화재청은 2010년에도 관할 기관에 대한 기록관리 지도점검을

Ⅲ. 세부추진 계획

1. 미등록 기록물의 목록 정리 지원

ㅇ 기간: '09.1.6(화)~2.27(금)

ㅇ 대상: 국립문화재연구소 등 6개 기관

- 국립문화재연구소, 국립경주문화재연구소, 국립부여문화재연구소, 국립가야문화재연구소, 한국전통문화학교, 국립해양유물전시관
- 국립 고궁박물관, 유적관리소, 5대궁의 경유 기록물 이관 후 본 청 기록관에서 이관 기록물에 대한 목록정리 지원 예정

ㅇ 지원인력: 총 22명(문화재 행정DB 사전조사팀)

ㅇ 지원내용

- 미등록 문서, 대장, 카드, 도면 시청각 기록에 대한 관리번호 스티커 부착, 위치정보 부여 및 목록작성 지원

ㅇ 세부일정

연번	기관명	지역	지원인력	지원기간	비고
1	국립문화재연구소	충남 부여	2	'09.1.6(화)~1.7(수)	2일
2	한국전통문화학교	충남 부여	2	'09.1.8(목)~1.9(금)	2일
3	국립해양유물전시관	전남 목포	3	'09.2.2(월)~2.6(금)	5일
4	국립가야문화재연구소	경남 창원	3	'09.2.9(월)~2.13(금)	5일
5	국립경주문화재연구소	경북 경주	3	'09.2.16(월)~2.20(금)	5일
6	국립문화재연구소	대전	3	'09.2.23(월)~2.27(금)	5일
7	본청 기록관	대전	4	'09.2.2(월)~3.31(화)	2개월

〈그림 44〉 2008년도 기록관리 지도점검 결과보고서 수록 내용

실시했다. 2010년의 지도점검 목표는 크게 세 가지였는데, 하나는 관할 기관의 문화재 관련 행정기록물과 발간간행물의 관리 실태를 점검하여 기록관리 체계를 개선하고 효율화를 도모하는 것이었다. 또 하나는 장기보존이 필요한 문서 · 대장 · 카드 · 도면 · 시청각물 등 비전자 기록물의 현황을 파악하여 디지털화 계획을 수립할 때 반영하는 것이었다. 그리고 온-나라시스템에서 생산한 전자기록물을 기

록관리시스템으로 이관할 때 발생하는 문제점을 현장에서 점검하여 신속하게 이관할 수 있도록 지원하는 것이었다.

주요 점검 항목은 지속적인 관리가 필요한 부분과 처음 시도하는 전자기록물 이관 프로세스 부분이었다. 예컨대 미등록 기록물의 존재 유무와 생산의무 부과 기록물의 등록 여부, 처리과 캐비닛과 보존서고의 기록물관리 상태점검, 보관 기록물의 목록작성 기준 준수 여부, 기록물 보안 및 재난대비 환경과 같이 지속적인 관리가 필요한 부분을 주요 점검 항목으로 선정했다. 아울러 새롭게 시도하는 온-나라시스템 전자기록물 이관 시 발생할 수 있는 문제점을 점검하는 항목을 추가하여 체크리스트를 작성하였다. 이때 작성한 체크리스트의 세부 항목은 다음에 제시하는 〈표 27〉을 참조하기 바란다.

이와 같이 체크리스트를 작성하고 2010년 4월 13일부터 5월 18일까지 약 1개월간에 걸쳐 관할 52개 기관을 대상으로 지도점검을 실시했다. 하루에 두세 기관을 방문하여 기록관리 현장을 점검해야 하는 강행군이었지만, 기록물 정리에서부터 보존서고의 서가배치, 보유 기록물 목록 작성 및 관리 방법 등 기록관리 현장의 실무자가 가장 어려워하는 부분을 자세하게 설명해 줄 수 있었다.

〈표 27〉 2010년도 문화재청 소속기관 기록관리 점검표

점검일시: 년 월 일(: ~ :)					
분야	항목	점검사항	점검결과		조치
			상태	내용	내용
기록관리	등록관리	① 보유 기록물의 목록은 현행화되었는가?(현행화, 목록작성 기준, 관리번호 부여 등 기준 준수 여부)			
		② 보유목록과 실제 기록물은 일치하는가?(캐비닛, 보존서고, 자료실, 전산실 등)			
		③ 보유 기록물의 보존 · 관리상태는 양호한가?(훼손, 오염, 파손, 침수, 탈색, 마모, 정화 여부 등)			
		④ 회의록, 조사연구검토서, 시청각물 등 생산의무 부과 기록물은 등록되어 있는가?[법률 제4조~제5조(기록물관리의 원칙), 제16조~제17조(기록물의 생산의무), 시행령 제17조~제20조 준수 여부]			
		⑤ 발간 간행물은 지침을 준수하였는가?(발간계획, 발간등록, 배포기준, 납본의무 준수 여부 등)			
		⑥ 도면, 사진(필름), 전자매체, 행정박물 등 중요기록물은 등록 관리되고 있는가?(도면, 도안, 탁본, 도판, 사진, 필름, 슬라이드, 영상 등)			
		⑦ 온-나라시스템 생산 · 접수 기록물은 등록관리 기준을 준수하고 있는가?(등록, 분류, 편철, 보존기간, 공개구분, 접근권한 등)			
보안 및 재난관리	보존환경	① 보존서고의 출입관리대장은 작성하고 있는가?			
		② 보존서고는 청결상태를 유지하고 있는가?			
		③ 보존서고 내 인화물질, 비인가 전열기구 등이 방치되어 있지는 않는가?			
		④ 소화기 등 재난대비용품은 비치 관리되고 있는가?			
		⑤ 보존서고 내 준수사항은 지켜지고 있는가?(제한구역표시, 금연, 음식물 반입금지 등)			

끝으로 관할 기관의 기록관리 지도점검 과정에서 겪었던 갈등 사례를 하나 소개하려고 한다.

2006년에 겪은 일이다. 기록관리 지도점검 계획을 수립하고 공문을 발송했다. 공문이 발송되고 나서 현장 방문 대상으로 선정된 기관의 담당자로부터 전화가 걸려왔다. 많고 많은 기관 중에 왜 하필 우리 기관이 선정되었냐는 것이다. 당시 현장방문 지도점검 대상으로 선정된 기관은 기록관리 전문요원과 담당 사무관이 방문하는 것으로 계획되어 있었다. 나머지 기관은 지도점검 체크리스트에 자체점검 결과를 정리하여 제출하도록 했었다. 상대적으로 업무에 부담을 느꼈던 모양이다. 기록관리 전문요원이 직접 방문해서 기록물 정리 요령이라든가 보존서고 관리 방법이라든가 보유 기록물 목록 작성 방법 등을 상세하게 설명해 주면 지금은 힘들지만 나중에는 수월할 것이라고 설득해야 했다.

기록관에서는 처음 실시하는 지도점검이지만 점검을 받는 기관 입장에서는 일 년이면 수차례에 걸쳐 점검을 받고 있었던 것이다. 복무감사, 보안감사, 예산감사, 결산감사, 사업에 관한 감사 등등 정기적으로 받는 감사나 점검이 한두 가지가 아니었던 것이다. 한 달이 멀다하고 점검과 감사를 받다 보니 짜증스러울만 하다는 생각이 들었다. 기록연구사가 입사한 지 얼마 지나지도 않아 난데없이 현장방문 지도점검을 실시한다고 공문을 보냈으니 얼마나 당황스러웠을까 짐작이 간다. 그렇지만 현장방문 지도점검을 뒤로 미룰 수 있는 상황도 아니었다. 무엇보다도 관할 기관의 기록관리 현장 상황이 궁금했고, 전수조사 결과물로 제출한 보유기록물 목록을 대조하면서 보존서고나 제대로 갖추어져 있는지, 또 담당자는 누구인지, 어느 정도의 기록물을 관리하고 있는지 등을 파악해야 했기 때문이다.

처음 관할 기관을 방문했을 때 긴장을 참 많이 했던 것 같다. 해당 기관장의 기록에 대한 인식이 자못 궁금했고, 기록관리에 대한 중요성에 대해 설명해야 한다는 부담감도 컸다. 걱정과는 달리 소속기관장과의 면담은 의외로 잘 풀렸다. 문화재 업무를 오랜 기간 담당해서 그런지 기록의 중요성에 대해 더 적극적으로 열을 올리며 강조하는 것이 아닌가. 기록에 대한 인식이 이 정도라면 직원들과도 쉽게 이야기를 풀어갈 수 있

〈그림 45〉 2010년도 문화재청 관할 기관 기록관리 지도점검

겠다는 자신감이 생겼다. 보존서고라 해봐야 비좁은 사무실 한편을 개조해서 만든 것이 고작이었지만 생산연도별로 정리된 기록물을 보는 순간 열악한 환경에서도 나름대로 노력하고 있는 모습을 엿볼 수 있었다. 기록관리 담당자와 면담을 했고, 지원이 필요한 것이 무엇인지 일일이 물어보고 기록을 했다. 결과보고서에 반영하기 위한 것도 있었고, 기록관 차원에서 지원이 가능한 것들은 하나라도 지원해 주고 싶어서였다. 그렇게 7개 관할기관에 대한 현장방문 지도점검을 끝마칠 수 있었다.

문화재청은 2007년을 제외하고 2005년부터 2010년까지 매년 각 처리과와 관할 소속기관에 대한 기록관리 지도점검을 추진해 왔다. 기록관리 지도점검의 횟수가 늘어날수록 기록관리 체계도 자리를 잡아가고 있다고 생각하는데, 그럼에도 아직도 미흡한 부분이 많다. 매년 기록관리 지도점검을 하면서도 여전히 개선되지 않는 이유가 뭔지 늘 고민스럽다. 굳이 이유를 찾자면 이미 굳어져 버린 오랜 습성 때문일 게다. 고착화된 습성을 바꾸기가 쉽지 않다는 데 그 이유가 있는 듯하다. 공무원 한 사람 한 사람이 자신의 오랜 습성을 바꾸어야 하는데 법과 원칙만을 내세워 강요하고 강제하는 데에는 아무래도 한계가 있기 마련이다. 이러한 문제는 기록관리 전문요원이 원칙과 소신을 가지고 다소 시간이 걸리더라도 합리적으로 풀어갔으면 한다.

13. 기록관 보안대책 수립하기

기록관은 공공기록관리법이 정한 바에 따라 각급 기관이 의무적으로 설치해야 하는 기록물관리기관인데, 기록관리 업무를 전담하는 부서에 설치하도록 하고 있다. 또한 기록관은 기록물의 안전한 보존관리를 위해 필요한 공간과 시설 · 장비, 그리고 기록관리 업무를 전문적으로 수행할 수 있는 전문인력을 배치하도록 하였다. 기록물을 안전하게 보존관리하고, 효율적으로 활용하기 위한 최소한의 조건을 갖추도록 한 것인데, 기록물의 열람서비스를 위한 열람공간, 기록물의 안전을 보장하기 위한 보존공간, 기록관리 업무 수행을 위한 사무공간과 작업공간, 그리고 전산실 등을 갖추도록 한 것이다.

그러나 중앙행정기관을 비롯한 각급 기관의 기록관은 기관이 속한 청사의 운영 방식에 따라 다양한 형태를 보이고 있다. 청사 운영 방식은 크게 세 가지로 구분할 수 있는데, 단일 기관이 독립된 청사를 운영하는 경우와 여러 기관이 공간을 나누어 공동으로 운영하는 경우, 그리고 민간 건물을 임대하여 운영하는 경우가 있다.

지방자치단체와 교육청의 경우는 단일 청사를 운영하고, 중앙행정기관은 공동 청사로 운영되는 경우와 민간 건물을 임대하여 청사로 운영한다. 그렇기 때문에 중앙행정기관의 경우 기록관을 독립적인 기구로 운영하기보다는 기존의 행정자료실과 보존서고의 유사기능을 통합하여 기록관으로 운영하거나, 행정자료실과 기록관을 분리한 채로 운영하는 기관이 대부분이다. 중앙행정기관은 대부분이 공동청사에 입주해 있고, 제한된 공간을 배정 받아 사용하고 있어 법령에서 정한 기록관 설치 기준을 충족하기가 쉽지 않다.

특히, 기록관이 갖추어야 할 사무공간과 열람공간은 물론 기록물을 안전하게 보존하기 위한 보존공간조차 확보하기 어려운 실정이다. 더군다나 공공기록관리법령은 필수적으로 기록관과 기록물에 대한 보안대책과 재난대비계획을 수립하도록 하였지만, 여러 기관이 유기적인 관계 속에서 공동으로 대응해야 하기 때문에 그 실효성에 의문이 든다. 그렇다면 기록관의 보안대책과 재난대비계획은 어떻게 수립해야 하고, 또 법령이 정한 기준은 어떻게 충족할 것인가. 문화재청의 사례를 들어 기록관의 보안대책과 재난대비계획 수립 방안을 살펴보고자 한다.

기본적으로 기록관의 보안대책과 재난대비계획은 각각의 기관이 운영하는 보안정책과 재난안전정책에 따라야 한다. 기록관도 기관에 속해 있기 때문에 그 기관의 전체적인 보안 및 재난대비계획과 조응할 때 보다 일관되고 효율적인 계획을 수립할 수 있기 때문이다. 기관마다 조금씩 차이는 있겠지만 보안업무규정에 따라 보안업무를 수행하는데, 보안업무규정을 보다 구체화하여 보안업무시행규칙이나 보안업무시행세칙을 제정해서 운영하고 있다. 보안업무시행규칙에는 전시와 같은 비상상황이든 평시의 업무수행 과정이든 보안에 관한 총괄적인 내용을 담고 있다.

기록관도 예외는 아니어서 기관에서 제정 운영하고 있는 보안업무 시행규칙이나 정보통신보안시행세칙의 적용을 받는다. 기록관의 보안대책은 상위의 보안업무시행규칙을 따르고, 또 그 상위에 있는 보안업무규정을 준수해야 하기 때문에 기록관만의 독자적인 보안대책을 수립해서 운영하는 것이 현실적으로 쉽지 않다. 자칫 기관 내부의 보안업무시행세칙과 충돌할 수 있고, 그 상위의 규정인 보안업무규정과도 상충될 수 있기 때문이다.

이러한 점을 감안하여 기록관의 보안대책은 최소한 기관에서 훈령으로 제정하여 운영하고 있는 보안업무시행세칙의 한 장으로 편성하여 구체적인 행동요령을 규정하는 것이 바람직할 것이다. 상위법부터 기관의 훈령에 이르기까지 일관된 기조와 정책을 유지해야 하기 때문이다.

문화재청은 2009년에 기록관의 보안대책을 수립 · 시행하였다. 국가기록관리 표준으로 보안대책 수립에 관한 지침이 마련되어 있지만, 대부분이 원론적인 내용이어서 기관의 실정에 맞게 재구성해야 할

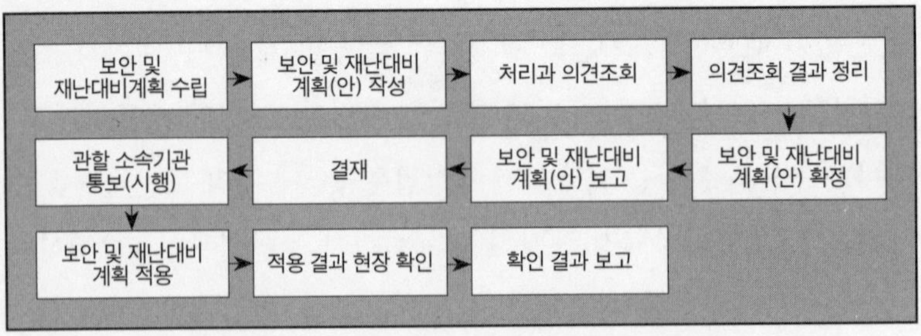

〈그림 46〉 기록관 보안 및 재난대비계획 수립 절차

필요가 있다. 필자는 기록관 보안대책을 수립하기 위해 보안업무를 담당하고 있는 처리과의 담당자와 인터뷰부터 시작하였다. 상위의 보안업무시행규칙과 상충되지 않고, 또 기록관의 보안을 체계적이고 효율적으로 하기 위해서였다. 보안업무 담당자로부터 기록관 보안대책의 구성 항목부터 반드시 반영해야 할 실무적인 내용에 관해 두루 자문을 받았다. 그런 다음 문화재청에서 운영하고 있는 보안업무시행세칙과 상위법인 보안업무규정과 각각 대조하는 작업을 병행하였다. 이러한 과정을 거쳐 마련한 기록관의 보안대책(안)은 크게 네 개의 장으로 구성되어 있다.

첫 번째 장은 일반사항으로서 기록관 보안대책을 수립하여 운영하는 목적과 적용범위 및 대상, 관련 근거, 그리고 보안대책에서 사용하고 있는 용어의 정의를 담았다.

보안대책의 목적은 크게 두 가지로서, 하나는 문화재청 기록관과 기록물에 대한 체계적인 보안 관리를 통해 기록물의 무단 유출을 예방하고, 기록물의 보안 사고에 신속하게 대응할 수 있는 능력을 강화하는 것이다. 다른 하나는, 예기치 않은 보안 사고에 노출됐을 때 직원들이 신속한 보고체계를 유지함으로써 문화재 행정기록물을 안전하게 보호하는 것이다.

보안대책의 적용범위는 문화재청 기록관의 출입인원과 보존시설・장비, 정보통신 보안, 기록물의 보안 관리 업무를 적용범위로 하였고, 적용 대상은 문화재청과 소속기관의 기록관장, 기록관리책임관, 기록관리담당자, 그리고 소속공무원으로 하였다.

두 번째 장과 세 번째 장에는 각각 기록관과 기록물에 대한 보안관리 계획을 담았다. 먼저, 기록관의 보안관리 계획에는 보안관리 체계, 담당자별 역할, 보호구역의 지정관리 기준을 담았다. 그리고 기록물의 보안관리 계획에는 보존서고 출입인원과 시설장비, 기록물의 보안, 정보통신 보안, 기록물 작업장에 대한 보안사항을 담았다.

마지막 네 번째 장에는 문화재청 기록관의 현황을 수록하였는데, 기록관의 일반현황부터 기록관 운영현황, 그리고 기록관 보안과 관련된 각종 서식을 수록하였다.

이와 같이 기록관 보안대책(안)을 마련하고 난 다음에는 보안업무 담당 처리과의 검토를 받아야 한다. 이때 보안관리 체계와 비상시 보고체계가 제대로 규정되어 있는지를 살피고 상위 보고체계와의 유기성 등을 점검한다. 이후 각 처리과의 의견조회를 거쳐야 하는데, 다른 법이나 보안업무시행세칙과의 충돌 여부를 확인할 필요가 있기 때문이다. 처리과 의견조회를 마치고 난 최종 안에 대해 기관장의 결재를 받은 후 기록관 보안대책을 처리과 및 소속기관과 공유하면 된다.

기록관 보안대책 수립 절차와 방법은 의외로 간단할 수 있지만, 기관 내부에서 운영하고 있는 보안업무시행세칙, 보고체계 등을 사전에 분석하고 검토하여 기록관 보안대책과 유기적으로 운용되도록 하는 것이 무엇보다 중요하다 하겠다.

14. 기록관 재난대비계획 수립하기

기록관 재난대비계획은 앞서 언급한 보안대책 수립 과정보다 더욱 세밀한 주의가 필요하다. 기록관 보안대책은 기관의 내부 사정만 고려하면 되지만, 재난대비계획은 업무 특성 상 여러 기관과의 긴밀한 협조와 연계가 필수적이기 때문이다. 관련 법령과 기관이 많고, 재난 상황에 따른 대응 방법과 절차가 세분화되어 있어 고려할 사항도 많다. 또한 재난에 대비한 장비와 물품은 그 종류가 다양하여 기록관에 적합한 장비를 갖추기 위한 사전준비도 필요하다.

무엇보다도 기록관 재난대비계획을 수립하기 위한 자료 수집이 중요하다. 소방방재청에서 제공하는 매뉴얼이나 기상청, 경찰청, 중앙재난안전본부, 한국전기안전공사, 한국가스안전공사, 소방학교, 청사경비대, 청사관리소 등 유관 기관에서 제공하는 자료들을 수집할 필요가 있다. 아울러 기록물이 재난을 당했을 때 복원이나 복구를 위해 필요한 전문기관과 전문인력 정보를 사전에 파악하고, 민간연구소와 관련 기업체 등의 정보도 알아두어야 한다. 그리고 국가기록원, 청사관리소, 청사경비대, 관할 소방서, 경찰서 등 유관 기관과의 공조체계 구축을 위한 업무협의도 진행해야 한다.

앞서 몇 가지 사례를 제시한 것은 기록관 재난대비계획을 수립할 때 시행착오를 줄이도록 하기 위함이다. 필요하다면 체크리스트를 별도로 작성해서 자료수집부터 유관 기관과의 업무협의에 이르는 전 과정을 모니터링할 수도 있을 것이다.

그렇다면 재난의 유형과 종류에는 어떤 것들이 있고, 재난 발생 시 재난관리 활동이 어떻게 이루어지는지 알아보면서 재난대비계획 수립 실무에 관해 살펴보자. 기록관 재난대비계획 수립 절차는 앞서 제시한 〈그림 46〉을 참고하기 바란다.

일반적으로 재난의 유형은 자연 재난, 인적 재난, 국가기반 재난의 크게 셋으로 분류된다. 이 중 자연 재난은 태풍, 홍수, 호우, 강풍, 풍랑, 해일, 대설, 가뭄, 지진, 황사, 적조 등과 같은 자연현상으로 인해 발생하는 피해를 말하고, 인적 재난은 화재, 붕괴, 폭발, 교통사고, 화생

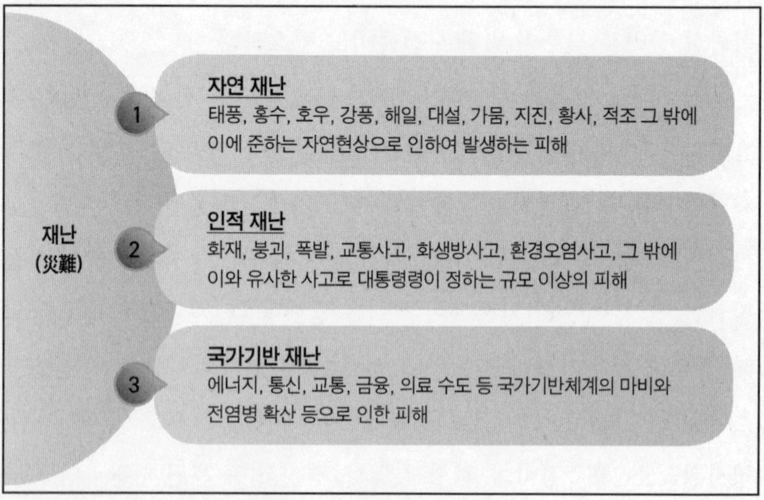

〈그림 47〉 각종 재난의 유형 및 종류

방사고, 환경오염 등 사고로 인한 피해를 의미한다. 국가기반 재난은 에너지, 통신, 교통, 금융, 의료, 수도 등 국가기반체계의 마비와 전염병 확산 등으로 발생하는 피해를 포함한다.

그리고 재난관리 활동은 재난 발생 상황에 따라 예방－대비－대응－복구단계로 진행된다. 우리가 기록관 재난대비계획을 수립하는 목적은 각 단계별 재난관리 활동에 필요한 구체적인 행동요령을 마련하는 것이라고 할 수 있다. 필자는 재난관리 활동의 핵심은 재난이 발생하지 않도록 예방활동을 충실히 하는 것에 있다고 생각한다. 그러한 이유로 문화재청은 기록관 재난대비계획을 수립할 때 주로 예방활동에 중점을 두었다.

문화재청의 기록관 재난대비계획은 크게 7개의 장으로 구성되어 있다.

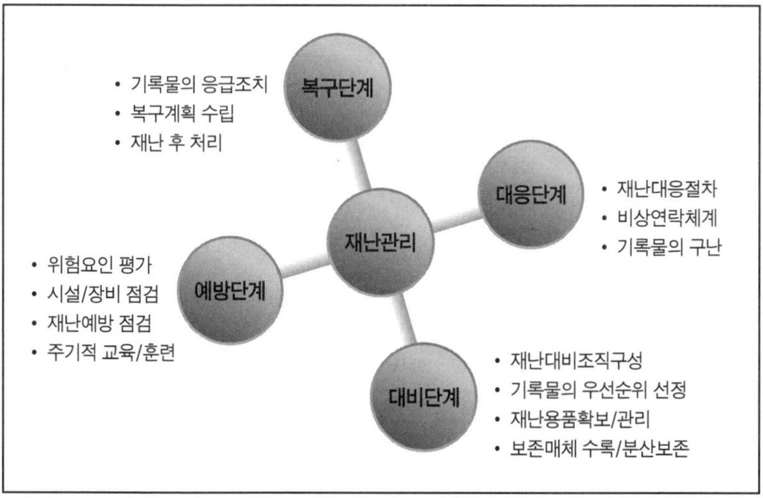

〈그림 48〉 4단계 재난관리 활동 모형도

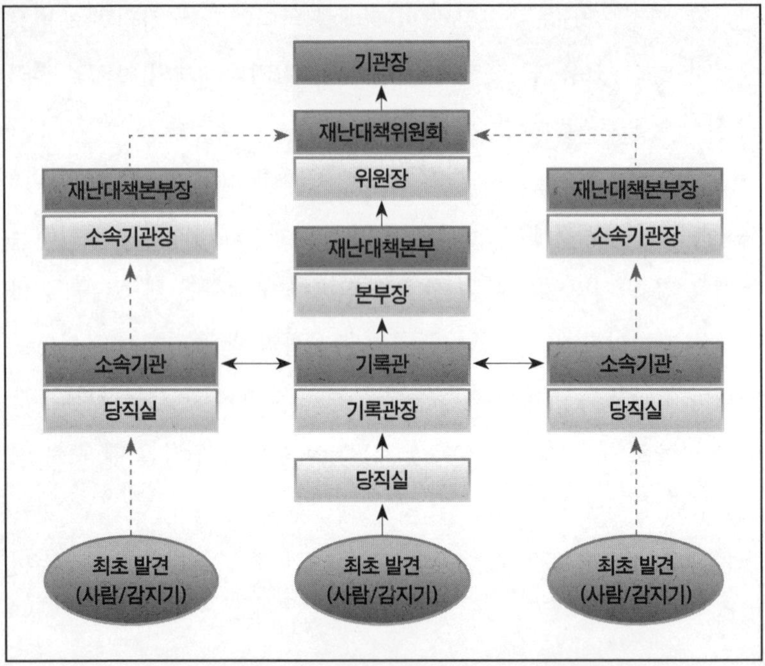

〈그림 49〉 문화재청 기록관 재난발생 시 비상연락체계도

첫 번째 장에서는 일반사항으로서 재난대비계획의 수립 목적과 적용범위, 적용대상, 관련 법규, 그리고 재난대비계획에서 사용하는 용어를 정의하였고, 두 번째 장에서는 기록관 재난대비계획의 기본 방향과 재난대비 목표, 재난대비 방침, 기록관의 재난관리체계를 담았다.

세 번째 장에서는 재난 상황에 대한 예방－대비－대응－복구단계별 절차와 방법을 제시하였는데, 예방에 관한 사항을 먼저 제시하였다. 주요 내용으로는 기록관의 재난 예방을 위해 중점적으로 관리해야 할 사항과 방법, 절차를 담았고, 기록관의 기록물 보유현황과 기

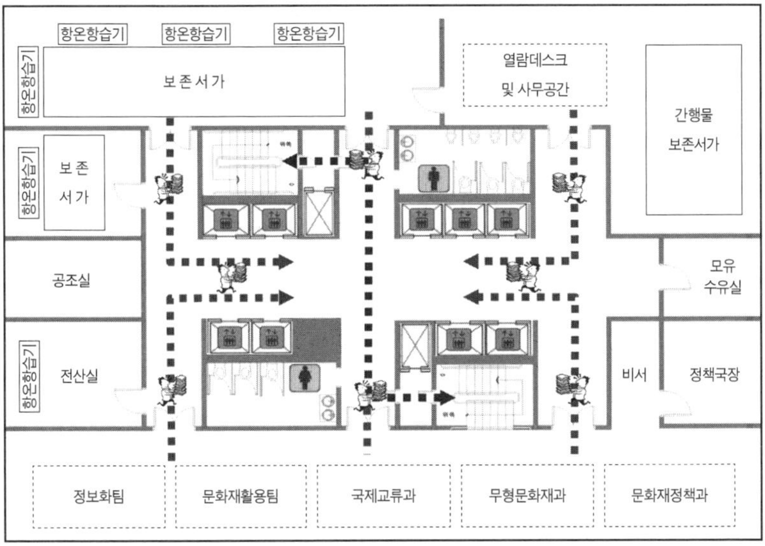

〈그림 50〉 문화재청 기록관 재난발생 시 기록물 구난 경로도

록관의 시설 및 장비 현황, 그리고 기록관의 재난위험요인 평가 및 점검 요령, 기록관 기록물의 점검 요령, 기록관 보존환경 체크리스트와 점검 방법, 기록관 보존시설의 보안점검 방법 등을 제시하여 예방활동에 관한 행동요령을 담았다.

네 번째 장은 재난발생 시의 재난대비조직체계 구성 내용을 제시하였다. 그리고 재난 시 우선해야 할 기록물 선정 기준과 체크리스트, 재난에 대비한 서가배치 방법 등을 제시하였다. 아울러 기록물의 보존매체 수록 및 분산 보존 절차, 주요 시설 장비의 재난대비 운용 절차, 기록관의 기록물 재난대비 훈련과 기록관의 재난대비 교육프로그램 운영에 관한 사항을 담았다.

다섯 번째 장은 재난에 대응하는 요령을 담았는데, 주요 내용으로는 기록관의 비상연락체계와 기록관의 재난대응원칙, 그리고 기록관의 재난대응 행동절차, 기록관 재난대응 조직 구성과 각 조직별 임무와 역할, 기록관의 재난유형별 대응 방법과 기록물의 구난 절차 및 방법 등을 상세히 기술하였다.

여섯 번째 장은 재난을 당한 기록물의 복구 방법과 절차 등을 기술하였는데, 주요 내용으로는 피해 기록물의 응급조치와 복구계획 수립과 같은 절차와 방법 등을 제시하였고, 마지막 장에는 기록관 기록물의 재난 예방활동과 대비, 대응, 복구 과정에서 필요한 각종 체크리스트와 점검사항을 표로 정리하여 제시하였다.

이렇게 작성된 재난대비계획은 유관 기관의 검토와 처리과 의견조회 과정을 거쳐 최종 안을 마련하고, 기관장의 결재를 받은 후 각 처리과와 소속기관에 배포하였다.

다음에 제시한 〈표 28〉은 기록관에 비치해야 할 재난대비용품 관리대장 서식이다. 기록관에서 발생할 수 있는 재난에 대비하기 위해서는 비상연락전화기와 비상연락체계도, 기록물 구난 경로도 등을 작성하여 비치해야 한다. 그 외 나머지 장비와 물품들은 기록관의 환경에 따라 선택적으로 비치하면 될 것 같다.

기록관에서 관리하고 있는 재난대비 장비와 물품들은 분기별이나 반기별로 주기적 점검을 해둘 필요가 있다. 그리고 비상연락체계도의 경우는 조직개편이나 인사이동 시 수시로 변경해야 하기 때문에 교체나 이동이 수월하도록 제작하면 도움이 될 것이다. 특히 서고현황판이나 서가배치도의 경우에는 기록물을 긴급히 구난해야 할 때 신속하게 대응하기 위한 것인 만큼 기록관 입구의 눈에 잘 띄는 곳에

〈표 28〉 문화재청 기록관 재난대비용품 관리대장 서식

점검일: 년 월 일			확인자:		
연번	물품명	보존위치	수 량	단 위	상 태
1	비상전화기				
2	비상연락체계도				
3	기록물 구난 경로도				
4	비상용 손전등				
5	휴대용 지시유도등				
6	방진 · 방연마스크				
7	보호 의(衣)				
8	알루미늄 운반상자				
9	코팅 장갑				
10	보호 모자(안전모)				
11	비닐 앞치마				
12	응급처치용 구급상자				
13	안전 테이프(위험)				
14	에어비닐				
15	운반용 손수레(철재)				
16	서가등급표시 스티커				
17	서고현황판				
18	서가배치도				
19	구난상자(알루미늄)				
20	재난용품보관함				

부착하는 것이 좋다. 필수기록물을 보관하는 서가라면 필수기록물 서가라는 표시 스티커를 서가의 전면에 부착하여 기록물의 긴급 구난에 효과적으로 대응하고, 재난대비 장비와 물품 보관함은 기록관 출입문 밖에 비치하면 된다.

다음의 〈표 29〉는 기록관의 재난 위험요인을 사전에 평가하기 위한 체크리스트이다. 기록관의 재난위험 정도를 7단계로 구분하였는데, 각각의 재난 상황에 어느 정도의 피해를 입을 수 있는지를 미리 예측하여 긴급 재난 발생 시 신속히 대응하기 위해 만든 것이다.

〈표 29〉 문화재청 기록관 재난의 위험요인 평가표

원인	재난	1단계	2단계	3단계	4단계	5단계	6단계	7단계	종합
		희박	낮음	보통	중요	주의	높음	심각	
자연 현상	풍수해								
	산불								
	폭설								
	태풍								
	지진								
	산사태								
	해일								
	황사								
	기타								
인위 원인	각종 장애								
	화재								
	폭발								
	붕괴								
	도난								
	테러								
	전쟁								
	기타								

다음의 〈표 30〉은 기록관의 재난예방 점검표이다. 기록관 기록물의 재난에 대비하기 위한 체크리스트이며, 각 기관의 기록관 상황에

〈표 30〉 문화재청 기록관의 재난예방 점검표

점검일: 년 월 일		확인자:		
연번	점검사항	점검 결과	조치 내용	조치 결과
1	재난예방 교육은 실시하였는가?			
2	소화전 및 소화기 등 사용법은 숙지하였는가?			
3	기록물 및 인명 대피 경로는 숙지하였는가?			
4	재난대비용품은 구비하였는가?			
5	비상연락망은 현행화하였는가?			
6	기록관 출입자관리대장은 관리되고 있는가?			
7	기록물 반출 · 반입서는 관리되고 있는가?			
8	기록관 출입문의 잠금장치는 안전한가?			
9	기록관의 청결상태는 양호한가?			
10	보존서고 바닥, 천장, 내 · 외벽, 창가의 누수는 없는가?			
11	보존서고 서가의 뒤틀림 등 이상 징후는 없는가?			
12	비상구 주변에 적재물을 방치하지는 않았는가?			
13	보존서고에 인화물질 등을 방치하지는 않았는가?			
14	전기배선, 콘센트 등은 안전한 제품을 사용하고 있는가?			
15	비인가된 전열기구를 사용하고 있는가?			
16	휴대용 가스소화기의 소화액, 압력 등은 적정한가?			
17	보존서고의 창문은 안전한가?			
18	항온 · 항습기, 공기정화기 등은 주기적으로 점검하였는가?			
19	보존서고 내 해충이 발생하지는 않았는가?			
20	기록관 재난대비계획은 현행화 하였는가?			
21	기록관 재난의 위험요인평가는 주기적으로 실시하였는가?			
22	기록관 재난예방 점검표의 작성은 충실한가?			
23	기록관 재난예방 일일점검은 실시하였는가?			
24	필수기록물 및 인명 대피 훈련은 실시하였는가?			
25	기록관 재난대비 전담인력은 확보되었는가?			
26	재난대비 시설 및 장비 예산은 확보되었는가?			
27	중요기록물의 전산화 등 보존매체 수록 예산은 확보하였는가?			
28	재난대비 훈련 및 교육 예산은 확보하였는가?			

따라 선택적으로 운용하거나 추가하여 운용할 수 있다.

다음의 〈표 31〉은 기록관 재난예방 활동 강화를 위한 일일점검표이다. 일일점검표에는 기록관의 출입자 관리에서부터 청결상태, 전원상태 등을 체크할 수 있도록 하였다. 기관의 상황에 따라 선택적으로 적용하거나 보다 구체적인 사항을 추가하여 운용할 수 있다. 기록

〈표 31〉 문화재청 기록관의 재난예방 일일점검표

점검일: 년 월 일		확인자:		
연번	점검사항	점검 결과	조치 내용	조치 결과
1	기록관 출입자관리대장은 관리되고 있는가?			
2	기록관의 청결상태는 양호한가?			
3	기록관의 창문의 개폐 상태는 양호한가?			
4	비인가된 전열기구가 방치되지는 않았는가?			
5	전기배선의 정리정돈 상태는 양호한가?			
6	전원 코드 접지 · 피복 상태는 양호한가?			
7	미사용 코드의 전원은 차단되었는가?			
8	소화기는 원래의 위치에 있는가?			
9	비상구의 안전은 확보되어 있는가?			
10	보존서고 서가는 안전한가?			
11	보존서고 바닥, 천장, 내벽 등 누수의 징후는 없는가?			
12	보존서고 내 인화물질 등이 방치되어 있지는 않은가?			
13	재난대비용품은 적정하게 관리되고 있는가?			
14	출입문과 창문의 시건장치는 하였는가?			
15	항온 · 항습설비, 공기정화기 등의 장비는 안전한가?			
16	보존서고 내 해충이 발생하지는 않았는가?			
17	보존서고 내 금연 준수 여부			
18	음식/음료수 등 반입금지 준수 여부			
19	기록관 재난예방일일점검은 충실히 수행하였는가?			

관 환경을 점검하는 것인 만큼 하루에 두 번 출근할 때와 퇴근할 때 실시하는 것이 좋다.

앞에서 소개한 문화재청 기록관 재난대비계획은 2008년에 수립한 것인데, 중앙행정기관으로는 처음이었다. 이때 마련한 기록관 재난대비계획은 중앙행정기관, 지방자치단체, 기록관리학 대학원 등 여러 기관과 공유하였다. 이것이 가능했던 이유는 기록연구협의회 구성 · 운영과 같은 여러 노력이 뒷받침되었기 때문이다. 문화재청은 지난 2008년 대전 · 충청 권역에 소재한 중앙행정기관을 대상으로 기록연구협의회를 구성했고, 이를 통해 당면 과제의 하나였던 기록관 재난대비계획 수립 방안 연구 과제를 수행했다. 문화재청이 주관한 대전 · 충청 권역 기록연구협의회*에는 병무청, 특허청, 관세청, 통계청, 조달청, 산림청, 중소기업청, 행정복합도시건설청, 국가기록원이 참여하였다.

기록관 재난대비계획 수립 방안을 연구하기 위해 관련 자료를 모아 정리하고, 유관 기관의 자문을 거쳐 기록관 재난대비계획을 마련했던 것이다. 이렇게 작성된 재난대비계획은 문화재청이 주관한 기록관 재난대비 수립 방안 연구 성과 공유대회를 통해 여러 기관과 공유할 수 있었다. 기록관리 현장에서 작은 규모의 협의체를 구성하여 기록관이 당면한 과제를 연구하고 개선방안을 찾아 나간다면 보다

* 문화재청이 주관한 2008년도 대전 · 충청 권역 기록연구협의회는 2007년도 대전 · 충청 권역 기록관리 혁신포럼의 새로운 이름으로 정부대전청사와 충청지역에 소재한 8개 중앙행정기관의 참여로 구성된 협의체이다.

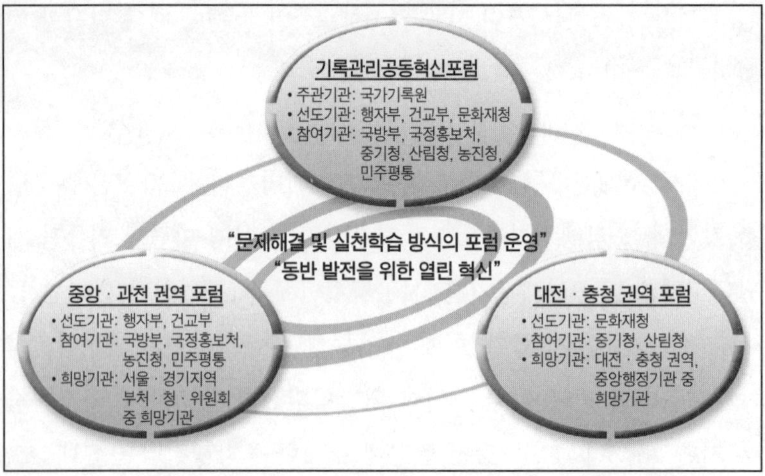

〈그림 51〉 2007년도 대전 · 충청 권역 기록관리혁신포럼 구성도

표준화된 기록관리 체계를 구축할 수 있을 것이다. 뿐만 아니라, 기록관리 전문요원의 전문성을 높이는 계기가 되리라 믿는다.

15. 아날로그 기록의 디지털화 실무

중앙행정기관을 포함한 지방자치단체, 교육청 등 공공기관은 1999년부터 여러 해 동안 아날로그(Analog) 기록의 디지털화(Digitizing Database) 사업을 추진해 왔다. 초창기 각급 기관이 수행한 디지털화 사업은 전자정부 구현을 목표로 한 국가정보화정책의 하나로 추진되었다. 당시는 IMF라는 위기 극복 일환으로 여러 분야에서 다양한 형태의 공공근로사업이 전개되었다. 기록관리 분야는 각급 기관의 아날로그 행정기록을 디지털화하고, 국민에게 보다 다양한 서비스 제공을 위한 방편으로 정보화 공공근로사업을 추진하였다. 컴퓨터가 일반화되고 인터넷의 보급이 확산되는 등 정보화환경의 급속한 발전과 변화를 거치면서 기록정보에 대한 국민의 요구 또한 나날이 증가해 왔다.

최근에는 디지털화 데이터의 융 · 복합을 통한 증강현실이나 3D · 4D와 같은 신 개념의 IT기술이 급성장하고 있다. 스마트폰을 이용한 활발한 정보활동과 그에 기반 한 SNS(Social Network Service) 환경이 빠르게 형성되고 있는 상황이다. 이에 각급 기관은 변화하는 IT환경과 날로 증가하는 국민의 기록정보 요구에 능동적으로 대응해야 하는 현실에 직면해 있다. 국가가 보유한 다양한 정보를 국민에게 제공하기 위해서는 아날로그 기록의 디지털화는 필수적이다.

그런데 몇몇 기관을 제외하고는 대부분의 기관이 아날로그 기록의 디지털화에 어려움을 겪고 있다고 한다. 우선 과거에 생산된 아날로그 기록의 디지털화 예산을 확보하는 것부터가 쉽지 않은 것이다. 과거 10여 년 동안 수백억 원의 국가예산을 들여 디지털화 사업을 추진했지만, 실제 국민이 체감하고 생활에 도움을 주는 서비스는 미진하다고 평가받고 있기 때문이다. 대부분의 기관이 기록의 보존에 초점을 맞춰 디지털화 사업을 추진한 것이 주요 원인인 것 같다. 즉, 기관 내부의 활용에만 주안점을 두어 디지털화를 추진함으로써 예산의 투입 필요성이나 시급성에 대한 논리적 근거를 확보하지 못했다는 것

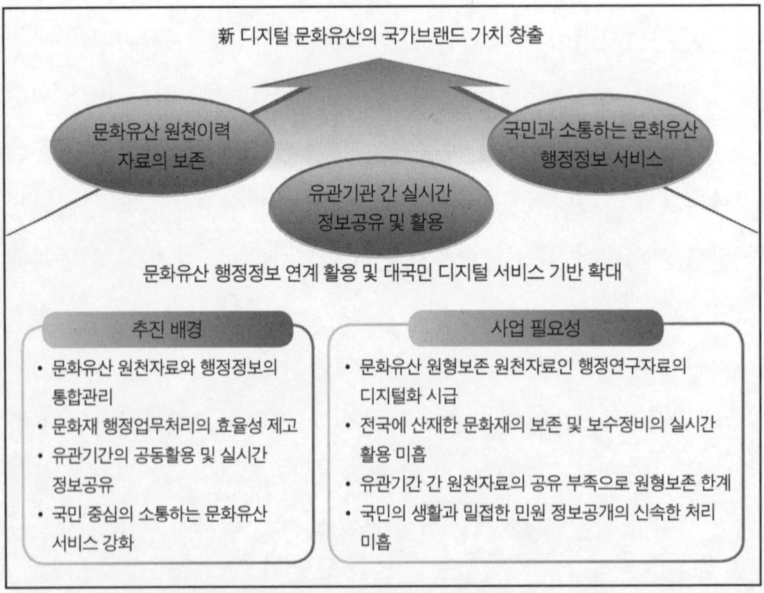

〈그림 52〉 문화재청 디지털화 데이터베이스 구축 비전

이다.

뿐만 아니라, 현재 각급 기관이 운영하고 있는 자료관시스템이나 기록관리시스템(RMS)에서 과거에 구축한 디지털화 데이터를 체계적으로 관리 · 활용하기 위해서는 마이그레이션이 불가피한데도 이에 대한 대비가 부족했다.

그렇다면 과거의 디지털화 데이터를 어떻게 활용하고, 앞으로 어떤 기준과 원칙으로 아날로그 기록을 디지털화할 것인가. 다양한 매체, 다양한 재질, 다양한 규격, 다양한 유형의 기록을 디지털화하기 위한 전략과 비전을 어떻게 수립할 것인가. 또 디지털화를 통해 구축된 데이터를 시스템으로 구현하고, 유관 시스템과 연계하여 내부고객과 국민에게 어떻게 서비스할 것인가.

기록관리 전문요원은 이와 같은 문제의식을 지닌 채 디지털화 전략과 비전을 설계하고, 나아가 아날로그 기록의 디지털화 계획을 수립해야 한다. 특히 점점 기록정보에 대한 이용 가능성을 보장하는 것이 중요해지고 있다. 디지털화를 통해 국가가 소장하고 있는 다양한 기록정보를 신속히 제공하고, 국민의 알 권리 충족과 국정 참여기회를 보장하여 국가의 중요 정책에 대한 감시기능을 활성화시켜야 한다. 이를 통해 투명하고 책임 있는 행정을 실현하기 위한 기반을 조성할 수 있다. 따라서 디지털화 전략과 비전과 계획에는 기록의 이용 가능성을 보장하기 위한 구체적 방안이 포함돼 있어야 한다. 디지털화의 비전, 전략, 목표가 명확하지 않다면 디지털화 데이터는 제대로 이용되지도 못한 채 사장되는 사례가 발생할 수도 있다.

문화재청이 1999년에 추진한 문화재 원형 도면 디지털화 사업이

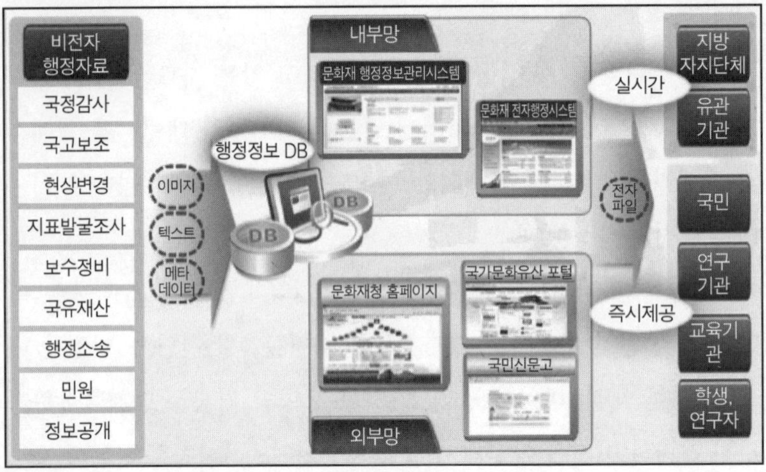

〈그림 53〉 문화재청 디지털화 데이터베이스 구축 목표

대표적인 사례이다. 이 사업은 문화재로 지정할 당시 작성된 도면과 복원 · 보수 · 정비과정에서 생산된 아날로그 도면을 디지털화하는 것이었는데, 이때 구축한 디지털화 데이터를 문화재원형도면관리시스템에 업로드 하였다고 한다. 그런데 문화재원형도면관리시스템은 현재 운영되지 않는 시스템의 하나로 전락한 상태이다. 결국 사용할 수 없는 데이터를 담고 있는 사용할 수 없는 시스템이 된 것이다.

이러한 사실을 지난 2009년 문화재 관련 아날로그 도면의 디지털화 사업 계획 심의과정에서 알게 되었다. 디지털화 사업 심사위원으로부터 과거에 이미 구축한 도면을 왜 다시 디지털화하려는 것인가라는 지적을 받은 것이다. 요지는 과거의 디지털화 사업 대상 자료와 중복되고, 다시 디지털화하더라도 국민이 이용할 수 있는 활용성이 떨어진다는 지적이었다. 이와 더불어 예산의 중복투자 문제가 제기되었고, 문화재청이 신청한 예산은 전액 삭감되어 문화재 관련 아날로그 도면의 디지털화 사업은 백지화되고 말았다.

필자는 디지털화 사업 심사위원의 지적을 수긍할 수 없어 기관의 전산담당자에게 확인을 거쳤다. 과거에 문화재 원형 도면 디지털화 사업을 수행한 적이 있는지, 그때 구축한 데이터베이스는 어떤 시스템에 업로드 되어 있는지, 이 시스템이 현재 운영되고 있는지, 서비스 대상이 누구이고 어떤 정보를 서비스하고 있는지, 활용실적이나 서비스 현황을 파악할 수 있는지 등등 몇 가지 사안을 확인하였다.

전산담당자는 1999년도에 공공근로 사업의 하나로 디지털화 사업을 수행하여 문화재원형도면관리시스템에 디지털화 데이터를 업로드 했지만 시스템 운영은 중단된 상태라고 하였다. 디지털화 당시 데이터베이스 제작기준 없이 단순히 도면을 스캐닝 하여 파일로 생성했고, 시스템은 데이터베이스 저장서버로 개발한 것이어서 기관 내

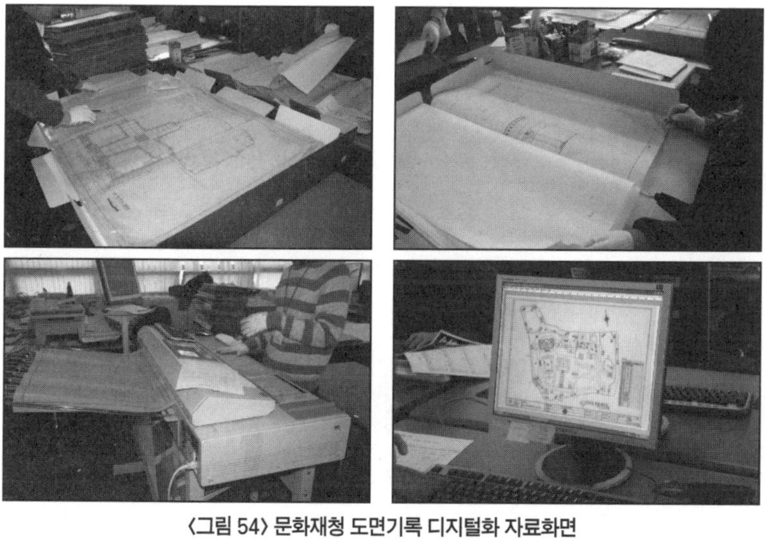

〈그림 54〉 문화재청 도면기록 디지털화 자료화면

부뿐만 아니라 대국민 서비스 자체가 불가능했다는 것이다. 결국 이 시스템은 운영 한 번 제대로 해보지 못하고 근 10년이 넘도록 휴면상태에 있는 장비로 전락한 것이다.

이 시기에 디지털화 사업에 참여했던 기관 대부분이 이와 유사한 상황이었을 것이다. 디지털화 기준과 원칙, 가이드라인도 제대로 갖추지 못한 채 공공근로라는 일자리 제공 실적관리에 급급했을 것이란 생각이다. 결과적으로 이렇게 누적된 부실은 또 다른 부실을 불러온다는 데 근본적인 문제가 있다.

다른 예로 21개 중앙행정기관이 2005년 국가기록원 주관의 행정기관 기록물 DB 구축사업에 참여했다. 기록관리 공통혁신 선도기관으로 참여한 7개 기관은 보존기간 10년, 20년, 준영구, 영구로 책정된 기록물을 대상으로 디지털화 작업을 했고, 나머지 14개 기관은 색인목록 데이터베이스를 구축했다. 2006년에도 30여 기관이 참여했고, 2007년에는 13개 기관이 참여한 비교적 큰 규모의 사업이었다.

중앙행정기관에 기록관리 전문요원이 배치되자마자 본격적인 디지털화 사업이 시작되었는데, 작업 진행 과정에서 우여곡절이 많았다. 가장 문제가 된 것은 데이터베이스 구축 공정별 프로세스(Process)였다. 21개 기관의 업무 특성과 성격, 다양한 매체에 수록된 기록유형에 대한 고민 없이 공정별 프로세스를 하나의 지침으로 일원화함으로써 기관마다 디지털화 데이터의 품질에 현저한 차이를 보인 것이다.

문화재청도 예외는 아니어서 각각의 기록유형마다 관련지침을 일관성 있게 적용하는 데 무리가 따랐고, 각각의 유형별로 예외처리 가이드라인을 만들어 적용할 수밖에 없었다. 이렇듯 국가기록원에서 제

〈그림 55〉 문화재청 비전자 기록물의 디지털화 프로세스

시한 지침은 수정과 변경이 필요했지만, 국가기록원은 각 기관별 업무 특성과 기록유형별 특성을 일일이 반영할 수 없기 때문에 지침을 수정하거나 변경할 수 없다는 입장이었다. 그렇다면 디지털화 사업의 시행에 앞서 참여 기관을 대상으로 의견수렴 과정과 조정과정을 거치고, 각 기관의 기록 특성을 분석하여 필수적 요소와 선택적 요소를 반영한 세부 가이드라인을 만들어 제공했다면 어땠을까. 그랬다면 디지털화 사업의 또 다른 부실을 미연에 방지할 수 있지 않았을까.

이런 이유 때문에 기록관리 전문요원은 각각의 기관이 보유하고 있는 장기보존 기록의 디지털화를 위해 철저한 사전준비를 해야 한다. 앞서 언급하였듯이 디지털화 비전과 전략, 목표 설정을 명확히 하여

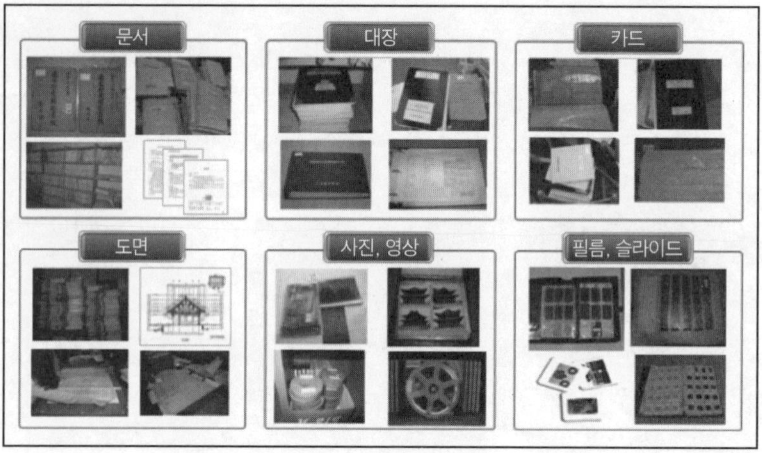

〈그림 56〉 문화재청 디지털화 대상 기록의 다양한 유형

디지털화 계획을 수립해야 한다. 기관의 업무특성과 성격, 기록매체별 특성이나 기록유형별 특성을 파악하여 디지털화 기준과 원칙, 세부 가이드라인을 마련해야 한다. 특히, 기록의 보존 상태 등을 면밀히 파악하여 세세한 부분까지 작업지침에 반영하고, 디지털화 작업 과정에서 나타난 예외적 사안은 각각의 사례별로 정리해 두어야 한다. 그렇게 해야만 디지털화 데이터의 품질과 이용 가능성을 보장할 수 있고, 아날로그 기록을 디지털화하는 과정에서 발생하는 시행착오를 줄여나갈 수 있다.

16. 아날로그 기록의 디지털화 사례

다음에 소개하는 사례는 문화재청이 2005년도 행정기관 기록물 DB 구축사업 과정에서 나타난 예외적 사안의 처리과정을 정리한 것이다. 2006년 5월 『문화재청 기록물 DB 구축 사례집』으로 발간하여 중앙행정기관에 배포한 바 있는데, 사례집에 수록된 주요 내용을 발췌하여 소개하려고 한다.

앞서 필자는 아날로그 기록의 디지털화 목적을 명확히 이해하는 것에서부터 시작해야 한다고 강조하였다. 행정기관이 보유 기록을 디지털화하는 목적은 크게 두 가지라고 할 수 있다. 중요 기록의 보존과 활용이다. 보존 측면에서 보면, 각급 기관의 열악한 보존환경으로 인해 훼손되기 쉬운 기록을 디지털화하여 이중으로 보존하고, 기록 보존환경을 획기적으로 개선하는 것이다. 활용 측면에서 보면, 보유 기록을 체계적으로 정리하고, 기록의 원본과 색인목록을 디지털화하여 소속공무원과 국민에게 보다 다양한 기록정보를 서비스하는 데 있다.

이 같은 목적을 실현하기 위해서는 아날로그 기록을 최상의 품질로 디지털화하고, 그 상태를 유지할 수 있어야 한다. 이를 위해서는

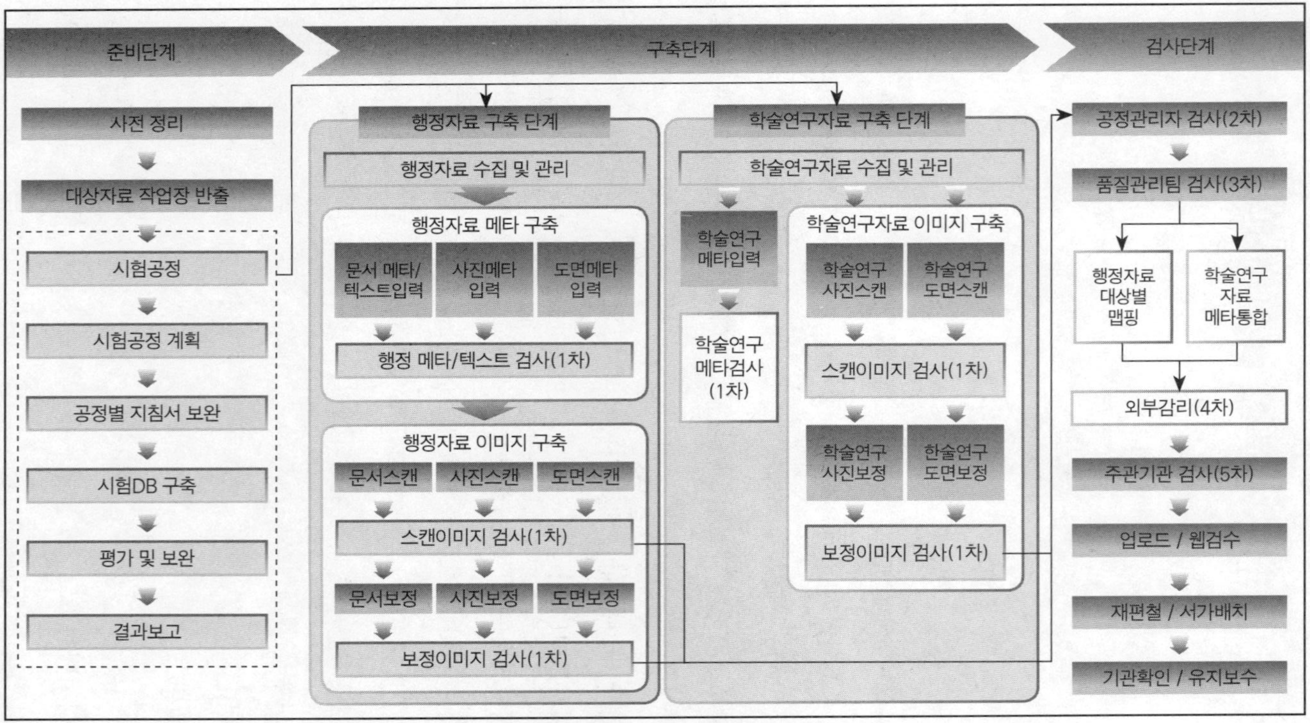

〈그림 57〉 문화재청 디지털화 데이터베이스 구축 상세프로세스

무엇보다도 디지털화 프로세스를 합리적으로 구성하고 세심하게 설계할 수 있어야 한다. 지금부터는 디지털화를 위한 계획 수립부터 단계별 프로세스를 알아보려고 한다.

첫째, 자신이 속한 기관의 기록관리 현황과 문제점을 진단해야 한다. 앞서도 언급했지만, 기록 보유현황과 생산현황을 파악하고 보유기록의 정확한 목록을 작성해야 한다. 이와 병행하여 기관의 업무 특성과 성격, 생산된 기록의 유형과 상태를 파악해야 한다. 해당 기록의 원질서가 유지되고 있는지, 원본기록과 분리된 기록은 없는지 등을 따져보아야 한다. 기록관 보존서고의 보존환경과 기록의 보존 상태를 파악해야 하고, 각 처리과와 관할 기관의 기록관리 실태를 진단해야 한다. 아울러 소속공무원의 요구사항을 파악해야 한다. 각 기관의 기록관리 현황과 문제점을 명확히 진단하고, 이를 분석하여 기관의 업무 특성과 성격이 반영된 디지털화 비전과 전략, 목표를 설계하여 계획을 수립해야 한다.

둘째, 기관이 보유하고 있는 기록의 전수조사와 상태점검을 실시해야 한다. 이는 디지털화 프로세스의 기초가 되는 원천 데이터 확보를 위한 것이다. 기관마다 기존에 작성한 보유 기록물 목록을 가지고 있을 것이다. 그런데 목록과 실제 보유 기록이 일치하지 않아 디지털화 작업을 시작하고도 진행에 큰 어려움을 겪는 경우가 종종 발생한다. 전수조사와 정수점검이 정확히 이루어지지 않았기 때문이다.

기록물 전수조사는 기록관리 전문요원 혼자서 할 수 있는 업무의 범위를 벗어난다. 즉 전수조사는 처리과 및 관할 기관의 업무 담당자의 도움과 협조가 절실히 요구되는 작업이다. 특히, 기록에 대한 소

〈그림 58〉 2005년도 전수조사 당시 문화재청 기록관 내부 모습

유 개념이 강할 경우 반발에 부딪히기 십상인데, 이를 해소하기 위한 세부적인 계획 수립이 필요하다. 그리고 전수조사와 정수점검을 추진할 때는 표준화된 서식을 제공하여 일관성을 유지하는 것이 좋다.

셋째, 각 처리과와 관할 기관이 보유하고 있는 기록을 기록관으로 이관해야 한다. 기록관으로 이관하는 것은 디지털화 작업을 보다 체계적으로 수행하기 위해 필요한 조치이다. 만약 디지털화 대상 기록이 곳곳에 분산되어 있다면 작업장의 수가 늘어나게 되고, 여러 곳에 작업장을 설치하다 보면 사업관리, 인력관리, 보안관리, 품질관리, 공정관리, 업무협의, 주간 및 월간회의, 예외처리 협의 등 사업관리 전반에 걸쳐 문제점이 야기될 수 있기 때문이다. 무엇보다도 작업자의 기술이 다르기 때문에 디지털화 데이터의 일관성 유지와 표준화, 최상의 품질 확보에 어려움이 발생할 수 있다.

따라서 기록관에서는 새로 작성된 전수조사 목록을 토대로 각 처리과와 관할 기관의 디지털화 대상 기록에 대한 이관계획을 수립해야 한다. 기록물을 이관할 때는 규격화되고 표준화된 운반용 상자를 제공하여 처리과 명칭과 상자 일련번호, 이관 목록을 부착하게 하고, 상자 안에 이관 목록을 첨부하도록 하는 것이 좋다.

넷째, 디지털화를 위해 필요한 작업장 환경을 구축하는 것이다. 기관마다 사정은 조금씩 다르겠지만 기관 내부나 외부에 디지털화 작업장을 구축할 수 있다. 기록물의 안전과 보안관리 측면에서 기관 내부에 충분한 작업공간을 확보하여 작업장을 구축하는 것이 바람직하지만, 충분한 작업공간이 없다면 외부에 작업장을 구축해야 한다. 기관 외부에 작업장을 구축하는 경우 기록관리 전문요원은 디지털화 공정별 프로세스를 원활히 진행할 수 있는 작업동선을 고려해야 하고, 디지털화 대상 기록을 보관할 수 있는 임시 보존서고 공간을 반드시 확보해야 한다. 임시 보존서고 공간은 시건장치와 출입자 통제가 가능해야 하고, 휴대용 가스소화기를 비치하여 만일의 화재에도 대비해야 한다.

무엇보다도 외부에 작업장을 구축할 때 유의해야 할 점은 보안이다. 출입자와 디지털화 장비에 대한 보안계획이 매우 중요하다. 출입자 보안을 위해서는 출입증 발급, 감시카메라(CCTV) 설치, 출입문 자동제어장치 설치 등이 필요하고, 장비 보안을 위해서는 작업용 컴퓨터의 드라이브(Drive)를 봉인하고, 인터넷 등 내·외부 망에 접근하지 못하도록 차단하는 것이 필수적이다. 이와 병행하여 출입자관리대장, 보안점검표, 열쇠관리대장, 서버관리대장, 작업장 보안준수사항 등을 제작하여 비치하고 기록하도록 해야 한다. 각종 대장은 기록관리 전문요원이 주기적으로 점검해야 한다. 그리고 작업자의 휴식을 위한 휴게공간을 체크해야 한다. 특히 화장실 공간이 충분한지, 휴식을 취할 수 있는 적정한 휴게공간이 확보되었는지를 확인해야 한다. 아울러 개인사물함을 제공하여 휴대전화나 개인용 전자 장비를 작업장 안에 반입하지 않도록 해야 하고, 작업자의 위생과 건강을 위해 공기 정화기, 개인용 마스크와 토시, 장갑 등 위생용품을 제공하도록 해야 한다.

다섯째, 디지털화 대상 기록의 작업장 반출 계획을 수립해야 한다. 내부 작업장이든 외부 작업장이든 디지털화 대상 기록의 우선순위를 정해두면 기록관 반출 시 효과적으로 대응할 수 있다. 예를 들면, 국정감사라든가 민원, 정보공개, 업무참조에 빈번하게 이용되거나 열람대출이 잦은 기록은 먼저 디지털화하고, 이용 빈도가 낮은 기록은 순차적으로 디지털화하는 것이다. 유의할 것은 디지털화 대상 기록의 철저한 목록관리다. 목록은 작업 과정에서 수시로 변경되는데, 목록이 관리되지 않으면 기록물 정리, 색인목록 입력, 이미지스캐닝 등 디지털화 전 공정에서 오류를 양산할 수 있어 특히 주의해야 한다.

여섯째, 디지털화 기준과 원칙, 가이드라인을 명확히 제시해야 한다. 디지털화 대상 기록은 주로 2003년 이전에 생산·종결된 기록인데, 이들 기록은 거의 대부분이 표준화되지 않아 예외적 사안이 빈번하게 발생할 수 있다. 수시로 나타나는 예외적 사안을 처리하기 위해서는 사무관리규정이나 공공기록관리법 등 유관 법령에 규정된 각종 문서의 서식뿐만 아니라, 생산 당시의 업무내용을 파악해야 한다.

또한, 국가기록원에서 제공하는 기록물 정리 지침, 디지털화 데이터베이스 구축 공정별 작업지침 등을 충분히 학습해 두어야 한다.

2005년 행정기관 기록물 DB 구축 당시의 지침서를 보면, 기록물정리지침서, 기록물정리검증지침서, 색인목록작성지침서, 색인목록검증지침서, 기록물이미지디지털화지침서, 이미지디지털화검증지침서, 작업장관리지침서, 기록물재편철지침서, 서가배치지침서, 기록물예외처리지침서, 검사지침서, 샘플링검사지침서, 품질기준서 등 12가지가 넘는다. 이 많은 지침서를 작업자들이 숙지하도록 한다는 것은 한계가 있기 때문에 기록관리 전문요원은 각각의 지침서를 숙지하고 있어야 하는 것이다.

뿐만 아니라, 기록관리 전문요원은 관련 시스템도 명확히 이해하고 있어야 한다. 중앙행정기관이라면 기록관리시스템을, 지방자치단체나 교육청이라면 자료관시스템을 알아야 한다. 즉, 디지털화 데이터를 업로드 할 시스템의 표준 규격이 어떻게 설계되었는지, 업로드 절차와 방법은 어떻게 되는지, 메타데이터 항목은 어떻게 구성되는지, 스토리지 증설과 같이 사전조치가 필요한 사항은 없는지 등을 꼼꼼히 살펴야 한다.

일곱째, 기록관리 전문요원은 작업관리자와 원활한 커뮤니케이션을 해야 한다. 디지털화 작업에는 검증되지 않은 작업자들이 대거 참여하고 수시로 바뀔 수 있다. 작업에 참여하는 인력이 수시로 바뀌면 디지털화 데이터의 품질이 현저히 떨어질 수 있다는 점에 주목해야 한다. 작업 인력이 교체될 때마다 디지털화 지침서를 교육해야 하는데, 한창 작업이 진행 중일 때는 쉽지 않은 일이다. 설령 신규 작업 인력을 대상으로 철저한 교육을 실시했더라도 일정 수준의 역량에 도달하기까지는 수일에서 수주의 시간이 소요될 수 있다. 때문에 기록

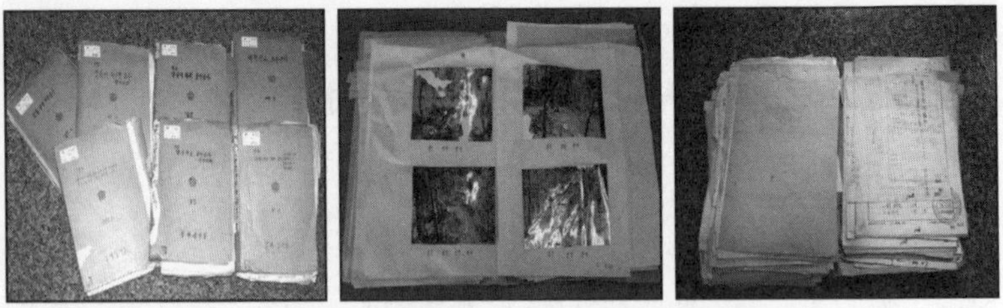

〈그림 59〉 문화재청 DB 구축과정의 예외 사례

관리 전문요원은 신규 작업 인력에 대한 상시 모니터링(Monitoring) 체제를 유지할 필요가 있다.

가령 신규 인력이 작업한 데이터는 일정한 기간을 두고 상시적으로 검증할 필요가 있다. 작업자의 성향과 오류내용을 파악하여 똑같은 오류가 재발하지 않도록 미리 조치하기 위함이다. 작업 인력 100명이 한 가지 오류를 범했다면 100건의 오류가 누적되는 것과 같다. 작업자의 오류를 예방하기 위해 작업관리자가 수시로 모니터링하겠지만, 기록관리 전문요원 또한 수시로 검증에 참여해야 오류 비율을 낮출 수 있다.

따라서 기록관리 전문요원은 기관의 의견, 기준, 지침 등을 작업자들과 실시간으로 공유하고, 작업장에서 이루어지는 일일상황, 작업자의 변동사항, 입력데이터의 품질 상태 등 주요 사안에 대해 충분히 대화할 수 있는 채널을 가동해야 한다.

여덟째, 디지털화 지침에서 벗어나는 예외적 사안에 적극 대처해야 한다. 기록물 정리 지침이나 디지털화 데이터베이스 구축 공정별 세부지침에 따라 작업을 진행한다고 해도 디지털화 작업 과정에서는 예외적인 사안들이 발생하기 마련이다.

각각의 기관마다 업무 성격과 특성, 기록의 형태가 다르기 때문이다. 문화재청의 경우 문화재의 지정, 복원, 보수, 정비, 현상변경, 지표 · 발굴 업무와 관련하여 생산한 문서, 도면, 사진, 필름 등의 기록이 혼철되어 있어 하나하나 정리하는 것만으로도 어려움을 겪은 적이 있다. 문화재청의 예가 아니더라도 각 기관에서 생산하는 기록물의 형태가 다양하기 때문에 디지털화 지침에서 다루지 못한 예외적인 상황들은 언제나 발생할 수 있다. 예외적인 사안이 발생했을 때 기록관리 전문요원은 기관 내부의 오랜 근무경력자의 자문을 구하거나 아니면 국가기록원의 소관부서 담당자와 협의를 거쳐 명확한 기준을 신속하게 마련하여 제시할 필요가 있다.

아홉째, 디지털화 데이터는 수시로 검증하고 검사해야 한다. 기록관리 전문요원이 디지털화 작업 과정에서 가장 신경써야 할 부분은 데이터의 검증과 검사이다. 많은 인력이 동원되는 작업인 만큼 데이터 구축 과정에서 여러 가지 오류가 발생할 수 있기 때문이다. 작업자의 개인차를 줄이고 데이터 품질 확보를 위해 작업일정, 공정별 작업자, 작업내용, 오류내용, 수정내용 등이 이력으로 관리되도록 검증시스템을 도입할 필요가 있다.

예를 들면, 기록물건 분류 검증시스템, 색인목록 입력데이터 검증시스템, 원문 스캐닝 이미지 검증시스템, 기록물의 분권 및 재편철 검증시스템, 보존상자 편성 검증시스템, 서가배치 검증시스템 등이다. 작업공정과 검증시스템이 얼마나 유기적으로 운영되느냐에 따라 구축 데이터의 오류를 최소화할 수 있고, 최상의 데이터 품질을 확보할 수 있다.

열 번째, 디지털화 결과물에 대한 3단계 검사를 실시해야 한다. 3단계 검사는 디지털화 전 공정을 마친 뒤 산출결과물에 대한 검사를 말하며, 기록관리 전문요원이 최종적으로 실시하는 품질검사이다. 품질검사는 디지털화 대상 수량을 기준으로 10% 내외의 샘플링 검사로 이루어진다.

1단계 검사는 디지털화 사업을 수행한 업체에서 전수검사로 실시하는데, 색인목록 데이터와 원본 이미지 데이터(Image Data) 전체 물량을 검사하는 단계이다. 2단계 검사는 디지털화 작업자 중 검증된 인력과 작업관리자를 뽑아 크로스 검사로 실시한다. 1단계의 전수검사 과정에서 발견된 오류를 수정한 뒤 수정된 데이터를 무작위로 샘플링 하여 크로스 검사(Cross Testing)를 실시하는 것이다. 3단계 검사는 1단계와 2단계 검사를 거친 데이터를 대상으로 기록관리 전문요원이 직접 샘플링 하여 검사하는 것이다. 3단계 검사과정에서 발견된 오류사항은 그 내용에 상관없이 재작업을 실시하여야 하고, 다시 1단계 검사부터 3단계 검사과정을 거쳐야 한다.

이와 같이 3단계 검사과정을 거치다 보면, 기록관리 전문요원의 업무는 가중되겠지만 작업 과정에서 발견하지 못한 오류를 찾아 수정할 수 있고, 오류 내용 분석을 통해 재작업 공정을 관리할 수 있으며, 보다 질 높은 데이터를 확보할 수 있다는 장점이 있다.

열한 번째, 디지털화 대상 기록의 분권 및 재편철 기준과 보존상자 편성 기준을 마련하는 것이다. 공공기록관리법 시행 이전에 생산된 기록은 사무관리규정에 의해 200매를 기준으로 편철하였고, 실제로 어떤 기록은 200매 이상 편철된 경우도 상당수에 달한다. 그러나 현행 법령은 문서는 100매를 기준으로 하고, 카드, 도면, 사진, 필름 등은 30매를 기준으로 편철하도록 하고 있다. 그리고 기록물 재편철에 사용되는 집게, 보존용 표지, 보존상자 등은 표준화된 제품들을 사용하도록 해야 한다.

한편 재편철한 기록을 보존상자에 편성할 때는 서가배치 계획을 고려해야 한다. 향후 열람서비스를 제공할 때 중요한 기준이 되고, 또 서고관리와 정수점검을 할 때 기초정보가 되기 때문이다. 예를 들면, 처리과와 생산연도가 같은 경우 보존기간이 30년, 준영구, 영구로 책정된 기록물은 동일한 보존상자에 편성할 수 있다. 보존기간이 30년, 준영구, 영구인 기록물은 보존기간 기산일로부터 11년째 되는 해에 영구기록물관리기관으로 이관해야 하기 때문에 하나의 보존상자에 편성해도 정수점검이나 서가관리 등에 큰 문제가 없다는 것이다.

다만, 보존기간 10년 이하인 기록물의 경우는 보존상자 수가 다소 늘어나더라도 처리과별-생산연도별-보존기간별 편성 기준을 유지하는 게 바람직하다. 이들 기록물은 보존기간이 만료되면 폐기심사 대상으로서 기록물평가심의회의 심의를 거쳐야 하고, 보존기간 재책정, 폐기 또는 보류 여부를 결정해야 하기 때문이다.

열두 번째, 디지털화 기록의 서가배치 계획을 수립해야 한다. 서가배치 계획은 디지털화 작업 공정이 어느 정도 마무리되었을 때 수행하는 것이 좋다. 디지털화 기록의 분권, 재편철, 보존상자 편성 정보를 포함한 목록을 기초로 서가배치 계획을 수립해야 하기 때문이다. 서가배치 이후의 기록관리와 각 기관의 보존서고 공간을 고려하여 계획에 반영하여야 한다.

서가배치 계획은 두 가지 측면에서 생각해 볼 수 있는데, 장기보존이 필요한 보존기간 30년 이상의 기록물과 보존기간 10년 이하의 한시기록물을 구분하여 배치할 것인지, 아니면 함께 배치할 것인지를 판단해야 한다. 보존기간 30년 이상의 기록물과 한시기록물을 구분해서 배치하려면 그만큼 보존서고의 공간이 충분해야 한다. 이와 반대로 함께 배치했을 경우에는 처리과별 – 생산연도별 – 보존기간별로 서가를 배치해야 하기 때문에 보유서가 수와 보존상자 편성 수를 계산하여 반영해야 한다.

다음에 제시한 〈표 32〉와 〈표 33〉은 문화재청 서가배치 시 적용한 서가번호와 보존상자 관리번호 예시이다.

보존서고의 서가번호와 보존상자 번호, 그리고 기록물철 관리번호

〈표 32〉 문화재청 기록관 서가번호 관리서식

서가번호	001
1단	CA00001~CA00020
2단	CA00021~CA00030
3단	…
4단	…
5단	…
부서명	총무과(CA)

〈표 33〉 문화재청 기록관 보존상자 관리번호 작성 서식

보존상자 일련번호	CA00001		
생산연도	2006	보존기간	40
기록물철 관리번호			
252643	252644	252645	252646
252647	252648		

는 불변이기 때문에 고유한 번호를 일괄 부여한 것이다. 기록물 이관이나 폐기로 인해 보존상자와 기록물철이 이동되더라도 목록관리만 제대로 이루어지면 정수점검이나 열람 · 대출 서비스 등에 하등의 문제가 없을 것이라 판단한 것이다.

열세 번째, 디지털화 데이터 업로드를 위한 시스템을 사전에 점검해야 한다. 국가기록원이 제공하고 있는 디지털화 데이터베이스 구축 데이터 표준은 각급 기관에 보급된 자료관시스템이나 기록관리시스템의 규격에 맞춰져 있다. 기록관리 전문요원은 이들 시스템의 업로드 규격, 방식, 절차 등을 명확히 이해하고 있어야 한다.

왜냐하면 색인목록 입력데이터와 매핑되어야 할 이미지 수가 불일치하거나, 특수목록 입력데이터가 규격에 맞지 않거나, 이미지가 누락되었거나, 기록물철 또는 기록물건의 기본정보가 누락된 경우 업로드에 실패할 수 있기 때문이다. 이를 방지하기 위해서는 시스템의 규격과 업로드 데이터의 규격을 점검하고, 소량의 데이터를 자주 업로드 하여 테스트를 거치는 것이 효과적이다. 그리고 디지털화 데이터의 업로드가 완료된 이후에는 해당 시스템에서 접수-검수-검사-인수 과정을 거쳐야 하고, 최종적으로 인수 작업이 완료되면 업로드 데이터가 제대로 매핑되었는지 확인한다.

열네 번째, 디지털화 기록의 보존서고 반입 및 서가배치이다. 관련 시스템에 디지털화 데이터를 업로드 한 후 작업장으로 반출했던 기록을 보존서고에 반입해야 하는데, 서가배치를 원활하게 진행하려면 별도의 반입계획을 수립하는 것이 필요하다.

먼저 필요한 서가배치 인원과 한 명이 정리할 수 있는 분량, 보존상자 편성 수량, 운반용 상자 수를 사전에 파악하여 반입계획에 반영해 두는 것이 좋다. 보존상자를 운반하는 운반용 상자에는 처리과별 일련번호를 기입하여 구분이 용이하도록 하고, 상하차 또는 운반 시 일련번호가 섞이지 않도록 질서를 유지해야 한다. 또한 운반용 상자 안에는 보존상자 목록을 넣어 줌으로써 서가배치와 동시에 정수점검이 이루어지도록 해야 한다.

보존상자의 서가배치는 서가와 서가 사이에서 작업이 이루어지기 때문에 작업자의 동선을 충분히 고려해야 하며, 서가배치가 완료되면 보존상자에 부여된 관리번호와 서가배치 순서가 일치하는지 여부를 반드시 점검하고 배열 순서에 오류가 있다면 바로잡아 주어야 한다. 마지막으로 디지털화 목록과 보존상자의 서가배치 순서가 일치하는지 여부를 다시 한 번 꼼꼼하게 점검해야 한다.

끝으로, 디지털화 데이터에 관한 유지보수 계획을 마련해야 한다. 완벽한 지침에 의해 디지털화 데이터베이스 구축 작업이 진행되었더라도 여러 가지 요인에 의해 뜻하지 않게 발생하는 오류는 늘 상존하기 마련이다. 더군다나 수백 명의 작업자가 동시에 참여하는 디지털화 작업의 특성상 99.9%의 퀄리티(Quality)를 달성한다는 것은 거의 불가능하다. 때문에 유지보수를 보다 효율적으로 진행할 수 있는 방법을 강구해야 한다. 문화재청의 경우 5개월간의 집중 유지보수 기간을 정하고 아웃소싱 인력을 상주시켰다. 상주 인력으로 하여금 데이터의 오류 수정, 불량 보존상자의 교체, 보존상자 관리번호 부여, 이미지 오류 보정, 재편철 표지 및 색인목록 오류 수정 등에 관해 집중 유지보수를 실시하였다.

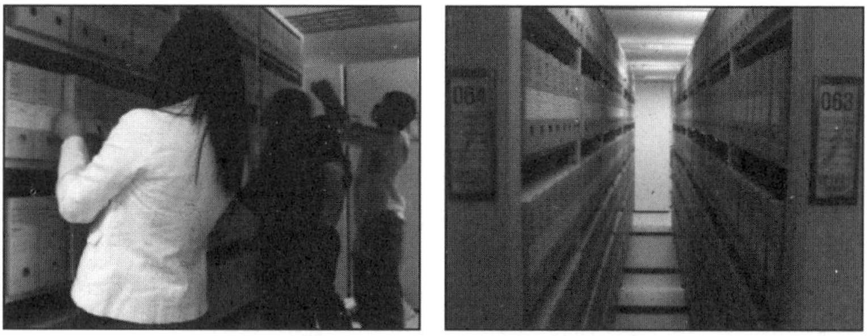

〈그림 60〉 문화재청 디지털화 기록물의 기록관 서가배치

지금까지 문화재청에서 진행했던 아날로그 기록의 디지털화 사례를 정리하여 소개하였다. 짧은 기간의 경험을 정리한 것이기 때문에 부족한 점이 많지만, 각 기관의 업무 특성과 성격, 기록물의 형태, 기록물의 수량, 보존서고의 보존환경 등을 종합적으로 감안하여 디지털화 계획을 수립하고 하나하나 수행해 나갔으면 한다.

3

기록관리, 전문요원의 자세를 말하다

| 사명감 | 책임감 | 자신감 | 소신 | 헌신 | 참신 | 봉사 | 기록관리 윤리강령 |

필자에게 2010년은 매일이 정신없이 지나가는 날들의 연속이었다. 문화유산 기록정보자원의 체계적 관리를 위해 합리화 방안에 대한 연구 용역을 진행하였다. 9개월 일정으로 시작한 연구 용역은 지난 12월에 완료할 수 있었다. 연구 용역과는 별도로 문화유산 정보자원 DB 구축사업도 수행하였는데, 한국정보화진흥원으로부터 약 16억 원의 예산을 지원받아 아날로그 기록을 디지털화하는 사업이었다.

특히, 지난해는 그동안 시스템 환경의 급속한 변화로 미루어 두었던 전자기록물을 기록관리시스템으로 이관하기도 하였다. 2004년부터 사용했던 e-NALA시스템의 전자문서 약 56만 건과 2007년부터 온-나라시스템을 통해 생산된 전자기록물 약 65만 건을 이관하는 작업이었다.

이것뿐만이 아니다. 지난 4월부터 5월까지 약 20일 동안 전국 각지에 위치한 52개 관할기관을 대상으로 기록관리 지도점검을 실시했다. 지도점검 결과를 정리하여 보고하고 나서 후속 조치계획을 수립한 후 2개 팀을 꾸려 4개월간의 일정으로 관할 기관의 보유 기록물 전수조사를 실시하였다.

또 하나는 기록관 보존서고를 확장하여 이전한 것이다. 공공기록관리법이 정한 기록관 보존환경 및 시설 · 장비 기준을 맞추기 위해 정부대전청사의 2동 14층에 보존서고 공간을 확보하였다. 기존의 기록관 보존서고 면적은 약 86평(283m²)이었는데, 작년에 추가로 확보한 보존서고의 면적은 165평(545m²)이다. 약 87평(287m²)의 면적을 더 확보하여 기록관 보존서고의 기록물과 시설 · 장비 등을 모두 이전한 것이다.

이와 같이 장황하게 지난해 문화재청에서 진행한 기록관리 업무를 소개한 것은 기록관리 전문요원의 자세에 관한 이야기를 하고자 함이다. 문화재청의 기록연구사로 6년 동안 활동하면서 필자는 삼감(三感) · 삼신(三新) · 일사(一仕)의 자세로 기록관리 업무에 임해야 한다고 느꼈다. 삼감(三感)은 사명감(使命感), 책임감(責任感), 그리고 자신감(自信感)을 의미하고, 삼신(三新)은 소신(所信), 헌신(獻身), 참신(斬新)을 뜻한다. 일사(一仕)는 봉사(奉仕)이다.

1. 사명감

먼저 사명감을 가져야 한다는 것이다. 현재 기록관리 현장에 진출한 전문요원들은 4년간의 학부 과정을 마치고, 기록관리학 대학원이나 교육원에서 전문 교육과정을 마친 전문가이다. 지금도 대학원이나 교육원에서 전문 교육과정을 이수하고 있는 사람들이 많은 줄 안다.

많고 많은 학문 분야 중에 하필이면 왜 기록관리학이었을까. 저마다의 선택 기준과 동기는 분명 다를 것이라 생각한다. 순수 학문으로서 기록관리학을 선택한 사람도 있을 테고, 기록관리 전문요원의 자격을 갖추기 위해 선택한 사람도 있을 것이다. 막말로 기록관리학을 공부해서 공무원이라는 직업을 갖기 위해 선택한 사람도 있을 테고, 전업을 준비하기 위해 현재의 직장이나 직급, 월급보다 기록관리 전문요원의 그것이 나을 것 같아서 선택한 사람도 있을 것이다. 또는 개인의 자기계발과 미래의 발전전망을 보고 선택한 사람도 있을 것이다. 제대로 된 기록관리를 통해 국민의 봉사자로서 사명을 다하기 위해 선택한 사람도 있을 줄 안다.

그렇기 때문에 이제 막 기록관리 전문요원으로서 기록관리 현장에 발을 내디뎠다면 기록관리학을 선택했을 때, 그리고 대학원에 진학

했을 때 가졌던 마음가짐을 한번쯤 되돌아 볼 필요가 있다. 그 이유가 무엇이든 초심(初心)으로 돌아가 왜 기록관리학을 선택했는지, 그리고 왜 기록관리 전문요원이 되기 위해 힘겨운 과정을 거쳐 왔는지 곰곰이 생각해 보았으면 좋겠다.

문득 3년 전 국가기록원에서 기록관리학 대학원생을 대상으로 한 기록관리 아카데미 교육과정에서 만났던 교육생들이 생각난다. 필자는 이 교육과정의 강사로 초청받아 2시간가량 특강을 한 적이 있다. 중앙행정기관의 기록연구사들 중 필자가 강사로 초청된 것은 문화재청이 추진해 온 기록관리 혁신 사례를 들려주고, 다 함께 공감하고 미래의 기록관리 백년대계를 만들어 가자는 취지였던 것으로 기억한다.

그러나 필자는 특강 중에 중앙행정기관에 기록연구사로 취직이 됐는데 실감나느냐, 좋은 점이 있느냐, 근무하면서 어려움은 없느냐, 월급은 어느 정도 수준이냐, 앞으로 중앙행정기관에서 기록연구사를 추가로 채용할 계획은 있느냐, 기록연구사의 직급은 몇 급이냐 등등의 질문을 받았다. 이들 교육생들의 관심사는 매우 현실적인 것들이었다. 학부과정을 마치고 취업이라는 현실적 고민을 덜기 위해 대학원을 선택하고 대학원 졸업을 앞둔 시점에서 가장 절실한 문제인 취업 가능성에 관심이 집중될 수밖에 없었을 것이다. 필자 역시 이들이 처한 상황을 충분히 공감하였지만, 기록관리 전문요원이라면 이 분야의 전문가이고, 전문가라고 자처하려면 무엇보다 우선하여 사명감을 가져야 한다고 강조할 수밖에 없었다.

국어사전을 보면, 사명감이란 '주어진 임무를 잘 수행하려는 마음가짐'이라고 설명되어 있다. 사전적 의미대로라면, 기록관리 전문요원의 사명감은 기록관리라는 주어진 임무를 잘 수행하려는 마음가짐이라고 잘라 말할 수 있겠다. 그리고 기록관리 전문요원에게 주어진 임무란 결국 기록을 잘 생산하고, 관리하고, 보존하고, 활용할 수 있도록 최선을 다하는 것일 터이다. 나아가 이들 기록을 온전하게 후대에 물려주기 위해 적절한 조치를 취하는 것이리라.

이것은 말처럼 그리 쉬운 일이 아니다. 따라서 기록관리 전문요원은 흔들릴 때마다 자신의 정체성을 매번 확인시켜 줄 수 있는 사명감을 깊이 품고 있어야 한다. 오늘을 기록으로 남기고 그 기록을 잘 관리하고 보존해서 다음 세대에 물려주어야 할 임무, 그 임무를 충실히 수행하는 것, 깊은 곳에 새겨두어야 할 사명감의 시작이라 믿는다.

2. 책임감

사전에서는 책임감을 이렇게 풀어 놓았다. 책임감이란 '맡은 임무(任務)를 중요(重要)하게 여기는 마음'이라고 말이다. 무슨 일이든 내게 주어진 임무라면 중요하게 여기고 성심(誠心)을 다해야 한다는 의미로 이해하고 싶다. 기록관리 전문요원에게 있어 책임감은 무엇일까. 거짓 없이 있는 사실(fact)과 진실(justice) 그대로를 기록하고, 그 기록을 온전히 보존해서 지키는 것이다. 이러한 임무를 책임감을 가지고 성심을 다해 수행하는 것이다.

최근 발생한 국무총리실 산하의 공직윤리지원관실 사찰 파문과 관련하여 담당 공무원이 관련 기록이 담긴 컴퓨터를 복구가 불가능한 상태로 훼손했다는 뉴스를 접하였다. 기록관리 전문요원으로서 충격이 아닐 수 없었다. 공공기록관리법은 공무원이 국가의 기록을 무단으로 파기한 경우 7년 이하의 징역이나 1,000만 원 이하의 벌금에 처하도록 한 강력한 벌칙 조항을 담고 있다. 법대로라면 기록을 무단으로 파기한 죄까지 물어야 할 판이다. 법은 기록관리 전문요원만 지켜야 하는 법규가 아니다. 공무원은 물론이거니와 국민 모두가 지켜야 할 규범이고 약속인 것이다. 이 법을 제정하여 운영하고 있는 행정안

전부와 관련 기관인 검찰청과 법무부는 무단으로 기록을 파기한 해당 공무원의 죄과를 물어 법과 원칙을 바로 세워야 한다고 본다.

기록관리 전문요원 역시 이와 같은 현실을 묵과하고 지나쳐서는 안 될 것이다. 우리가 속한 기관이라고 기록의 무단 파기와 같은 사태가 벌어지지 않으리라고 보장할 수 없기 때문이다. 언제 어디에서든 이와 유사한 사태는 벌어질 수 있기 때문에 기록관리 전문요원으로서 책임감 있는 자세로 업무에 임해야 한다.

예를 들어, 과거의 담당자가 관련 기록을 등록하지 않고 개인 기록인 것처럼 관리하다가 인사발령이 나서 떠나고 새로 업무를 맡은 담당자가 보유목록에 등록되어 있지 않아 이 기록을 파기했다고 하자. 이런 경우 여러분이라면 어떻게 하겠는가. 법이 정한 절차와 원칙을 어겼으니 두 경우 모두 책임을 묻는 것이 합당할 것이다.

전자는 업무와 관련하여 생산된 기록을 등록하지 않고 마치 개인 기록인 것처럼 관리를 했으니 그 책임이 무겁다. 후자는 이유야 어찌됐든 업무와 관련된 기록이 등록조차 되지 않고 개인 서랍이나 캐비닛에 있는 것을 발견했다면 그 즉시 보유목록에 등록하고 관리번호를 부여하여 정해진 이관 절차에 따라 기록관으로 이관을 했어야 했다. 이것이 법이 정한 원칙이고 절차이기 때문에 전자와 후자 모두 책임을 모면할 수 없다고 생각한다.

그러나 전자에 대해서는 더 강한 책임을 물어야 한다고 본다. 공무원 개인은 사인이 아니다. 한 사람 한 사람이 기관이고 조직이다. 그만큼 책임이 막중하다. 공무원은 자신의 업무 기록을 생산할 의무가 있고, 그 기록을 등록해야 하며, 등록된 기록을 안전하게 보존 · 관리해야 할 책임이 있다. 그리고 법이 정한 절차와 원칙에 따라 적기에 이관해야 할 의무가 있다. 자신의 업무, 자신의 기록은 자신이 책임지는 게 옳다. 따라서 공무원으로서의 의무와 책임을 방기하고, 결국 사라지게 한 책임은 매우 크다 할 것이다.

한편 후자의 경우 전임자가 한 일을 내가 왜 책임져야 하느냐고 불만을 토로하기도 한다. 십분 이해할만한 대목이다. 전자의 책임은 묻지 않고 후자의 책임만을 묻는다면 법과 원칙은 무너질 수밖에 없다. 그런데 현재의 구조대로라면 후자의 책임만 묻게 되어 있다. 공무원의 인사이동이 면죄부를 주는 것처럼 인식되는 것도 이 때문이 아닐까 한다.

그래서 인사이동이 있을 때는 전임자가 후임자에게 업무를 인계인수하도록 규정한 것이다. 그런데 아이러니하게도 인사발령은 예고없이 단행되는 경우가 많다. 인사가 발령되면 인계인수를 준비할 시간도 갖지 못한 채 그 즉시 부임지로 가야 한다. 그러다보니 인계인수는 요식행위에 불과할 때가 많은 것 같다. 떠나면 그만이라는 인식이 팽배한 것도 이 때문이 아닐까 한다.

이런 이유 때문에 기록관리 전문요원은 인사발령이 단행되었을 때 신경을 곧추세워야 한다. 업무를 인계인수할 때 기록이 방치되지 않도록 각별한 주의를 요구하고 체계적이고 꼼꼼하게 기록을 인계인수할 수 있도록 독려해야 한다. 인사발령에 대비하여 기록물의 인계인수 요령을 정리하여 기준으로 삼도록 제시하고, 필요하다면 조기이관 계획을 수립하여 기록관으로 이관하도록 해야 한다.

특히 시스템을 통해 생산된 전자기록의 경우에는 더욱 철저하게 대비해야 한다. 인계인수 업무를 시스템으로 진행하기 때문이다. 시스템 안에서 기록의 인계인수가 원활하게 이루어지지 못하고 꼬이게 되면 훗날 전자기록을 기록관리시스템으로 이관할 때 엄청난 시간과 수고를 감내해야 하기 때문이다.

아무튼 전자와 후자와 같은 불행한 상황을 예측하면서도 아무런 후속조치를 하지 않는다면 기록관리 전문요원으로서의 직무를 유기하고, 책임감을 방기한 것이 될 공산이 크다. 사실 이러한 일들이 문화재청이나 다른 기관에서 벌어지지 않는다는 보장도 없다. 따라서 기록관리 전문요원의 책임감은 아주 사소하다고 생각하는 것에서부터 시작해야 하고, 기록관리 전문요원이 책임감을 가져야 하는 이유가 바로 여기에 있는 것이다.

3. 자신감

지나친 자신감은 독선과 오만으로 비춰질 수 있다. 그것은 또 다른 갈등을 야기할 수 있고, 소통의 단절을 가져올 수도 있다. 그러나 현재 우리가 처한 기록관리 현실에서는 자신감이 어느 때보다 요구되고 있다. 과거에 안주하기보다는 새로운 시도들을 기획하고 준비하여 실천적으로 추진해갈 수 있는 힘을 갖는 것이 중요하다. 필자는 그 원천이 바로 자신감이라고 생각한다.

중앙부처를 비롯해서 지방자치단체, 교육청, 공공기관 등에서 근무하고 있는 기록관리 전문요원들의 경험을 듣다보면 자신감을 잃어버린 경우를 종종 접하게 된다. 의욕적으로 계획을 세워 보고를 해도 이것을 계획이라고 세운 것이냐, 지금 이 상황에서 일을 벌여야겠느냐, 예산은 어떻게 할 것이냐, 왜 시키지도 않은 일을 하고 그러느냐, 행정의 기본이 안 되어 있다, 위에 보고하면 결재를 해 줄 것 같으냐 등등 온갖 이유를 들어 기를 꺾어 버린다는 것이다.

이들의 사연을 들으면서 안타까운 마음을 가졌던 것은 필자 역시 이와 같은 과정을 거쳤고, 공감하는 바가 컸기 때문이다. 처음부터 다 잘하는 사람은 없고 그에 따른 시행착오도 겪어봐야 한다. 다만

한 가지 염려스럽고 걱정되는 것은 자신감을 상실하여 매사에 주눅이 들어 생활하는 것이다. 문제의 본질을 파악하고 원활하게 소통하여 갈등을 해소하기 위해서는 객관적으로 자기 자신을 진단하는 것에서부터 시작해야 한다. 이때 기관에 속한 동료와 상급 관리자와의 허심탄회한 커뮤니케이션은 필수적이다. 조언을 구해서 자문도 받고, 동료와 상급관리자와 함께 공감대를 형성해 나가야 한다. 그러면서 행정절차와 방법도 배우고, 대화와 설득의 요령을 익히려는 자세가 중요하다.

2006년도에 있었던 일이다. 문화재청의 조직이 개편되면서 사무실을 재배치해야 하는 상황이 발생했다. 사무실의 집기와 캐비닛, 개인 물품 등을 옮겨야 했는데 각 사무실의 캐비닛에 보관하고 있던 기록물이 걸림돌이 되었다. 좁은 사무실 공간을 재배치해야 하는 상황에서 기록물을 포장해 둘 공간이 턱없이 부족했던 것이다.

사무실 재배치라는 현실적인 사안이 발생하자마자 각 처리과로부터 기록물을 이관할 테니 받아달라는 요구가 빗발쳤다. 그러나 이때는 2005년도에 각 처리과로부터 이관 받은 기록물로 기록관의 보존서고가 포화 상태였기 때문에 추가적으로 공간을 확보하기 전에는 처리과의 요청을 수용할 수 없는 상황이었다. 난감한 상황에 처하게 되었고, 불평과 불만은 필자가 속한 부서(당시 기록정보담당관실)에 쏟아졌다.

이때 필자는 그간의 경과를 정리해서 보고했다. 2005년 9월부터 11월까지 20명을 투입하여 17개 처리과에 대한 전수조사를 실시하고 보유목록 작성을 마무리했으며, 2006년 2월 처리과 보관 기록물

이관계획과 일정을 수립하여 현재 13개 처리과 기록물의 이관을 마친 상태이고, 나머지 4개과는 이관 자체를 연기했기 때문에 이관이 보류됐다는 내용의 보고서를 작성했다. 법이 정한 절차를 따랐고, 우리 부서가 아무런 노력 없이 이관을 받지 않은 것이 아니라고 보고하면서 해당 처리과에서 마치 기록정보담당관실에서 이관을 받지 않아 사무실 재배치가 곤란하다고 보고한 것은 잘못되었다는 지적을 한 후 청사관리소와 협의를 진행하여 청사 지하의 작은 공간을 확보하였다. 이렇게 임시 공간을 확보하는 데 일주일이 걸렸다.

문제는 그 다음이었다. 임시공간을 확보하고 이관을 하도록 공문을 발송했는데, 이관 절차를 무시한 채 정리되지 않은 상태의 기록물을 이관했던 것이다. 사무실 재배치라는 시간에 쫓겨 기록물 이관에 관한 세부사항을 빠뜨린 것이다. 2월에 기록물 이관 계획을 수립하고 교육을 통해 이관절차와 방법 등을 이미 전달했기 때문에 당연히 그 절차와 방법을 지켜 이관할 것이라고 생각했던 것이다.

이관은 무사히 마쳤지만 정리되지 않은 상태로 이관된 기록물을 정리하기 위해 인력이 필요하다고 상급관리자에게 보고했다. 이관 절차와 방법을 제대로 전달하지 못한 실수를 있는 그대로 보고하고, 후속 대책으로 각 처리과에서 일용직으로 근무하고 있는 인력을 일정기간 지원받아 정리를 하겠다고 보고를 했다. 그렇게 해서 이관 기록물정리 작업을 진행했다.

이 사례를 예로 든 것은, 필자가 문화재청의 기록연구사로서 처음 겪어야 했던 당황스러운 상황 — 기록을 이관 받아 관리해야 한다는 막중한 책임감, 임시공간을 확보해야 한다는 강박감, 이를 어떻게 풀어가야 할지 막막한 상태 — 에서 기록물 이관을 마무리하고 나서 자신감을 얻었던 경험이기 때문이다.

지금 기록관리 현장에서 겪고 있는 두려움, 실망감, 좌절감 등을 극복하고 한걸음 더 전진하기 위해서는 자신감을 가져야 한다고 말하고 싶다. 어떤 일이든 뜻하고 계획한 대로 이루어 낼 수 있다고 스스로의 능력을 믿는 굳센 마음을 가질 필요가 있다.

4. 소신

평소 소신껏 일해 보라는 조언을 많이 듣게 된다. 어떤 일에 직면했을 때 자신이 옳다고 믿고 생각하는 바에 따라 하라는 뜻일 게다. 하지만 조직생활에서 소신 있게 일을 한다는 것은 참으로 어려운 과제이기도 하다. 대부분의 사람들은 소신을 아무렇지 않게 이야기하지만 막상 소신껏 일을 하다보면 부딪히는 장애물이 한두 가지가 아니다. 동기가 아무리 좋고, 또 그 과정이 아무리 훌륭했더라도 결과가 신통치 않으면 다른 말들을 하곤 한다.

필자는 2007년 문화재청 차장의 업무지시를 받은 적이 있다. 내용인즉슨 사무공간을 확보해야 하니 기록관 자료실에 있는 도서와 보고서 등 간행물을 소속기관인 연구소로 옮기라는 것이었다. 공공기록관리법에 근거해서 2년에 걸쳐 기록관을 설치하기 위해 노력해 왔는데, 뜻하지 않은 업무지시로 물거품이 될 수 있는 상황에 직면하게 된 것이다.

관리자에게 기록관 자료실은 국민이 찾아와 문화재와 관련한 각종 도서와 보고서 등을 열람하고 공부하는 열린 서비스공간이기 때문에 옮겨서는 안 된다고 말했다. 또한 직원들이 업무에 필요한 보고서를 수시로 참고해야 하기 때문에 소속기관으로 자료실을 옮긴다는 것은 업무의 효율성이 저하될 것이라고 불가한 뜻을 전달했다.

그랬더니 이번에는 난데없이 보존서고를 소속기관으로 이전하라고 하지 않는가. 기록관은 중앙행정기관을 비롯해서 지방자치단체, 교육청 할 것 없이 공공기관이라면 의무적으로 설치해야 하는 기구이다. 그럼에도 사무 공간 확보를 위해 보존서고를 소속기관으로 옮기라고 지시를 한 것이다.

기록관의 설치근거와 연혁, 현재 보유 기록물의 양, 앞으로 기록관으로 이관 받아야 할 소속기관 보유 기록물의 양, 기록관 보존서고를 소속기관으로 옮겼을 때 예상되는 문제점 등을 조목조목 정리한 보고서를 작성해서 담당사무관과 관리자에게 보고했다. 차장의 입장에서는 일개 실무자가 업무지시를 보란 듯이 거부하는 모양새로 비춰졌을지 모르겠다. 비록 며칠 동안이었지만 마음고생을 많이 했다. 담당사무관도 과장도 차장의 지시 앞에 어쩔 수 없지 않으냐며 소속기관으로 옮기는 것을 검토해 보라고 성화였다. 기록관 보존서고의 이전 불가 사유를 차장께 설득하는 것이 아니라 오히려 실무자를 설득하려 한 것이다.

그래서 참다못해 중앙행정기관이 운영하고 있는 기록관의 현황을 조사했다. 기록관이 설치된 부서현황, 면적, 시설장비 현황, 인력 현황, 업무분장 내용 등을 조사하고 표로 만들었다. 중앙행정기관 중 그 어떤 기관도 소속기관에 본부의 기록관을 두고 있는 곳이 없다는 객관화된 자료를 정리하여 보고했다. 또 기록관리 혁신 선도기관으로 3년째 활동하고 있는 유일한 기관이 문화재청임을 강조하며 소신을 굽히지 않았다. 차장의 지시사항이었음에도 객관화된 자료를 가지고 논리적으로 설득했고, 기록관 보존서고 이전 지시를 무효화시킬 수 있었다. 이렇게 기록관 보존서고 이전 문제는 일단락되었고, 보존서고를 그대로 유지할 수 있었다.

지금도 기록관리 현장에는 수많은 기록연구사들이 각자의 자리에서 기록관리 업무를 수행하고 있다. 매일같이 기록연구사로서의 소신과 조직 내부 업무와의 관계 속에서 갈등하고 번민하고 있을지도 모르겠다. 그러한 갈등에 대처할 때, 기록관리자로서 옳다고 믿는 바를 관철시키기 위해서는 계획하고 행동하고 실천할 수 있는 근거와 설득력을 충분히 확보해서 공감을 끌어낼 수 있어야 한다. 기록관리 전문요원으로서 소신을 지키기 위해 때로는 강단 있는 자세를 견지해야 하지만 그에 앞서 늘 세심한 준비가 되어 있어야 한다. 의욕적으로 행동하기에 앞서 객관화된 논리를 개발해서 적극적으로 설득해 가는 과정을 거칠 필요가 있다. 단시일 안에 결판이 날 것이라고 기대하지 말고, 좀 더 오랜 시간을 가지고 하나하나 풀어갔으면 한다.

5. 헌신

자신(自身)과 집안의 일을 잊는다는 뜻으로, 사(私)를 돌보지 않고 오직 나라와 공(公)을 위해 신명을 바쳐 일에 진력함을 이르는 말로 망신망가(忘身忘家)라는 사자성어가 있다. 공직자가 가져야 할 마음가짐을 가장 잘 담았다고 생각한다. 공직에 몸담고 있는 거의 대부분의 공직자는 국가와 국민을 위해 주어진 임무를 수행함에 있어 최선을 다하고 있다. 일터에서 순직하거나 병원에 실려 가는 사례도 다반사다. 그들이 자신과 가족을 돌보지 않고 공무를 위해 애쓰고 힘쓰는 이유는 무엇인가. 사명감과 책임감의 발로이며 소신을 갖고 공을 위해 헌신하겠다는 어떤 소명의식 때문일 것이다.

기록관리 현장에서도 자기 자신을 돌보지 않고 업무에 신명을 다하다가 병원신세를 져야 했던 기록연구사들의 사연들을 접하곤 한다. 기록관리 혁신과제, 기록관운영 규정 제정, 전수조사와 보존기간 재책정, 폐기심의, 비전자 기록물의 디지털화, 서가재배치, 생산현황보고, 자료관시스템 운영 등등 기관마다 처한 상황에 따라 시급한 업무들을 처리하느라 체력이 고갈되고 피로가 누적되어 끝내 병원 신세를 져야 하는 상황에 이르기도 한다. 각급 기관에서 맡은 바 소임을 다하기 위해 헌신했기 때문이라 생각한다.

그런데 기록관리 업무는 겉으로 잘 드러나지 않는다. 기록물 이관이나 서가배치와 같이 동적인 업무영역이 있는가 하면 공개재분류나 보존기간 재책정과 같은 정적인 업무영역도 있다. 시스템을 통해 기록관리 업무를 수행하다 보면 하루 종일 컴퓨터 앞에 앉아 있게 되는데, 대부분의 직원들은 기록관리 전문요원이 무슨 일을 하고 있는지 모르고 하루 종일 자리만 지키고 있다고 생각하는 경우도 있다.

소속 직원들이 왜 이런 평가를 하는지 기록관리 전문요원은 자신을 돌아볼 필요가 있다. 기록관리 전문요원은 직원들이 기록을 필요로 할 때 도움을 줄 수 있어야 하고, 직원들이 기록에 관한 어떤 정보를 요구하기 전에 원하는 정보를 제공해 줄 수 있어야 한다. 직원들이 원하는 다양한 정보에 대한 편의성 · 신속성 · 접근성을 보장해 주어야 한다.

필자의 경험에 비추어보면 직원들은 불과 이삼 년 전 기록인데도 직접 찾지 못하고 기록관리 전문요원의 도움을 받으려고 하는 경향이 있다. 직원들의 생각 저편에는 기록관리 전문요원이 이들 기록을 찾아주기 바란다. 어디에 소장되어 있는지, 어떤 내용이 담겨 있는지, 거기다 아날로그 문서가 아니라 디지털화된 전자파일을 원하기도 한다.

이와 같은 직원들의 요구에 직면했을 때 헌신적인 자세로 임해야 한다. 그러기 위해서 기록관리 전문요원은 기록관 보존서고에 있는 기록에 대한 목록정보나 위치정보, 그리고 디지털화된 기록에 대한 정보를 파악하고 있어야 한다. 기록에 관해서만큼은 기록관리 전문요원만한 전문가가 없다는 것을 직원들의 뇌리에 각인시키기 위해서라도 기록에 관한 모든 정보를 나름의 방식으로 정리해 두어야 한다.

무슨 일이든 헌신에는 크고 작은 희생이 따르기 마련이라고 생각한다. 기록관리 전문요원은 헌신적으로 자식을 뒷바라지하는 어머니와 같은 존재여야 한다는 생각도 해본다. 자신이 속한 조직의 직원들에게 그렇고, 국민에게 그렇다. 기록을 매개로 직원과 국민이 소통해야 하기 때문이다.

6. 참신

기록관리 이야기를 하면서 참신해야 한다고 주장하는 이유를 의아하게 생각할 수 있겠다. 참신(斬新)이란, 베어낼 참(斬) 자와 새로울 신(新) 자가 합쳐진 단어다. 잘못된 것, 부정한 것, 부패한 것들을 베어내야 새로워진다는 의미다. 그렇다면 기록관리 분야에서 베어내야 할 것은 어떤 것들이 있을까. 특정 사안이나 보는 관점에 따라서 베어낼 대상은 매우 다양할 수 있다. 그 대상을 선정할 때는 객관적이고 합리적인 기준과 원칙이 있어야 하고, 합의가 전제되어야 한다.

필자가 경험한 기록물의 열람대출 사례를 예로 들어보겠다. 처음 문화재청의 보존서고는 개방적으로 운영되고 있었고, 제한구역이나 통제구역과 같은 규제가 없었다. 직원이라면 누구나 보존서고에 출입할 수 있었고, 직접 기록물을 대출하고 반납하는 방식으로 운영되었다. 이러다 보니 기록물을 안전하게 보존하고 관리해야 할 보존서고는 기록물과 온갖 폐기자재가 뒤섞인 창고와 같았고, 기록물열람대출대장에 기록하지 않았으니 누가 어떤 기록물을 대출해 갔는지, 반납은 했는지 파악할 길이 없었던 것이다.

왜 이런 현상이 빚어졌을까. 보안업무규정에는 보존서고를 제한구역으로 지정하여 관리하도록 규정하고 있고, 공공기록관리법은 열람대출대장과 출입자관리대장, 열쇠관리대장을 비치하고 기록을 작성 유지하도록 하였지만 이것들이 전혀 지켜지지 않았던 것이다. 이를 바로잡기 위해 참신한 아이디어가 필요했다. 보존서고에 자유롭게 드나들던 직원들의 반발도 최소화하면서 보존서고의 질서를 회복하기 위한 대책이 필요했다.

그래서 보존서고 보존기록물의 열람대출서비스 개선 계획을 수립하였는데, 보존서고를 통제구역으로 지정하였다. 보존서고의 출입은 기록관리 전문요원과 기록관리 총괄책임관, 기록관장만이 출입하도록 제한하였다. 부득이하게 보존서고를 출입해야 할 때는 사전에 승인을 받도록 강화했고, 기록물의 열람대출 역시 사전에 열람대출 신청서를 제출하도록 했다. 열람대출 신청서식과 출입자관리대장, 보존서고 일일점검표, 열쇠관리대장 등을 정비하였다.

예상은 했지만 내부직원들의 반발이 만만치 않았다. 여러 갈등이 있었지만 지금은 그 누구도 기록관리 전문요원의 허락 없이 보존서고 문을 열고 들어가는 직원은 없다. 당연하게 갖추었어야 할 기본이었지만 과거의 그릇된 행태를 베어내고 새로운 기준과 원칙을 만들었다는데 의미가 크다고 본다.

기록관리 업무를 하다보면 외부적인 요인에 의한 갈등도 종종 발생하지만 내부적인 요인에 의한 갈등이 거의 대부분이다. 내적 요인에 의한 갈등해소 방법은 커뮤니케이션이 최선인데, 일방적 선택과 강요가 아니라 납득할 만한 대안들을 제시하고, 설득하려는 노력이 무엇보다 중요하다. 참신한 아이디어를 발굴하여 적용해야 한다는 것이다.

한 예로, 공공기관에서 발행하는 간행물은 공공기록관리법과 도서관법에서 정한 절차를 따라야 한다. 공공기록관리법은 발간등록번호를 부여하도록 했고, 도서관법은 국제표준도서번호를 부여하도록 했다. 이렇게 발간된 간행물은 국가기록원과 국립중앙도서관에 납본해야 할 의무가 있다.

문제는 발간등록번호와 국제표준도서번호를 발급받기 위한 신청 절차와 방법이 각각 다른 프로세스로 진행된다는 것이다. 발간등록번호는 간행물을 발간하는 부서가 국가기록원의 시스템에 신청서를 작성하면 국가기록원에서 발간등록번호를 발급해주고 그것을 국가기록원 홈페이지에서 바로 확인할 수 있다.

반면에 국제표준도서번호를 발급받기 위해서는 간행물을 발간하는 부서에서 신청서를 작성하여 공문으로 간행물 관리 총괄 부서에 제출한다. 신청서를 접수한 총괄부서는 이를 다시 국립중앙도서관의 국제표준도서번호 발급시스템에 등록하고, 발급된 번호는 간행물 발간 부서에 공문으로 회신한다. 이렇듯 국제표준도서번호를 발급받기 위해 공문으로 주고받다 보니 처리기간이 짧게는 삼사 일에서 길게는 열흘 정도가 소요되었다. 직원들의 불편과 불만이 큰 상황이었기 때문에 간행물 발간업무를 효율화할 수 있는 방안을 찾아야 했다.

문화재청은 2008년 간행물의 체계적인 관리방안을 마련하기 위해 기본계획을 수립하고, 기록관리책임관과 내부 직원들로 간행물관리 개선TF를 꾸렸다. 여기에서 간행물관리지침(안)을 마련하였고, 발간등록번호신청서식과 국제표준도서번호신청서식의 필수항목과 선택

항목을 분석해서 표준화된 서식을 만들었다. 그리고 2008년 12월에 문화재청 간행물 관리 지침을 제정하여 시행하였으며 2009년 9월에는 간행물관리 매뉴얼을 발간하여 소속기관에 배포하였다. 지금은 각 처리부서에서 발간하는 모든 간행물은 기록관리 전문요원을 거치도록 하여 간행물의 발간과 납본의무 준수에 대한 사항 등을 실시간으로 모니터링하고 있다.

참신, 베어내야 새로워질 수 있다는 것을 기억해야 한다. 지금 당장 베어낼 수 없다면 차근차근 계획을 세워 베어내야 한다. 눈에 보인다고 급하게 서둘 일은 아니지만 대비는 하고 있어야 한다. 언제고 베어내고 새로운 질서를 만들어가기 위해서 말이다.

7. 봉사

브리태니커 백과사전을 보면, 머슴은 '농업노동자의 일종으로, 고용주의 집에 기거하면서 농사나 가사노동을 대가로 일정한 새경(私耕)과 의복 · 식사 · 술 · 담배 등을 제공받는 사람'이라고 설명하고 있다. 머슴 이야기를 먼저 꺼낸 것은 공무원은 국민의 머슴이라는 것이 화두가 되었기 때문이다. 국민의 머슴이라는 말에는 국민이 지주이고 고용주이니 대통령을 비롯한 공무원은 국민의 머슴이 되어 열심히 일하자는 것일 게다.

우리나라 헌법 제7조는 공무원은 '국민 전체에 대한 봉사자이며, 국민에 대하여 책임을 진다'라고 규정하고 있다. 국민의 봉사자로서 그 책임과 임무가 막중한 것이 공무원이다. 기록관리 전문요원은 국민에 대한 봉사자로서 국민이 원할 때 원하는 기록을 제공할 수 있어야 한다. 그러기 위해 국가가 수행한 모든 업무를 기록으로 남기는 임무를 수행해야 한다.

국가의 기록을 국민에게 제공하기 위해 정보공개제도라는 것이 운영되고 있다. 국가가 업무와 관련하여 생산하고 수집한 기록정보자료를 국민에게 제공하는 제도이다. 그런데 이 정보공개제도는 매우 제한적이고 수동적이다. 국민의 요청이 있어야만 관련 기록정보자료를 제공하기 때문이다. 그래서 법에 사전공표제도라는 것을 두어 국민이 원하기 전이라도 중요한 정책이나 예산 지출에 대해 인터넷 등 정보통신망에 공개할 수 있게 하고 있다.

필자는 문화재청의 기록관리 업무 외에도 정보공개 업무와 개인정보보호 업무 등을 맡았다. 처음 정보공개 업무를 맡았을 때 전임자와 내부 직원들이 하는 말이 있었다. 정보공개업무는 정말 귀찮고 짜증나는 업무라고 말이다. 공무원의 입장에서는 분명 귀찮고 짜증나는 업무일 게 분명하다. 그러나 국민의 입장에서 생각한다면 그 반대일 것이다. 정보공개청구서를 제출하고 기다려도 원하는 정보와 자료를 제공받지 못한다면 답답하고 화가 날 것이다.

물론 청구된 정보가 없을 수 있고, 비공개 정보이기 때문에 공개할 수 없는 상황도 존재한다. 문제는 비공개 기준이 정부 기관의 입장에 따라 대단히 자의적이라는 것이다. 국가는 비공개로 결정하여 통지한 사안에 대해 청구자가 충분히 납득할 수 있도록 설명해야 할 의무를 지닌다. 기본적으로 국가는 설명책임성(Accountability)이라고 하는, 자신의 업무 수행에 대해 국민에게 설명할 책임이 있기 때문이다.

투명하고 책임 있는 행정을 구현하려면 비공개 정보를 과감하게 공개정보로 재분류해서 적극적으로 공개해야 한다. 개인의 신상정보나 사생활을 침해할 만한 정보, 공정한 경쟁을 저해할 수 있는 정보 등 정보공개법에서 예외로 두고 있는 항목들을 제외하고는 모든 기록은 공개된 채 관리되어야 할 것이다.

이는 기록관리 전문요원이 적극적으로 개입해서 추진해야 할 일이다. 국민이라면 누구나 관련 기록정보를 열람할 수 있어야 한다. 그리고 더욱 중요한 것은 국민이 요청할 때만 공개하는 소극적 · 피동적 · 제한적 행정행위에서 탈피하여 보다 적극적 · 능동적 · 실질적 행정행위로 바꾸어야 한다는 것이다.

국민에 대한 정보공개를 귀찮고 짜증나는 업무로 치부해 버린다면 국민과의 소통은 불편하고 힘든 일이 되어 버린다. 봉사가 힘들다고 느껴지고 귀찮아진다면 그것은 이미 봉사의 본령에서 멀리 벗어난 것이 된다. 따라서 국민 생활에 직접적으로 영향을 미치는 정보, 국가의 중요한 정책, 예산의 지출 내역, 중요한 법제도의 개정 내용 등 사전에 공표하도록 한 기록과 정보를 일목요연하게 정리해서 미리미리 공개한다면 국민과의 소통은 활발해지고, 국가에 대한 국민의 신뢰도 쌓아나갈 수 있을 것이다.

정보공개 업무를 맡아 처리하면서 문화재 관련 사전공표 목록과 비공개 세부기준을 만들었고, 정보공개 업무 매뉴얼도 제작하였다. 정보공개 교육교재를 만들어 직원 교육을 진행하고, 매년 초청강연회를 개최하여 정보공개에 대한 인식을 환기시켰다. 또한 더욱 편안하고 안락한 분위기 속에서 자료를 열람할 수 있도록 자료실에 대한 리모델링 작업을 수행하기도 했다. 이러한 작업들의 의미는, 국가는 기록을 매개로 국민과 소통한다는 단순한 원칙으로부터 부여된다. 모든 행정행위의 과정과 결과는 기록으로 남을 것이고, 국민은 그 기록을 확인하기 위해 접근할 권리가 있다. 그 알 권리를 충족시키기 위해 기록은 존재하고 있어야 하고, 정보공개가 청구되었을 때 바로 찾아서 제공할 수 있도록 관리되어야 한다.

특히 정보공개 청구자로 미래의 국민까지 상정한다면, 정보공개 업무는 공공기관 기록관리의 원인이자 결과라고까지 말할 수 있을 만큼 기록관리의 본령을 잘 설명해 준다. 따라서 정보공개 업무의 의미를 이해하는 것은 기록관리 전문요원이 공공기관의 기록관리 업무를 수행할 때 봉사하는 마음가짐과 자세를 유지할 수 있도록 도울 수 있을 것이다.

8. 기록관리 윤리강령

기록은 국가의 역사적·문화적·학술적 자산이라 할 수 있다. 또한 기록은 현재와 미래의 지식자원이자 중요한 콘텐츠이다. 우리나라는 세계기록문화유산에 빛나는 조선왕조실록, 훈민정음해례본, 승정원일기, 팔만대장경판, 직지심체요절, 의궤, 동의보감, 그 밖에도 보존가치를 지닌 수많은 문화유산 기록을 물려받았다. 선조들은 오랜 역사 속에서 발생한 온갖 전쟁의 화염과 자연재해로부터 기록을 지키고 보존해 왔던 것이다.

따라서 현 세대에게도 다음 세대로 이 기록을 온전히 전승해야 할 책무가 있다. 단순히 과거의 기록유산을 물려주는 데 그치지 않고, 오늘을 살아가는 다양한 기록을 후대에 물려주어야 한다. 이는 그 공동체 모두의 역사적 책무이겠지만, 특히 기록관리 영역에 종사하는 사람들은 더욱 무거운 책임의식을 지니고 있어야 한다.

외국의 사례를 보면 기록관리 업무에 종사하는 이들이 지켜야 할 윤리강령을 제정하여 운영하고 있다. 국제기록관리자협회(ARMA)*와

* ARMA(Association of Records Managers and Administrators International, 국제기록관리자협회)는 1995년 설립된 북미지역 기록관리자협회로서 1만여 명의 회원을 갖고 있는

국제기록관리평의회(ICA)**를 비롯하여 미국과 영국, 호주의 경우가 대표적이다. 아직 우리나라에는 기록관리 업무 종사자나 공무원, 국민이 지켜야 할 이렇다 할 윤리강령이 없다. 한동안 국가기록원을 중심으로 기록관리 업무 종사자의 윤리강령 제정을 위해 논의를 진행한 것으로 알고 있으나 아직까지 윤리강령을 제정했다는 이야기는 듣지 못했다.

필자는 기록관리 업무 종사자만의 윤리강령이 아니라 범국가적 차원의 기록관리 윤리헌장을 제정해야 한다고 생각하고 있다. 헌장은 약속을 이행하기 위한 규범적 성격이 강하다. 사회적 약속인 것이다. 공공기록관리법이 제정된 지 어느덧 10년이 지났고, 기록관리에 대한 사회적 공감대가 점차 확산되고 있음을 감안한다면 이제 우리도 기록관리 윤리헌장을 제정할 때도 되었다. 그리고 이를 국제사회에 내보여 대 · 내외적으로 우리의 기록관리 의지를 일신할 필요가 있다.

우리나라는 수많은 세계기록문화유산을 등재한 나라이다. 기록관리 선진화와 기록문화의 국제브랜드화 같은 구호에 구체적으로 상응

비영리 단체이다. 기록관리자의 전문성 향상을 위한 관련 규제 법규의 소개, 가이드라인과 표준의 제정 · 보급, 각종 전문교육, 훈련교재 발간, 세미나 및 연례회의를 제공하고 있다. 기록관리 기술동향을 분석하고 기록관리 시장을 개발하여 전문가에게 연결시켜 주는 역할도 수행하고 있다. ISO 15489를 제정하는 데 크게 기여했으며 미국 기록관리 표준으로 ANSI 15489의 채택을 추진하는 등 활발한 활동을 전개하고 있다. 한국기록학회, 『기록학 용어 사전』, 역사비평사, 2008. pp. 286-287 참조.

** 국제 기록기구 회의체인 ICA(International Council on Archives, 국제기록관리평의회)는 1948년에 설립되었으며, 180개국 1,700여 기록관리기구가 참가하는 비정부 국제기구이다. 인류 기록유산의 보호와 기록관리 발전을 목표로 운영되고 있다. ICA는 국가기록관리 기관, 전문가 협회, 기록관리 전문기관, 전문가 개인별로 참가하며, 전 회원이 참가하는 일반 연례회의에서 기구의 정책을 결정한다. 4년마다 총회(Congress)를 개최한다. 한국기록학회, 『기록학 용어 사전』, 역사비평사, 2008. p. 35 참조.

하는 성과물을 만들어내야 한다. 문화재청은 1997년 문화유산헌장을 제정하였는데, 이는 문화재보호법이 제정된 지 35년 만의 일이었다. 헌장을 제정하기까지 오랜 시간이 걸린 것은 사회적 합의를 도출해내는 과정이 그만큼 지난하다는 반증이기도 하다. 기록관리 윤리헌장을 제정하는 것 역시 녹록치 않은 과정을 거쳐야 할 테지만, 공공기록관리법 제정 10년이면 이제 시도할 때도 되었다는 판단이다.

국가기록원이 선두에 나서서 기록관리 윤리헌장을 제정하는 모양새는 그리 바람직해 보이지 않는다. 오히려 국가기록관리위원회가

문화유산헌장

문화 유산은 우리 겨레의 삶의 예지와 숨결이 깃들어 있는 소중한 보배이자 인류 문화 자산이다.
유형의 문화재와 함께 무형의 문화재는 모두 민족 문화의 정수이며 그 기반이다. 더욱이 우리의 문화 유산은 오랜 역사 속에서 많은 재난을 견디어 오늘에 이르고 있다.
그러므로 문화 유산을 알고 찾고 가꾸는 일은 곧 나라 사랑이 근본이 되며 겨레 사랑의 바탕이 된다.
따라서 온 국민은 유적과 그 주위 환경이 파괴 · 훼손되지 않도록 노력하여야 한다. 문화 유산은 한 번 손상되면 다시는 원상태로 돌이킬 수 없으므로 선조들이 우리에게 물려 준 그대로 우리도 후손에게 온전하게 물려 줄 것을 다짐하면서 문화 유산 헌장을 제정한다.

1. 문화 유산은 원래의 모습대로 보존되어야 한다.
1. 문화 유산은 주위 환경과 함께 무분별한 개발로부터 보호되어야 한다.
1. 문화 유산은 그 가치를 재화로 따질 수 없는 것이므로 결코 파괴 · 도굴되거나 불법으로 거래되어서는 안 된다.
1. 문화 유산 보존의 중요성은 가정 · 학교 · 사회 · 교육을 통해 널리 일깨워져야 한다.
1. 모든 국민은 자랑스러운 문화 유산을 바탕으로 찬란한 민족 문화를 계승 · 발전시켜야 한다.

1997년 12월 8일

〈그림 61〉 문화유산헌장

중심이 되고, 그 하위에 기록관리 윤리헌장 제정분과를 두어 활동하는 것이 좋을 것이다. 헌장은 국민적 합의가 반영된 규범이어야 하기 때문에 관계와 학계와 산업계의 다양한 주체들이 참여하여 폭넓은 대표성을 확보하는 과정이 필요할 것이다.

이와 같이 기록관리 윤리헌장을 먼저 제정하고, 후속 작업으로 기록관리 윤리강령 내지는 기록관리 행동강령을 보다 구체화하여 제시할 필요가 있다. 기록관리 업무 종사자뿐만 아니라 공무원이 지켜야 할 강령으로서, 이 강령에는 기록물의 생산에서부터 보존관리 전 과정에 대한 업무종류별 수행기준, 필요역량, 기록관리 전문요원과 공무원이 지켜야 할 행동요령 등을 조금 더 구체적으로 담아낼 수 있을 것이다.

법은 그 속성상 윤리나 도덕의 최소한을 규제할 뿐이다. 법을 위반하지 않고도 비윤리적인 상황은 충분히 조성될 수 있다. 반대로 기록관리 윤리헌장이나 기록관리 윤리강령은 법처럼 그 외연이 명확하지 않고 강제성을 띠는 것도 아니지만 사회구성원의 기록에 대한 인식을 광범위하게 고취시킨다. 한번 고취된 기록에 대한 사회적 인식은 법이 바뀌어도 쉽게 변하지 않는 성질을 지니고, 이러한 인식의 변화야말로 우리 사회의 기록문화 역량을 확장시키고 뿌리내리는 근본적인 요인이 될 수 있다.

기록관리 윤리헌장이나 윤리강령의 제정은 대표성을 획득한 주체들에 의해 사회적 합의라는 과정을 반드시 거쳐야 한다. 따라서 이것이 제정되었을 때 우리 사회가 기록을 바라보는 시선은 한층 깊어질 것이고, 기록문화에 대한 우리 사회의 집단적 정신을 표현하는 상징물을 가지게 되는 것이다. 그리고 이 상징물로서의 기록관리 윤리헌장 또는 윤리강령은 다른 사회와 후대에게는 바로 오늘을 기록했던 수많은 사람과 소통할 수 있는 역사적 기록이 될 것이다.

현재 각급 기관에서 근무하고 있는 기록관리 전문요원들이 당장 밀려드는 업무를 처리하는 것만으로도 벅찬 줄 알지만, 이러한 역할의 중심에 기록관리 전문요원들이 있었으면 하는 바람이다.

이야기를 마무리하며

봄비 내리던 2010년 3월에 글을 쓰기 시작했다. 문화재청 기록연구사로 입문하고 6년 정도가 지나자 그동안 경험했던 기록관리 실무 현장의 이야기를 해보고 싶다는 생각이 들었다. 그동안의 경험들을 한번 정리하고 넘어갈 때가 됐다고 생각했고, 또 기록관리 커뮤니티 안에서 함께 공유하고 싶기도 했다. 그 결심이 서고 이 책이 출간되기까지 꼬박 1년 반이란 시간이 걸렸다.

돌아보면 하루하루가 치열한 시간들이었고, 외롭고 험난한 여정이었다. 도처에 도사리고 있던 장벽에 모든 기운을 잃기도 했고, 절망적인 상황들 앞에서 창백해질 정도로 무기력을 절감하기도 했다. 그런 것들을 극복하기 위해 숨 가쁘게 달려온 순간들이었다. 결국 이 책은 기록관리 전문요원과 예비 기록관리 전문요원, 그리고 현업에서 기록관리 업무를 담당하고 있는 이들과 필자의 작은 경험을 공유하고 싶다는 욕망의 결과물인 셈이다.

한편, 이 글은 반성의 글이기도 하다. 글이란 무릇 그것을 쓰는 동안 스스로를 성찰하게 하는 힘을 지니고 있기에 글을 쓰는 내내 많은 부분을 반성하고 깨닫는 시간을 얻었다. 덕분에 앞으로 해 나가야 할 일들을 설계해 보는 시간을 가질 수 있었다. 더불어 말과 글이 지닌 자기 구속적인 영향력은 앞으로도 지속적으로 기록관리를 고민할 필자에게 초심을 상기시키는 기록의 역할을 할 듯싶다.

원고를 마무리 짓는 이 순간에도 아쉬움은 크다. 기록관리 실무경험에 치우쳐 이론과 실무를 적절히 조화시키지 못한 것을 본인이 가장 잘 알기 때문이다. 어떤 지적도 겸허히 받아들이며 기록관리 현장에서 시행착오를 거치며 쌓은 경험이라 여기고 널리 이해해 주길 바란다. 아무쪼록 이 글이 기록관리 전문요원들에게 활력소가 되었으면 좋겠고, 누군가는 또 다른 시각에서 기록관리 실무현장의 생생한 이야기를 들려주길 기대한다.

마지막으로 이 글을 완성하기까지 세심하게 원고를 다듬어 주고 조언을 해 준 장철호, 임수연, 김하규, 김진희, 김동주, 이국, 김은실 님께 감사드린다. 그리고 한국기록전문가협회 안병우 회장님을 비롯한 출판협회국 관계자와 기꺼이 출판을 허락해 주신 북코리아 이찬규 사장님께 깊은 감사의 말씀을 드린다.

2011년 8월

고광(孤光) 김 계 수

참고문헌

국가기록원, 『국가기록관리 선진화 전략』, 국가기록원, 2009.

______, 『기록관리 법제실무과정 교육교재』, 국가기록원기록관리아카데미, 2007.

______, 『기록관리 혁신매뉴얼』, 국가기록원, 2006.

______, 『기록물관리 전문요원과정 교육교재』, 2005.

______, 『제5회 기록관리포럼 기록물관리전문요원제도의 성과와 과제』, 2009.

기록관리혁신포럼, 『기록관리혁신 실무매뉴얼』, 국가기록원, 2006.

김계수, 「기록관 운영 표준화 및 내실화 방안」, 『기록관리 담당자 연찬회 및 사례연구발표대회 자료집』, 국가기록원, 2007.

______, 「기록관 재난대비계획 수립 방안 연구」, 문화재청, 2008.

______, 「기록관리 지도점검 어떻게 할 것인가: 문화재청 사례를 중심으로」, 『관할 소속기관의 기록관리 지도점검 실무』, 국가기록원, 2010.

______, 「기록의 가치평가와 폐기(문화재청 사례를 중심으로)」, 『2010 기록물 분류와 평가의 이해』, 국가기록원, 2010.

______, 「문화재청 기록관 및 기록관리 운영현황」, 『기록관리학 대학원생 실습자료』, 국가기록원, 2008.

______, 「한시 기록물의 합리적 평가 · 폐기 방안-문화재청 기록물 평가 · 폐기 사례를 중심으로」, 『2010 신규전문요원과 기록관리실무』, 국가기록원, 2010.

______, 『기록과의 만남 역사와의 대화 기록물관리 업무의 이해』, 문화재청, 2008.

______, 『문화재청 간행물관리 매뉴얼』, 문화재청(정보화기획팀), 2009.

______, 『문화재청 소속 공무원을 위한 기록관리 실무 매뉴얼』, 문화재청(정보화기획팀), 2010.

문화재청, 「2010년도 문화재청 기록관리 기본계획」, 문화재청, 2010.

______, 「문화유산 기록정보자원 DB구축 사업계획」, 문화재청, 2010.

______, 『2010년도 문화재청 주요업무계획』, 문화재청, 2010.

열린우리당 행정자치위원회, 「국가기록관리의 성과와 개선방안: 공공기록관리법을 중심으로」, 열린우리당 행정자치위원회, 2004.

장철호 · 김계수, 「문화유산 행정정보, 국민 곁으로 한걸음 더 다가서다」, 『2010 문화재청 변화관리 우수사례 모음집 이달의 문화재인』, 문화재청, 2011.

정부혁신지방분권위원회, 『기록관리혁신 확산 교육』, 국가기록원, 2006.

최정태, 『기록관리학사전』, 한울아카데미, 2005.

한국기록학회, 『기록학 용어 사전』, 역사비평사, 2008.

한미경 · 노영희, 『기록관리학의 이해』, 진리탐구, 2007.

행정자치부, 『일 잘하는 정부 실천과 확산을 위한 2005년도 정부혁신관리 기본계획』, 행정자치부, 2005.

2009년도 문화재청 기록관리기준표(문화재청 고시 제2009-108호, 2009.12.3.)

공공기관의 기록물 관리에 관한 법률(법률 제5709호, 제정 2009.1.29.)

공공기록물 관리에 관한 법률(법률 제8025호, 개정 2006.10.4.)

문화재청 간행물 관리 지침(훈령 제158호, 재발령 2009.8.28.)

문화재청 기록물 관리 및 기록관 운영 규정(훈령 제195호, 개정 2009.12.29.)

문화재청 기록물 관리 및 기록관 운영에 관한 규정(훈령 제79호, 제정 2005.11.18.)

문화재청 기록물 폐기 심의위원회 운영 규정(예규 제45호, 제정 2005.11.18.)

문화재청 기록물평가심의회 운영 규정(훈령 제130호, 제정 2008.4.4.)